Rechtsordnung und Wirtschaftsgeschichte

herausgegeben von

Albrecht Ritschl, Mathias Schmoeckel,
Frank Schorkopf und Günther Schulz

23

D1719552

Valesca Maria Molinari

Die Tradition staatlicher Interventionen in den Mietwohnungsmarkt

Mohr Siebeck

Valesca Maria Molinari, Studium der Rechtswissenschaften mit wirtschaftswissenschaftlicher Zusatzausbildung an der Universität Bayreuth; Wiss. Mitarbeiterin am Lehrstuhl für Bürgerliches Recht, privates Bau- und Immobilienrecht sowie neuere und neueste Rechtsgeschichte der Humboldt-Universität zu Berlin; Rechtsanwältin in einer internationalen Großkanzlei in Frankfurt/Main.

ISBN 978-3-16-156414-7 / eISBN 978-3-16-156415-4
DOI 10.1628/978-3-16-16-156415-4

Die Deutsche Nationalbibliothek verzeichnet diese Publikation in der Deutschen Nationalbibliographie; detaillierte bibliographische Daten sind über *http://dnb.dnb.de* abrufbar. Die Arbeit wurde im Jahr 2017 bei der Juristischen Fakultät der Humboldt-Universität zu Berlin als Dissertation eingereicht.

© 2021 Mohr Siebeck Tübingen. www.mohrsiebeck.com

Das Buch wurde von Gulde Druck in Tübingen aus der Times New Roman gesetzt, auf alterungsbeständiges Werkdruckpapier gedruckt und gebunden.

Printed in Germany.

Vorwort

Die Idee für die vorliegende Arbeit entstand während meiner Tätigkeit als wissenschaftliche Mitarbeiterin am Lehrstuhl für Bürgerliches Recht, privates Bau- und Immobilienrecht sowie neuere und neueste Rechtsgeschichte von Prof. Dr. Rainer Schröder an der Humboldt-Universität zu Berlin.

Es macht mich sehr traurig, dass ich meinem verehrten Doktorvater nicht mehr persönlich danken kann. Nicht nur für die Begleitung und Unterstützung dieser Arbeit, sondern vor allem dafür, dass er mit seiner Persönlichkeit und seinem Engagement als akademischer Lehrer und Freund meine berufliche und persönliche Entwicklung geprägt hat. Ich bin dankbar, dass er das vollständige Manuskript noch lesen und kommentieren konnte.

Herrn Prof. Dr. Alexander Blankenagel danke ich sehr für die fachliche und persönliche Unterstützung bei der Fertigstellung der Arbeit und die Übernahme des Erstgutachtens. Herrn Prof. Dr. Reinhard Singer danke ich für die zügige Erstellung des Zweitgutachtens und Herrn Prof. Dr. Dr. h.c. Ulrich Battis für sein freundliches Mitwirken in der Prüfungskommission.

Herzlich danken möchte ich Dr. Angela Klopsch und Louisa Muschik für ihre wertvollen Anregungen und das sorgfältige Korrekturlesen. Danken möchte ich auch meinen weiteren ehemaligen Kolleginnen und Wegbegleiterinnen, Monika Becker und Dr. Uta Wiedenfels, für die gute und vertrauensvolle Zusammenarbeit während unserer gemeinsamen Zeit am Lehrstuhl.

Darüber hinaus danke ich meinen Brüdern, die stets ein offenes Ohr hatten und mich mit ihrem freundschaftlichen Rat bei der Erstellung der Arbeit begleitet und unterstützt haben.

Mein ganz besonderer Dank gilt meinem Mann für die Motivation, sein Verständnis und die fachliche Diskussion. Mit seinen kritischen Anregungen und nicht zuletzt seiner Geduld hat er wesentlich zum Gelingen der Arbeit beigetragen.

Meiner Mutter danke ich von Herzen. Danke, dass Du mich vorbehaltlos unterstützt und mir meine Ausbildung ermöglicht hast. Ohne deinen Rückhalt und Zuspruch wäre diese Arbeit nicht möglich gewesen. Dir widme ich diese Arbeit.

Frankfurt am Main, im Juli 2021   Valesca Molinari

Inhaltsverzeichnis

Vorwort   V

Einleitung   1

I.   *Einführung in die Thematik*   1
II.   *Problemdarstellung und Relevanz*   4
III. *Forschungsstand*   7
IV.   *Gang der Untersuchung* 10

Kapitel 1: Wohnungspolitische Interventionen im Spiegel
der Zeitgeschichte 13

I.   *Erste Interventionen Ende des 19. und Anfang des 20. Jahrhunderts* 13
II.   *Weimarer Republik* 20
III. *Wohnungspolitik im Nationalsozialismus* 27
IV.   *Die Situation nach dem Krieg und die Entstehung*
      des Ersten Wohnungsbaugesetzes 31
V.   *Die Wohnungsbaugesetze in den 1950er Jahren* 35
      1. Das Erste Wohnungsbaugesetz 1950 36
         a. Die Wohnungsbauförderung 36
         b. Sozialer Wohnungsbau im engeren Sinne 38
         c. Fazit zum Ersten Wohnungsbaugesetz 39
      2. Novellierung des Ersten Wohnungsbaugesetzes 1953 41
      3. Das Zweite Wohnungsbaugesetz 1956 41
VI.   *1960er Jahre – Abbau der Wohnungszwangswirtschaft* 43
VII. *1970er Jahre – Wohnungsbaupolitische Gesetze der sozialliberalen*
      Koalition 45
VIII. *1980er Jahre – Abbau der Förderungen* 49
      Exkurs: Wohnungspolitik in der DDR 52
IX.   *1990er Jahre* 55
X.   *Veränderungen zu Beginn des 21. Jahrhunderts* 58

XI. *Neuere und neueste Interventionen* 62
   1. Ausgewählte regionale Maßnahmen 62
     a. Wohnraumförderung in München 62
     b. Konzeptvergabe in Hamburg 63
     c. Berliner Mietenbündnis und Milieuschutz 64
     Exkurs: Sozialer Mietwohnungsbau in Berlin 67
   2. Das Mietrechtsänderungsgesetz 2013 69
   3. Neueste Entwicklungen 70

XII. *Resümee Kapitel 1* 74

**Kapitel 2: Das wohnungspolitische Leistungsprofil
der Staatstätigkeit** 77

I. *Leistungsansprüche auf Wohnraum – Gibt es eine Handlungspflicht?* 77
   1. Entstehungsgeschichte des Grundgesetzes 78
   2. Leistungsansprüche aus Abwehrrechten 80
   3. Die einzelnen Grundrechte 82
     a. Art. 13 GG 82
     b. Art. 6 GG 83
     c. Art. 14 GG 83
     d. Art. 2 Abs. 2 S. 1 GG 84
     e. Art. 1 Abs. 1 GG 84
     Exkurs: Die Absicherung des Existenzminimums 85
      (i) Entwicklung in der Rechtsprechung 86
      (ii) Einfachgesetzliche Absicherung nach dem SGB II und XII . . . 88
   4. Programmatische Wohnraumgrundrechte in
     den Landesverfassungen 90
II. *Wirtschaftspolitischer Gestaltungsspielraum* 92
   1. Interventionsgeschichte: Vom liberalen zum sozialen Rechtsstaat . . 92
   2. Wirtschaftspolitische Neutralität des Grundgesetzes 94
     a. Ein Bekenntnis zum Sozialstaat 97
     b. Die objektive Werteordnung 99
III. *Sozialstaatliche Verpflichtung und Eigentumsschutz* 100
   1. Verfassungsmäßigkeit des Vergleichsmietensystems 101
   2. Die Eigentums- und Besitzgarantie in Art. 14 Abs. 1 GG 107
IV. *Resümee Kapitel 2* 109

Kapitel 3: Die Wirkungsweise staatlicher Interventionsmaßnahmen 111

I. *Der Mietwohnungsmarkt – Funktionsweise und Besonderheiten* . . 111
   1. Wirtschaftliche Relevanz 112
   2. Einfluss der vorgelagerten Märkte und der relevanten
      Marktzusammenhänge 113
   3. Das Gut Wohnraum 115
   4. Funktionsweise von Angebot und Nachfrage 116
      a. Unelastische und verzögerte Angebotskurve 117
      b. Unflexible und verzögerte Nachfrage 118

II. *Marktversagen* 119

III. *(Theoretische) Wirkungsweise und (praktische) Probleme*
     einzelner Interventionsmaßnahmen 120
   1. Kategorisierung (Systematik) 121
      a. Unterschiedliche Arten des Marktversagens 121
      b. Objekt- und subjektbezogene Förderungen 122
   2. Wirkungsweise einzelner Interventionsmaßnahmen 123
      a. Wirkungsweise des sozialen Wohnungsbaus im engeren Sinne . . 123
      b. Wirkungsweise der Subjektförderung am Beispiel
         des Wohngeldes 125
      c. Das soziale Mietrecht – Eingriffe in den Preismechanismus . . . 126
      d. Fehlallokationen und Wohlfahrtsverlust 129

IV. *Resümee Kapitel 3* 131

Fazit 133

I. *Kritik und Beispiele* 133
II. *Herausforderungen* 136
III. *Lösungen* 137

Literaturverzeichnis 139
Sachregister 149

Einleitung

I. Einführung in die Thematik

Der Markt besiegt meistens das Recht.[1]

Schon Anfang des 20. Jahrhunderts verabschiedete der Deutsche Reichstag Gesetze wie das Reichsmietengesetz, das Mieterschutzgesetz oder das Wohnungsmangelgesetz, angetrieben von der Sorge, für die Bevölkerung könnte kein ausreichender Wohnraum zur Verfügung stehen. Auch heute motiviert dieser Gedanke die Parlamentarier zu lebhaften Debatten und zahlreichen Interventionsvorschlägen.

Die vorliegende Untersuchung staatlicher Interventionen in den Mietwohnungsmarkt findet ihren Ursprung in der seit dem letzten Jahrzehnt sehr intensiv geführten Diskussion über die Wahrnehmung stark steigender Mieten.

Schlagworte, wie Wohnungsmangel und Gentrifizierung, füllen seitdem Zeitungen und Polittalkshows, rufen Bürgerinitiativen hervor und verdeutlichen die gesellschaftliche Brisanz dieses Themas. Laufend werden weiter steigende Bevölkerungszahlen für „Metropolregionen" prognostiziert. Parallel steigen die Mietpreise vor allem und unstreitig in den Städten und die sowohl relative als auch absolute Belastung der einzelnen, vor allem einkommensschwächeren Haushalte wächst an. Im Jahr 2017 empfanden durchschnittlich 16,5 % der Mieterhaushalte ihre Wohnkosten als eine große Belastung.[2] Auf regionalen Wohnungsmärkten in Ballungszentren fehlen Mietwohnungen, während in anderen, vornehmlich ländlichen Gebieten leerstehende Gebäude abgerissen werden müssen.[3] Diese Entwicklungen stellen Gesellschaft und Politik vor neue und bekann-

---

[1] So schon *Rainer Schröder* im Rahmen der Vortragsreihe veranstaltet vom Rheinischen Verein für Rechtsgeschichte e. V., Warum der Markt meistens das Recht besiegt, Historische Beispiele aus Wirtschaft und Arbeit (2004).

[2] Statistisches Jahrbuch 2019, S. 168 mit Verweis auf die Studie „LEBEN IN EUROPA" (EU-SILC).

[3] Die höchste Leerstandsquote verzeichnen Sachsen und Sachsenanhalt mit 13,5 und 14,8 % des Wohnungsbestandes. Die niedrigsten Quoten gibt es in Bremen (5,0 %) und Hamburg (5,0 %) gefolgt von Schleswig-Holstein (5,4 %), Hessen (6,75 %), Bayern (7,3 %) und Berlin (7,5 %) – vgl. Statistisches Bundesamt, Fachserie 5, Heft 1 (2010), S. 32 f. Laut *Braun/Baba*

te Herausforderungen.[4] Interventionsmaßnahmen, wie die so genannte Miet-preisbremse, lassen sich daher in den historischen Kontext der traditionellen Mietwohnungsmarktpolitik einordnen.

Hinzu kommt, dass die Mietwohnungspolitik einen immensen sozialen Sprengstoff[5] birgt, da theoretisch jeder Bürger als potentieller Mieter oder Ver-mieter hiervon betroffen ist oder sein kann. Ein Dach über dem Kopf zu haben gehört zu den essentiellen Bedürfnissen des Menschen. Die eigenen vier Wände und die dadurch gewährleistete Privatsphäre haben in unserer Gesellschaft einen sehr hohen Stellenwert.[6] „Die Wohnung ist für jedermann Mittelpunkt seiner pri-vaten Existenz. Der Einzelne ist auf ihren Gebrauch zur Befriedigung elementa-rer Lebensbedürfnisse sowie zur Freiheitssicherung und Entfaltung seiner Per-sönlichkeit angewiesen."[7] Wohnen stammt von dem altdeutschen Wort „wonên" ab. Der etymologische Ursprung ist auf „zufrieden sein", „lieben, schätzen" zu-rückzuführen.[8] So überrascht es nicht, dass der Sachverständigenrat im Auftrag der Bundesregierung Wohnen als das „wichtigste Konsumgut" privater Haus-halte deklariert: Da „das Bruttoimmobilienvermögen mehr als die Hälfte des ge-samten Bruttovermögens der privaten Haushalte aus[macht, sind] […] Immobi-lien […] somit neben der Gesetzlichen Rentenversicherung der wichtigste Be-standteil der Altersvorsorge privater Haushalte in Deutschland. Darüber hinaus entfällt fast die Hälfte des inländischen Kreditvolumens der Banken auf Kredite für den Wohnungsbau, wobei Immobilien die wichtigste Besicherung für Bank-kredite darstellen."[9]

---

gab es in Deutschland Ende 2014 rund 1,56 Mio. leerstehende Wohnungen; *Braun, Reiner/ Baba, Ludger*, Wohnungsmarktprognose 2016–20, Regionalisierte Prognose inkl. Flüchtlinge, empirica paper Nr. 231 (2016), S. 4.

    4 Hierzu weiterführend mit einem Ausblick auf die Entwicklung zur bipolaren Stadt. Zwi-schen Wohnungsnot und Wohnungsleerstand: *Opaschowski, Horst*, Deutschland 2030 (2013), S. 421 ff. sowie *Henger, Ralph/Schier, Michael/Voigtländer, Michael*, Wohnungsleerstand (2014) die darauf verweisen, dass der Mietpreisanstieg lediglich etwa 15 Millionen in Deutsch-land betreffe, während die Situation in vielen anderen Regionen des Landes von Bevölkerungs-schrumpfung gezeichnet sei.

    5 *Lutz, Hans-Joachim*, Der Mieterschutz der Nachkriegszeit, 1998, S. 19.

    6 Im Ergebnis auch und mit Darstellungen zu der Entwicklung der Wohnung hin zu einem exklusiven Ort der Kleinfamilie als Pendant zu einer Gegenwelt zur anonymen, strukturierten und fremdbestimmten Arbeitswelt, *Hart, Annette/Scheller, Gitta*, Das Wohnerlebnis in Deutsch-land (2012), S. 75 ff., sowie Bericht der Expertenkommission Wohnungspolitik, BT-Drs. 13/159, S. 1.

    7 BVerfG, Beschl. v. 26.5.1993 – 1 BvR 208/93, NJW 1993, S. 2035.

    8 Etymologisch lässt sich wohnen auf 'zufrieden sein' als begrifflichen Ausgangspunkt zu-rückführen. Die Ausgangsbedeutung von wohnen ist etwa 'lieben, schätzen', dazu *Kluge, Friedrich*, Etymologisches Wörterbuch der deutschen Sprache (2011), S. 994.

    9 Jahresgutachten 2013/2014 des Sachverständigenrates zur Begutachtung der gesamtwirt-

Seit Jahrzehnten ist der Mietwohnungsmarkt ein hochreglementierter Wirtschaftssektor.[10] Im letzten sowie in diesem Jahrhundert bediente sich der Staat unterschiedlicher Mittel, um auf Zustände und Veränderungen auf dem Mietwohnungsmarkt zu reagieren. Dabei haben sich die wohnungspolitischen Zielsetzungen seit dem Beginn des letzten Jahrhunderts häufig gewandelt. Auch wenn die Problemstellungen regelmäßig in anderem Gewand und anderem geschichtlichen, politischen und wirtschaftlichem Kontext auftauchen[11] – Wohnungspolitik bleibt und ist ein gesellschaftliches und politisches relevantes Thema.

Politiker schnüren umfangreiche Pakete, die eine Vielzahl von Maßnahmen vorsehen und weisen diese als ganzheitlich aus.[12] Aber können die ausgerufenen allokationspolitischen Ziele überhaupt erreicht werden? Oder ist es vielmehr so, dass solche Regulierungen – wenn überhaupt – zufällig wirken? Wann ist eine Maßnahme erfolgreich und wie kann man dies überprüfen? Ein Problem bei der empirischen Kontrolle ist die Multikausalität.[13] Folgewirkungen wirtschaftspolitischer Maßnahmen sind grundsätzlich schwer bis gar nicht absehbar.[14]

---

schaftlichen Entwicklung, BT-Drs. 18/94, S. 442; In diesem Rahmen hebt der Sachverständigenrat die weitergehende volkswirtschaftliche Bedeutung der Wohnungs- und Immobilienwirtschaft hervor.

[10] *Busz, Eick*, Die Äquivalenz im freifinanzierten Wohnraummietrecht (2002), S. 45.

[11] So könnte eine Beschreibung der wohnungspolitischen Situation von *Mairose/Orgaß* Anfang der 1970 er Jahre auch den heutigen Zustand beschreiben: „Keine Preisbewegung löst so starke Reaktionen in der Öffentlichkeit aus wie offenbar der Anstieg der Mieten. Auf keinem Markt gibt es ähnlich erbitterten Streit zwischen Anbietern und Nachfragern. Viele Mieter fühlen sich ausgenutzt oder gar ausgebeutet. Dies vor allem in den Ballungsgebieten, wo die Benutzungsentgelte für Wohnraum zum Teil sprunghaft ansteigen." – so *Mairose, Ralf/Orgaß, Gerhard*, Wohnungs- und Bodenpolitik in der Bundesrepublik Deutschland Kostenmiete – Städtebaurecht – Wohnungseigentum durch Mietkauf (1973), S. 5.

[12] Weiterführend zum Politikprozess und den Entscheidungsabläufen: *Güntner, Simon*, Soziale Stadtpolitik (2007), S. 26 f. mit weiteren Literaturhinweisen.

[13] Siehe dazu *Lutz, Hans-Joachim*, Der Mieterschutz der Nachkriegszeit (1998), der untersucht ob der Einfluss des Mieterschutzes auf den Wohnungsbau empirisch nachweisbar ist.

[14] Siehe dazu beispielhaft das Norwegische Gesetz für Haushaltsangestellte von 1948: „Das Gesetz begrenzte den Arbeitstag auf zehn Stunden, setzte einen Mindestlohn für Überstunden fest, gewährte einen freien Nachmittag in der Woche und einen freien Sonntag in 14 Tagen. Das Gesetz war unabdingbar und enthielt eine Strafbestimmung. Eine amtliche Überwachung war jedoch nicht vorgesehen. Das Gesetz erwies sich zunächst als weitgehend unwirksam. [...] Politische Rhetorik scheint hier wichtiger gewesen zu sein als die realen Folgen der Gesetzgebung. Das Gesetz konnte die widersprüchlichen Standpunkte [der Parteien] vereinigen, indem es sich als Reformgesetz gab, das doch nichts verändern würde. Es erfüllte insofern eine [ausschließlich] symbolische Funktion, als hier die politischen Akteure ihre jeweiligen Wertvorstellungen zum Ausdruck bringen konnten." – siehe *Röhl, Klaus*, Rechtssoziologie – die Zukunftsdisziplin der Jurisprudenz, S. 271; zitiert nach http://www.ruhr-uni-bochum.de/rsozinfo/pdf/Roehl-RS-Kap6.pdf (Stand: 23.7.2016).

Ist der Staat überhaupt für den Mietwohnungsmarkt verantwortlich oder wieso sollte er das sein? Welche tatsächlichen und rechtlichen Handlungsmöglichkeiten hat er? Welche Maßnahmen hat der Staat in den letzten hundert Jahren ergriffen? Welche Eingriffe sollten sich keinesfalls wiederholen und welche könnten den aktuellen Herausforderungen gerecht werden?

Die verschiedenen Grundlagen sowie Rahmenbedingungen und Grundmechanismen des Marktes im Zusammenhang mit wohnungspolitischen Instrumenten sollen nachfolgend aus einer juristischen Perspektive dargestellt und aufgearbeitet werden. Vielleicht kann die Arbeit sogar einen Beitrag dazu leisten, in konkreten Situationen, nachhaltige wirtschaftspolitische Handlungsempfehlungen zu entwickeln. Sie soll dazu anregen, über alternative Konzepte zu den bislang erprobten nachzudenken und im besten Fall als Entscheidungshilfe für die Gesetzgebung zur Steuerung des Mietwohnungsmarktes dienen.

II. Problemdarstellung und Relevanz

Das Thema „Wohnen" ist für die Menschen von großer Bedeutung und gesellschaftspolitisch brisant. 50 % der Deutschen leben in Regionen mit ansteigendem Bevölkerungswachstum.[15] In den elf größten deutschen Städten leben ca. 15 % der Bevölkerung[16] und in fast allen dieser Städte herrscht bereits regionaler Wohnungsmangel oder wird für die nahe Zukunft prognostiziert.[17] Trotzdem hat die Neubautätigkeit seit den 1980er Jahren (auch in diesen Gebieten) zunächst stetig abgenommen und auch zuletzt nur unzureichend zugenommen.[18] Durchschnittlich steht eine Bautätigkeit von weniger als 200.000 Wohnungen pro Jahr einem ermittelten Bedarf von jährlich 400.000 Wohnungen gegenüber.[19] Im Jahr 2014 gab es in Deutschland ca. 18,8 Mio. Mieterhaushalte[20]. Weitere 16,5 Mio. sog. „Eigentümerwohnungen" stehen deutschlandweit ca. 40 Mio. nachfragenden Haushalten gegenüber. Mit zuletzt 45,5 %[21] liegt die Eigentumsquote – also dem Anteil des

---

[15] Strategien für bezahlbares Wohnen in der Stadt, Welchen Beitrag kann der Neubau angesichts neuer Wohnungsknappheit leisten?, Studie von Regio Kontext, S. 4; http://web.gdw.de/uploads/pdf/Studie_RegioKontext.pdf (zuletzt aufgerufen am 4.12.2020).

[16] Statistisches Jahrbuch 2019, S. 30.

[17] *Günther, Matthias/Hübl, Lothar,* Wohnungsmangel in Deutschland? Regionalisierter Wohnungsbedarf bis zum Jahr 2025 (2009), S. 9.

[18] Statistisches Jahrbuch 2019, S. 416 und 587.

[19] *Günther, Matthias/Hübl, Lothar*, Wohnungsmangel in Deutschland? Regionalisierter Wohnungsbedarf bis zum Jahr 2025 (2009), S. 9, sowie zur Bautätigkeit Statistisches Jahrbuch 2019, S. 589.

[20] Statistisches Jahrbuch 2019, S. 166.

[21] Ebenda.

selbstgenutzten Wohneigentums – in Deutschland deutlich unter dem europäischen Durchschnitt.[22]. In einigen Bundesländern ist sie noch deutlich niedriger. Insbesondere in den Stadtstaaten wie Berlin, Hamburg und Bremen ist die Eigentumsquote mit 16 %, 24 % und 39 % traditionell stark unterdurchschnittlich.[23]

In vielen Regionen ist das Wohnungsangebot auf dem Mietwohnungsmarkt nicht deckungsgleich mit der Nachfrage. Angebot und Nachfrage entwickeln sich immer weiter auseinander. Hinzu kommen strukturelle Probleme gefördert durch die gesellschaftliche Entwicklung und den soziokulturelle Wandlungsprozess hin zu immer mehr Ein-Personen-Haushalten als Folge der so genannten Versingelung der Gesellschaft.[24] Immer mehr kleine Haushalte fragen mehr Wohnfläche nach.[25] Während im Jahr 1991 noch gut 35 Mio. Haushalte in Deutschland Wohnraum nachfragten, waren es im Jahr 2011 schon über 40 Mio. Haushalte mit seitdem jährlich steigender Tendenz.[26] Von allen Haushalten entfielen Anfang der 1990er Jahre 33,6 % auf Einpersonenhaushalte. Im Jahr 2011 waren es schon knapp über 40 %[27] und im Jahr 2018 ungefähr 42 %.[28] Für das Jahr 2030 prognostiziert das Statistische Bundesamt im Rahmen der Haushalts-

---

[22] Die Wohnungseigentumsquote in fast allen anderen europäischen Ländern ist höher: 95,6 % in Rumänien, 83,5 % in Polen, 77,7 % in Spanien, 72,3 % in Belgien, 64,6 im Vereinigten Königreich, 64,3 % in Frankreich, 57,3 % in Österreich, vgl. Wohneigentumsquoten in ausgewählten europäischen Ländern im Jahr 2013: http://de.statista.com/statistik/daten/studie/155734/umfrage/wohneigentumsquoten-in-europa/ (zuletzt aufgerufen am 4.12.2020), oder auch Ergebnisse des Zensus 2011. – Wohnungen in Wohngebäuden (ohne Wohnheime). Ohne Ferien- und Freizeitwohnungen, Diplomatenwohnungen/Wohnungen ausländischer Streitkräfte sowie gewerblich genutzte Wohnungen. – Eigentümerquote 2011 in %, Statistisches Jahrbuch 2014, S. 149.

[23] Vgl. Ergebnisse des Zensus 2011: Wohnungen in Wohngebäuden (ohne Wohnheime). Ohne Ferien- und Freizeitwohnungen, Diplomatenwohnungen/Wohnungen ausländischer Streitkräfte sowie gewerblich genutzte Wohnungen, Statistisches Jahrbuch 2014, S. 149.

[24] Bundesministerium für Arbeit und Sozialordnung, Lebenslagen/Materialband zum Median der gewichteten Haushaltsnettoeinkommen, Einkommens- und Verbrauchsstichprobe, 2001, S. 49.

[25] Ein Ausblick hierzu auf das Jahr 2030 findet sich bei: *Opaschowski, Horst*, Deutschland 2030 (2013), S. 445 ff.

[26] Die soziale Situation in Deutschland, Bevölkerung und Haushalte, 1970 bis 2030 in absoluten Zahlen, http://www.bpb.de/wissen/GLSOS3,0,0,Bev%C3%B6lkerung_und_Haushalte.html%22 (Stand: 1.9.2014).

[27] Tabelle 2.6.1 Privathaushalte nach Zahl der Personen, Ländern und Gemeindegrößenklassen, Statistisches Jahrbuch 2012, S. 5.; Dieser Trend ist in allen Bundesländern außer dem Saarland und Sachsen-Anhalt zu verzeichnen. Wobei aber auch Unterschiede zwischen den anderen Bundesländern bestehen. Besonders bemerkenswert sind die Zahlen aus Berlin und Hamburg und Bremen: In Berlin lebten 2011 mehr als die Hälfte der Menschen (54,2 %) in Einpersonenhaushalten, in Hamburg waren es 51,5 % Singlehaushalten und in Bremen 50,3 %.

[28] Statistisches Bundesamt, Statistisches Jahrbuch 2019, S. 59.

vorausberechnung, dass in den Stadtstaaten in mehr als der Hälfte der Haushalte nur noch je eine Person leben wird.[29] Entsprechend ist die durchschnittliche Wohnfläche sowohl pro Kopf als auch je Haushalt seit den 1960er Jahren stetig gewachsen.[30]

Hinzu kommen steigende Mieten. Besonders auffällige Steigerungen sind in bestimmten Regionen, wie den Städten Berlin, Hamburg und München zu verzeichnen. Im Jahr 2017 haben über 25 % der Haushalte, 35 % oder mehr des Haushaltsnettoeinkommens für die Wohnraummiete aufgewendet.[31] Dabei liegt die Quote bei Haushalten mit einem Nettoeinkommen unter EUR 1.300,00 regelmäßig noch höher.[32]

Darüber hinaus hat sich der bereits im Jahr 2015 prognostizierte weiterwachsende Wohnungsbedarf in den Ballungszentren noch einmal deutlich verschärft. Ging die Bundesregierung im Mai des Jahres 2015 noch von einem jährlichen Neubaubedarf von 270.000 Wohnungen aus, ermittelte das Bundesministerium für Umwelt, Naturschutz, Bau und Reaktorsicherheit im Jahr 2016 bereits einen jährlichen Bedarf von 350.000 neuen Wohnungen.[33] Diese (wenn auch häufig regionalen) Entwicklungen führten wieder zu einer breiten gesellschaftlichen Diskussion und spornten die Politik zu teils aktionistischem Handeln an. So, dass die Bundesregierung die Wohnungsfrage als relevante soziale Frage anerkannte und sich zuletzt im September 2019 das Ziel setzte, in der laufenden Legislaturperiode den Bau von 1,5 Millionen neuen Wohnungen zu ermöglichen.[34]

Das Bedürfnis der Bürger nach angemessenem Wohnraum und die Forderung an die Politik, diesen zu gewährleisten, sind dabei nicht neu. Schon im letzten Jahrhundert sahen sich Staat und Bevölkerung verschiedenen problematischen Situationen ausgesetzt. Insbesondere die beiden Weltkriege beeinflussten und strapazierten den Wohnungsmarkt wesentlich. Mit unterschiedlichen Interventionen und Regelungen versuchte die Politik den Mietwohnungsmarkt zu lenken. Dies tut sie bis heute. Betrachtet man die Bandbreite und Variation der eingesetz-

---

[29] Statistisches Bundesamt: Bevölkerung und Erwerbstätigkeit – Entwicklung der Privathaushalte bis 2030 – Ergebnisse der Haushaltsvorausberechnung, Wiesbaden, 2011, S. 14.

[30] *Opaschowski, Horst*, Deutschland 2030 (2013), S. 445, sowie für die Jahre 2010 bis 2017: Statistisches Bundesamt, Statistisches Jahrbuch 2019, S. 587.

[31] *Ebenda*, S. 167.

[32] Statistisches Bundesamt, Fachserie 15, Heft 5, S. 40, 1.3.

[33] *Psotta, Michael*, Wohnungsmangel – Baugrube sozialer Wohnungsbau, faz.net v. 6.2. 2016, abrufbar unter: https://www.faz.net/aktuell/wirtschaft/wohnen/wohnungsmangel-baugru be-sozialer-wohnungsbau-14051661.html (zuletzt aufgerufen am 4.12.2020).

[34] Ergebnisse des Wohngipfels am 21.9.2018 im Bundeskanzleramt, abrufbar unter: https:// www.bundesregierung.de/resource/blob/997532/1531576/48f6a1733e6c500c937694343aaa eb2b/2018-09-21-eckpunkte-wohngipfel-data.pdf?download=1 (zuletzt aufgerufen am 24.10. 2020).

ten Interventionsmaßnahmen kann man seit Beginn des 20. Jahrhunderts von einer Tradition staatlicher Interventionen in den Mietwohnungsmarkt sprechen.

III. Forschungsstand

Eine Vielzahl von Wissenschaften befasst sich interdisziplinär mit dem Thema der staatlichen Interventionen in den Mietwohnungsmarkt. Die vorliegende Arbeit ist in erster Linie im Bereich der Schnittstelle der Rechtsgeschichte und des Wirtschaftsrechts zur Wirtschafts- und Sozialpolitik zu verorten. Für eine umfassende Darstellung der Grundlagen sind zudem Elemente des Verfassungsrechts und des Privatrechts relevant und Facetten der Urbanistik, Stadtplanung sowie der Wirtschafts- und Sozialwissenschaften zu berücksichtigen.

Die wohnungs- und immobilienwirtschaftliche Forschung scheint sowohl bei den Rechtswissenschaften als auch bei den Wirtschaftswissenschaften eine untergeordnete Rolle zu spielen.[35] Die einschlägige rechtswissenschaftliche Literatur, die sich mit den wirtschaftspolitischen Folgen staatlicher Eingriffe beschäftigt, befasst sich regelmäßig nicht schwerpunktmäßig mit staatlichen Regulierungen des Mietwohnungsmarktes. Vielmehr werden in Grundzügen mit dem Mietwohnungsmarkt vergleichbare Themen- und Problemkomplexe behandelt. Eine Verknüpfung – insbesondere der (volks-) wirtschaftlichen mit den rechtswissenschaftlichen Parametern – erfolgt zumeist nicht durch die juristische, sondern durch die wirtschaftswissenschaftliche Literatur.

Eine Ausnahme stellt die Arbeit von *Hofacker*[36] dar, der die Preisvorschriften im Wohnraummietrecht sowohl juristisch als auch eingehend mikro- sowie makroökonomisch betrachtet. Ferner gibt es mehrere Werke mit stadtsoziologischem Ausgangspunkt, insbesondere von *Häußermann/Siebel*[37]. Sie schreiben über die Entstehung der Wohnungsfrage vor allem im Hinblick auf die physischen und sozialen Komponenten des Wohnens und beziehen sich ferner auf die Entstehung und Entwicklung von Wohnkultur. Ebenfalls finden sich dort ausführliche Aufarbeitungen zu den Ursprüngen der Wohnungsfrage zu Beginn des 20. Jahrhunderts und die weiteren Entwicklungen bis in die 1990er Jahre. Bei *Häring*[38] findet sich schließlich eine detaillierte und umfassende Literaturzusammenstellung

---

[35] So schon *Oettle, Karl*, Wohnungswirtschaft – in den deutschen Wirtschafts- und Sozialwissenschaften vernachlässigt (2001), S. 2–22 und danach *Sotelo, Roman*, Ökonomische Grundlagen der Wohnungspolitik (2001), S. 2.

[36] *Hofacker, Thomas M.*, Preisvorschriften für sogenannten preisfreien Wohnraum (2000).

[37] *Häußermann, Hartmut/Siebel, Walter*, Soziologie des Wohnens (1996).

[38] *Häring, Dieter*, Zur Geschichte und Wirkung staatlicher Interventionen im Wohnungssektor (1974).

zur staatlichen und sozialen Wohnungspolitik unter Berücksichtigung geschichtlicher Kontinuität einzelner Problemstellungen.

Rechtsgeschichtlich finden sich teilweise sehr detaillierte Aufarbeitungen mit dem Schwerpunkt auf einzelne Interventionen oder Zeitabschnitte bei den folgenden Autoren:

Ein Überblick über das Mietrecht im 19. Jahrhundert gibt *Quaisser*[39], die die mietrechtliche Konzeption im Allgemeinen für die Preußischen Staaten von 1794 und dem gemeinen Recht vergleicht. Ein umfassender historischer Überblick über die Geschichte des Wohnens vom Mittelalter bis ins 21. Jahrhundert mit weniger rechtlichem Schwerpunkt findet sich bei *Fuhrmann/Meteling/Rajkay/Weipert*[40]. Und ein umfassender Überblick über die rechtshistorische Entwicklung der wohnraummietrechtlichen Vorschriften im BGB findet sich bei *Oestman*[41]. Ebenso mit rechtswissenschaftlichem Fokus widmet sich *Wolter*[42] dem mietrechtlichen Bestandsschutz, indem er die historische Entwicklung über mehr als ein Jahrhundert bis zum Wohnraumkündigungsschutzrecht Anfang der 1980er Jahre analysiert. *Kerner*[43] fokussiert sich auf die Regelungen der Wohnungszwangswirtschaft und unterzieht diese einer differenzierten Betrachtung. Bei *Lutz*[44], der seinen Schwerpunkt auf die Entwicklungen im sozialen Mietrecht und die Einschränkungen der Privatautonomie legt, finden sich nicht nur vertiefende Ausführungen dazu, sondern auch darüber hinausgehend weiterführende Statistiken unter Bezugnahme auf ein umfangreiches Zahlenmaterial.

Bei *Führer*[45] findet sich ein Gesamtbild der zwangswirtschaftlichen Eingriffe in das Wohnungswesen zwischen den Jahren 1914 und 1960 sowie eine umfassende Darstellung und Analyse der Entwicklung der Geschichte der deutschen Wohnungszwangswirtschaft einschließlich politischer sowie rechts- und sozialhistorisch Facetten und tatsächliche rechtliche Entwicklungen und deren praktische Umsetzung. Vertiefende Ausführungen zum Mietpreisrecht in der Mitte des 20. Jahrhunderts finden sich des Weiteren bei *Hügemann*[46].

Grundsätzliche und umfassende historische und geltend rechtliche Ausführungen zu Regelungen über die Miethöhe und Regulierungen des Mietwohnungs-

---

[39] *Quaisser, Friederike*, Mietrecht im 19. Jahrhundert (2005).

[40] *Fuhrmann, Bernd/Meteling, Wencke/Rajky, Barbara/Weipter, Matthias*, Geschichte des Wohnens – vom Mittelalter bis heute (2008).

[41] *Oestmann, Peter*, in: Historisch-kritischer Kommentar zum BGB, Historisch-kritischer Kommentar zum BGB, Band III: Schuldrecht. Besonderer Teil. 1. Teilband, § 535–580a (2013).

[42] *Wolter, Udo*, Mietrechtlicher Bestandsschutz (1984).

[43] *Kerner, Frank*, Wohnraumzwangswirtschaft in Deutschland (1996).

[44] *Lutz, Hans-Joachim*, Der Mieterschutz der Nachkriegszeit (1998).

[45] *Führer, Karl Christian*, Mieter, Hausbesitzer, Staat und Wohnungsmarkt (1995).

[46] *Hügemann, Ewald*, Die Geschichte des öffentlichen und privaten Mietpreisrechts vom Ersten Weltkrieg bis zum Gesetz zur Regelung der Miethöhe von 1974 (1998).

marktes mit vielen weiteren Nennungen finden sich schließlich bei *Emmerich/ Sonnenschein*[47].

Mit *Buck*[48] sei ferner einer der Autoren genannt, der sich mit der Wohnungs- politik in der DDR auseinandersetzt. Es handelt sich um eine sehr ausführliche Darstellung und kritische Beleuchtung der DDR-Wohnungspolitik mit vielen Fakten zu Bestand und Entwicklungen auf dem Bau- und Mietwohnungsmarkt. Eine rechtsvergleichende Untersuchung des Wohnraummietrechts in der Bun- desrepublik und der DDR findet sich bei *Heinisch*[49].

Eine Darstellung der wirtschaftswissenschaftlichen Dimension der Wohnungs- wirtschaft findet sich wiederum bei *Kofner*[50] mit vielen weiteren Nennungen und Vertiefungshinweisen. Ebenfalls sind als immobilienwirtschaftliche Litera- tur *Schulte/Bone-Winkel/Schäfers*[51], *Kühne-Büning/Heuer*[52] oder *Jenkis*[53] zu nennen.

Eucker-Herresthal[54] untersucht einzelne staatliche Eingriffe in den Mietwoh- nungsmarkt in den 1980er Jahren und unterbreitet nach deren Erfolgsanalyse verschiedene Reformvorschläge. *Füllenkemper*[55] liefert einen Rahmen um woh- nungspolitisches Handeln hinsichtlich der Wirkung und Zielkonformität zu ana- lysieren und zu bewerten. Mit Ansprüchen und Auswirkungen wohnungspoliti- schen Handelns setzt sich auch *Eekhoff*[56] auseinander. *Kirchner*[57] wiederum ver- gleicht die Wohnungsversorgung für unterstützungsbedürftige Haushalte in verschiedenen europäischen Ländern Anfang des 21. Jahrhunderts.

---

[47] *Emmerich, Volker/Sonnenschein, Jürgen*, in: Miete: Handkommentar, §§ 535 bis 580a BGB, sowie *Emmerich, Volker*, in: J. von Staudingers Kommentar zum Bürgerlichen Gesetz- buch: Staudinger BGB – Buch 2: Recht der Schuldverhältnisse §§ 535–555f (Mietrecht 1) (2014).

[48] *Buck, Hannsjörg*, Mit hohem Anspruch gescheitert – Die Wohnungspolitik der DDR (2004).

[49] *Heinisch, Jan*, Wohnraummiete im politischen System von BRD und DDR (2004).

[50] *Kofner, Stefan*, Wohnungsmarkt und Wohnungswirtschaft (2004).

[51] *Schulte, Karl-Werner/Bone-Winkel/Stephan/Schäfers, Wolfgang*, Immobilienökonomie I (2016).

[52] *Kühne-Büning, Lidwina/Heuer, Jürgen*, Grundlagen der Wohnungs- und Immobilienwirt- schaft (1994).

[53] *Jenkis, Helmut*, Kompendium der Wohnungswirtschaft (1991) und *ders.*, Die Wohnungs- politik auf dem Prüfstand? (1996).

[54] *Eucker-Herresthal, Waltraud*, Staatliche Eingriffe in den Mietwohnungsmarkt – Erfolgs- kontrolle und Reformvorschläge (1985).

[55] *Füllenkemper, Horst*, Wirkungsanalyse der Wohnungspolitik in der Bundesrepublik Deutschland (1982).

[56] *Eekhoff, Johann*, Wohnungspolitik (2002).

[57] *Kirchner, Joachim*, Wohnungsversorgung für unterstützungsbedürftige Haushalte – Deut- sche Wohnungspolitik im europäischen Vergleich (2006).

Eine vertiefte Ausarbeitung zum Wirtschaftsrecht und den rechtlichen Grundlagen für staatliche Regulierungen unabhängig vom Mietwohnungsmarkt findet
sich schließlich bei *Möschel*[58]. Weiterführend zu den verfassungsrechtlichen
Grundlagen des Steuerungsstaats und zur Daseinsvorsorge ist ferner die Habili-
tationsschrift von *Storr*[59].

Ein Überblick über verschiedene Studien und Prognosen zu den Faktoren wie
Bevölkerungsentwicklung u. a., die den Wohn- und Immobilienmarkt beeinflussen findet sich zudem bei *Michels/Mester/Beermann*[60], die die Forschungsvorha-
ben in den 2000er Jahren zusammenfassen und deren Probleme herausarbeiten.

Weiterführend und gleichzeitig grundlegend für eine Bewertung ist die Entwicklung von volkswirtschaftlichen und sozialen Strukturen. Diesbezüglich soll
auf die ausführliche Datensammlung und Auswertung des Statistischen Bundes-
amtes verwiesen werden. Zudem finden sich detaillierte Ausführungen über die
Sozialstruktur und den sozialen Wandel in Deutschland bis zur Jahrtausendwen-
de bei *Schäfers*[61].

IV. Gang der Untersuchung

Die Arbeit befasst sich mit der rechtlichen Einordnung der staatlichen Interventionsmaßnahmen zur Unterstützung der Wohnungspolitik vor dem Hintergrund
politischer, soziologischer und wirtschaftlicher Entwicklungen.

Das ursprüngliche Ziel dieses Projektes, eine Art „Weißbuch" als Grundlage
für politische Handlungsmaßnahmen zu entwerfen, musste aufgrund der Viel-
schichtigkeit und Mehrdimensionalität[62] des Mietwohnungsmarktes im Laufe
der Bearbeitung eingeschränkt werden. In diesem Rahmen ist es nicht möglich
alle Aspekte abzudecken, die erforderlich sind, um geeignete Interventionen zu
identifizieren.

Anhand eines Querschnitt durch die rechtshistorischen und rechtlichen Grundlagen und Rahmenbedingungen sowie Wirkungsweisen der Regulierungen auf
dem Mietwohnungsmarkt, soll daher eine Grundlage geschaffen werden, um all-
gemeingültige Aussagen zu treffen. Denn die „relative Unkenntnis über die tat-

---

[58] *Möschel, Wernhard*, Regulierung und Deregulierung (2004).

[59] *Storr, Stefan*, Der Staat als Unternehmer (2001).

[60] *Michels, Winfried/Mester, Klaus-Hendrik/Beermann, Frank*, Wohnungsmarkt – Wohneigentum – Kostengünstiges Bauen (2006).

[61] *Schäfers, Bernhard*, Sozialstruktur und sozialer Wandel in Deutschland (2002).

[62] Dazu nur *Bettermann*, der versucht das Wohnungsrecht inhaltlich zu umreißen: *Bettermann, Karl August*, Das Wohnungsrecht als selbständiges Rechtsgebiet (1949), S. 10 ff. und
32 ff.

sächlich bewältigten öffentlichen Aufgaben und ihrer Kosten"[63] erschwert schließlich nicht nur – wie *Walkenhaus* feststellt – jede Staatsdiskussion und Reforminitiative, sondern auch jede wissenschaftliche Auseinandersetzung. Dies gilt im besonderen Maße auch in der Sozial- und noch spezieller in der Wohnungspolitik. Daher bilden die historischen Ausführungen in Kapitel eins am Anfang der Arbeit einen Schwerpunkt. Die Kenntnis der tatsächlich erprobten Interventionen und ihre Einbettung in den zeitgeschichtlichen Kontext stellen die erste und zentrale Säule bei der Darstellung der Tradition staatlicher Interventionen in den Mietwohnungsmarkt dar. Die Entwicklung der Interventionstätigkeiten des Staates, einzelne wohnungspolitische Maßnahmen und der jeweilige geschichtliche Hintergrund stehen im Fokus. Die rechtlichen Bedingungen und Folgen werden so in einen ökonomischen, historischen und politischen Kontext gebracht.

In Kapitel zwei werden die juristischen Rahmenbedingungen und in Kapitel drei die ökonomischen Grundzüge und Wirkungsweisen der denkbaren Instrumente zur Unterstützung der Wohnungspolitik beleuchtet. Hierbei ist zu klären, welche Rechte und Pflichten und welche – rechtlich zulässigen – Handlungsoptionen der Staat im Hinblick auf die Wohnungspolitik überhaupt hat. Im Anschluss wird die wohnwirtschaftliche, volkswirtschaftliche und struktur- sowie wirtschaftspolitische Dimension des Mietwohnungsmarktes berücksichtigt, indem der Mietwohnungsmarkt im Hinblick auf diese Schnittstellen einführend beleuchtet wird.

Die Arbeit gliedert sich somit in drei Teile, welche selbständig nebeneinanderstehen:

1. Wohnungspolitische Interventionen im Spiegel der Zeitgeschichte
2. Das wohnungspolitische Leistungsprofil der Staatstätigkeit
3. Die Wirkungsweise staatlicher Interventionsmaßnahmen

---

[63] *Walkenhaus, Ralf,* Entwicklungslinien moderner Staatlichkeit Konzeptualisierungsprobleme des Staatswandels (2006), S. 37.

Kapitel 1

Wohnungspolitische Interventionen im Spiegel der Zeitgeschichte

> Das Recht, das wir aus weitem zeitlichen Ab-
> stand sehen, ist vielfach Produkt politischer, so-
> zialer und wirtschaftlicher Entwicklungen und
> eben nicht isoliert zu betrachten.[1]

Welche Interventionen wurden zu welchem Zeitpunkt entwickelt und eingesetzt? Wie haben sich die Zielvorstellungen des Gesetzgebers sowie die Förder- und Rahmenbedingungen im Laufe der Jahre verändert? Lässt sich ein Zusammenhang mit den gesellschaftspolitischen Anforderungen oder den tatsächlichen Veränderungen in der Bauwirtschaft und dem Wohnungsmarkt feststellen?

Die historische Darstellung ist in Zeitintervalle unterteilt. Für jeden Zeitabschnitt werden die relevanten wirtschaftlichen Rahmenbedingungen, der bau- und wohnungswirtschaftliche Kontext und themenverwandte Fakten aufgezeigt. Ausgewählte Interventionsmaßnahmen werden ausführlich besprochen und in einen historischen und wirtschaftlichen Zusammenhang gesetzt.

I. Erste Interventionen Ende des 19. und Anfang des 20. Jahrhunderts

Im Deutschen Kaiserreich stellte sich vor allem die Arbeiterwohnungsfrage.[2] Als Folge der Industrialisierung kam es zu einem erheblichen Arbeiterzuzug in die Stadtzentren.[3] Während die Arbeit billig wurde, so dass der Lohn kaum reichte, um den Lebensunterhalt zu decken, stiegen die Preise für den knappen Wohn-

---

[1] *Schröder, Rainer*, Rechtsgeschichte der Nachkriegszeit (1993), S. 627.

[2] Vertiefend mwN *von Saldern, Adelheid*, Kommunalpolitik und Arbeiterwohnungsbau im Deutschen Kaiserreich (1979), S. 344.

[3] Siehe auch *Häring, Dieter*, Zur Geschichte und Wirkung staatlicher Interventionen im Wohnungssektor (1974), S. 13, der zur Illustrierung der angestiegenen räumlichen Mobilität anführt, dass im Jahr 1907 ungefähr 50 % der gesamten deutschen Bevölkerung außerhalb ihrer Wohngemeinde geboren worden ist.

raum in den Stadtzentren.[4] Gleichzeitig sank die Sterberate von Jahr zu Jahr, während der Geburtenüberschuss anstieg. Mit der Auflösung der vorindustriellen Sozialordnung[5] entwickelte sich Wohnen weg von einer Versorgungsgemeinschaft hin zu dem Privatraum von Kleinfamilien aus kleineren und mittleren Bürgerschichten.[6] Die Mietwohnung selbst sowie ihr Bau gewann an Bedeutung und Kleinhäuser und Mietskasernen[7] bildeten sich als „Extreme des Massenwohnungsbaus […] innerhalb der industriellen Revolution heraus[…].“[8] Entsprechend rückten die Arbeiterwohnungsfrage und die Wohnungsnot bereits Ende des 19. Jahrhunderts in den Fokus.[9] Dabei ging es vor allem um den Mangel an Wohnungen und die unzumutbare Qualität des vorhandenen Wohnraums. Das Wohnungsproblem stellte sich noch als soziale Frage.[10]

Der Staat weitete sein Aufgabengebiet aus und das Rechtsgebiet der städtischen Daseinsvorsorge entstand.[11] Mit der Implementierung moderner Sozialgesetze Ende des 19. Jahrhunderts manifestierte sich auch schrittweise der Gedanke, dass den Auswüchsen des Marktes mit seinen extrem negativen Konsequenzen zum Schutz schwächerer Personengruppen ein Riegel vorzuschieben sei.[12]

Im Jahr 1905 handelte es sich bei 50 bis 80 Prozent des Wohnungsbestandes in den großen deutschen Städten[13] um Kleinwohnungen mit bis zu zwei beheiz-

---

[4] *Schmoeckel, Mathias/Maetschke, Matthias*, Rechtsgeschichte der Wirtschaft (2016), S. 194.

[5] *Häring, Dieter*, Zur Geschichte und Wirkung staatlicher Interventionen im Wohnungssektor (1974), S. 11.

[6] *Hügemann, Ewald*, Die Geschichte des öffentlichen und privaten Mietpreisrechts vom Ersten Weltkrieg bis zum Gesetz zur Regelung der Miethöhe von 1974 (1996), S. 31 ff.

[7] Vertiefend zur Mietskaserne und den bautechnischen Einzelheiten: *Eberstadt, Rudolf*, Handbuch des Wohnungswesens und der Wohnungsfrage (1917), S. 289 ff.

[8] Mit vertiefenden Ausführungen *Kastorff-Viehmann, Renate*, Kleinhaus und Mietskaserne (1979), S. 271.

[9] *Häring, Dieter*, Zur Geschichte und Wirkung staatlicher Interventionen im Wohnungssektor (1974), S. 11 ff., sowie *Kuczynski, Jürgen*, Bürgerliche und halbfeudale Literatur aus den Jahren 1840 bis 1847 zur Lage der Arbeiter: Eine Chrestomathie (1960) mit weitergehenden Beschreibungen und vertiefenden Literaturhinweisen.

[10] *Schmidthuysen, Fritz*, Die Entwicklung der Wohnungsbauabgabe und des Geldentwertungsausgleichs bei bebauten Grundstücken (Hauszinssteuer) in Deutschland (1928), S. 163.

[11] *Stolleis, Michael*, Die Entstehung des Interventionsstaates und das öffentliche Recht (1989), S. 138; weiterführend Schmoeckel, Mathias/Maetschke, Matthias, Rechtsgeschichte der Wirtschaft (2016), S. 229 ff.

[12] So sinngemäß *Schröder, Rainer*, Modernisierung im Zweiten Kaiserreich und technischer Wandel (2000), S. 36 f., wenn er von den Schwerpunkten der Gesetzgebung im Zweiten Kaiserreich berichtet.

[13] Berlin (79,38), Hamburg (53,47), Hannover (66,33), Magdeburg (70,56), München (59,42), Leipzig (61,31), Charlottenburg (57,82), Breslau (75,95), Halle (63,14), Dresden (68,83).

baren Zimmern.[14] Familien lebten in kleinen Wohnungen, kleine Schlafnischen wurden an sogenannte Schlafgänger[15] oder Bettgeher vermietet,[16] „die nur eine Schlafstelle in der Wohnung des Vermieters [stundenweise] benutzen durften"[17].

„Der Aufbruch der Menschen in die Städte, die schlechte materielle Lage der Arbeiter und das Wachstum der Bevölkerung erzeugten Wohnungsnot und Wohnungselend"[18]. Das starke Bevölkerungswachstum und die damit einhergehende rasante Verstädterung führte vor allem in den Städten zu einer erheblichen Steigerung der Nachfrage nach Wohnraum.[19] Während im Jahr 1871 noch zwei Drittel der deutschen Gesellschaft in ländlichen Gemeinden gewohnt hatten, verkehrte sich das Verhältnis zugunsten der Städte.[20] Zudem verdoppelte sich die Bevölkerung auch absolut von 1850 bis zum Kriegsausbruch im Jahr 1914.[21] Auch das führte dazu, dass insbesondere die Arbeiterschaft in kleinen Wohnungen in Massenmiethäusern wohnte, für die sie zwischen einem Viertel und einem Drittel ihres Nettolohnes aufwenden mussten.[22]

Auch diese Umstände eröffneten „ein so bisher nicht bestehendes Betätigungsfeld für Wohnungsproduzenten."[23] *Kastorff-Viehmann* beschreibt, wie sogenannte Terraingesellschaften Ende des 19. Jahrhunderts ihr Vermögen mit Bodenspekulationen mehrten[24] und wie das „Streben nach Gewinn zu hohen Bodenpreisen, einem zu knappen Angebot an Kleinwohnungen und damit letztlich zu Wohnungsnot"[25] führte.

---

[14] *Eberstadt, Rudolf*, Handbuch des Wohnungswesens und der Wohnungsfrage (1917), S. 182.

[15] Z.B. im Jahr 1875 beherbergten 20,9 % der Haushalte in Berlin Schlafgänger, so *Berger-Thimme, Dorothe*, Wohnungsfrage und Sozialstaat (1976), S. 33.

[16] *Spoerr, Kathrin*, Recht und Revolution (2011), S. 103.

[17] Vertiefende Ausführungen bei *Ehmer, Josef*, Wohnen ohne eigene Wohnung – Zur sozialen Stellung von Untermietern und Bettgehern (1979), S. 132, sowie bei *Häring, Dieter*, Zur Geschichte und Wirkung staatlicher Interventionen im Wohnungssektor (1974), S. 15 ff.

[18] *Henkel, Michael*, Sozialpolitik in Deutschland und Europa (2002), S. 28.

[19] *Krumme, Markus*, Die Wohnung im Recht (2004), S. 28; im Ergebnis ebenso mit weiteren Ausführungen zur Entwicklung der Wohnungsfrage Ende des 19. Jahrhunderts *Häußermann, Hartmut/Siebel, Walter*, Soziologie des Wohnens (1996), S. 59 ff.

[20] *Fuhrmann, Bernd/Meteling, Wencke/Rajky, Barbara/Weipter, Matthias*, Geschichte des Wohnens – vom Mittelalter bis heute (2008), S. 104.

[21] Von rd. 36 Millionen im Jahre 1850 auf rund 67,5 Millionen im Jahr 1895, so *Witt, Peter-Christian*, Inflation, Wohnungszwangswirtschaft und Hauszinssteuer (1979), S. 386.

[22] *Ebenda*, S. 387.

[23] *Berger-Thimme, Dorothe*, Wohnungsfrage und Sozialstaat (1976), S. 25.

[24] *Kastorff-Viehmann, Renate*, Kleinhaus und Mietskaserne (1979), S. 285.

[25] *Ebenda*, S. 286.

Gemeinnützige Initiativen bemühten sich, das Wohnungselend zu lindern[26], und Lehre und Wissenschaft beschäftigten sich mit der sozialen Frage und forderten staatliche Reformen.[27] Auch wenn im Jahr 1891 beispielsweise der Berliner Magistrat ein staatliches Engagement in diesem Bereich im Rahmen einer Vorlage an die Stadtverordnetenversammlung[28] im Ergebnis noch explizit ausschloss,[29] setzen sich auch die staatliche Institutionen „eingehender mit der Wohnungsversorgung und den Wohnverhältnissen"[30] auseinander. Schließlich begann mit den Anfängen staatlicher Gesetzgebung auf dem Gebiet des Wohnungswesens zum Ende des 19. Jahrhunderts die Tradition staatlicher Interventionen den Mietwohnungsmarkt.[31]

Mit Inkrafttreten des BGB am 1.1.1900[32] gab es erstmals bundesweite privatrechtliche Regelungen zum Wohnraum-Mietrecht. Abgesehen von wenigen Ausnahmen, waren alle darin vorhandenen mieterschützenden Bestimmungen dispositiv.[33] Daher konnten Vermieter, die schon Ende des 19. Jahrhunderts Hausbesitzervereine gegründet hatten, diese mieterfreundlichen Regelungen mit sogenannten Formblattverträgen abbedingen, was sie auch regelmäßig taten.[34]

Ohnehin waren die ersten Regelungen im BGB zum Wohnraum-Mietrecht im Vergleich zur heutigen Rechtslage deutlich ausgeglichener und liberaler. Die Höhe des Mietzinses wurde nicht reguliert. Eine Obergrenze gab es lediglich

---

[26] Wohnungsbau und Wirtschaftsförderung Deutsche Geschichte am Beispiel der Investitionsbank Berlin (2008), S. 16.

[27] *Geyer, Rolf,* Der Gedanke des Verbraucherschutzes im Reichsrecht des Kaiserreichs und der Weimarer Republik (1871–1933) (2001), S. 146 und weiterführend zu den Ursprüngen des 1872 gegründeten „Verein für Socialpolitik", S. 147 ff.; zur Entwicklung des Vereins für Socialpolitik siehe ferner *Brander, Sylvia,* Wohnungspolitik als Sozialpolitik (1984), S. 20 ff.

[28] Stadtverordnetenversammlung v. 6.6.1891.

[29] Wohnungsbau und Wirtschaftsförderung – Deutsche Geschichte am Beispiel der Investitionsbank Berlin (2008), S. 16 mit Verweis auf die Vorlage an die Stadtverordnetenversammlung v. 6.6.1891.

[30] *Krumme, Markus,* Die Wohnung im Recht (2004), S. 30.

[31] Vertiefend zu den Anfängen staatlicher Boden- und Wohnungsgesetzgebung und den einzelnen Maßnahmen zur Jahrhundertwende: *Berger-Thimme, Dorothe,* Wohnungsfrage und Sozialstaat (1976), S. 147 ff.

[32] Bürgerliches Gesetzbuch, Ausfertigungsdatum 18.8.1896, RGBl 1896, S. 195 ff.

[33] Unstreitig zwingend war nur § 544 BGB, wonach der Mieter ein fristloses Kündigungsrecht hatte, wenn die Wohnung einen gesundheitsgefährdenden Mangel aufwies. Dieser Kündigungsgrund bestand unabhängig von der Kenntnis des Mieters von dem Mangel; siehe dazu *Emmerich, Volker,* in: J. von Staudinger, Kommentar zum Bürgerlichen Gesetzbuch mit Einführungsgesetz und Nebengesetzen, Buch 2, Recht der Schuldverhältnisse, §§ 535–562d; HeizkostenV; BetrKV (Mietrecht 1), Neubearbeitung 2014, Vorbem. zu § 535, Rn. 2; *Oestmann, Peter,* in: Historisch-kritischer Kommentar zum BGB, Historisch-kritischer Kommentar zum BGB, Band III: Schuldrecht. Besonderer Teil. 1. Teilband, § 535–580a, Rn. 34.

[34] *Börstinghaus, Ulf,* Die Entwicklung des Mietpreisrechts (2007), S. 285.

durch das allgemeine Wucherverbot in § 138 Abs. 2 BGB und die Wuchervor-
schrift des § 302e StGB.[35] Kündigte der Vermieter an, die Miete zu einem bestimmten Zeitpunkt zu erhöhen, legte man dies als Kündigungserklärung aus –
der Vermieter konnte somit mittels Änderungskündigung den Mietzins jederzeit
erhöhen.[36] Das Mietrecht machte ferner keinen Unterschied zwischen der Miete
von beweglichen Sachen und Wohnraum und sah die Wohnung somit jedenfalls
tatsächlich wie jeden anderen Gegenstand an und maß ihr keine besondere Bedeutung bei.[37]

Ein zwingendes soziales Mietrecht gab es erst, als auf die sozialen Notstände
nach Kriegsende 1918 reagiert werden musste.[38]

Während des Ersten Weltkrieges war der Bau von Mietwohnungen praktisch
eingestellt worden, da sämtliche vorhandenen Ressourcen in kriegsrelevante In-
dustrien geleitet wurden. Waren im Jahr 1913 noch ca. 200.000 neue Wohnungen
entstanden, waren es in den Jahren 1914 bis Ende Dezember des Jahres 1918
insgesamt nur noch ca. 180.000.[39] Auch während des Krieges führte dieser starke Rückgang des Wohnungsbaus zu einer akuten Verknappung des Angebots und
in der Folge zu erheblichen Mietsteigerungen.[40]

In den folgenden Jahren sollte sich das Wohnraummietrecht „von einem zunächst rein privatrechtlichen Rechtssystem hin zu einer von öffentlich-rechtlichen Einzelregelungen durchdrungenen Zwangswirtschaft"[41] wandeln. Ihren
Ursprung fand diese Entwicklung im Kriegsnotrecht.[42] „Die zu Kriegszeiten begonnene Wohnungszwangswirtschaft wurde nach dem Wechsel des Staats-

---

[35] *Hornung, Katrin*, Die öffentlich-rechtliche Durchdringung des Wohnraummietrechts
(2011), S. 59 sowie *Börstinghaus, Ulf*, Die Entwicklung des Mietpreisrechts (2007), S. 285.

[36] *Kofner, Stefan*, Wohnungsmarkt und Wohnungswirtschaft (2004), S. 153.

[37] *Hornung, Katrin*, Die öffentlich-rechtliche Durchdringung des Wohnraummietrechts
(2011), S. 60, siehe auch *Oestmann, Peter*, in: Historisch-kritischer Kommentar zum BGB,
Historisch-kritischer Kommentar zum BGB, Band III: Schuldrecht. Besonderer Teil. 1. Teilband, § 535–580a, Rn. 5 f. und 37.

[38] Für eine differenziertere Auseinandersetzung siehe *Hügemann*, der sich auch mit den
rechtlichen Instrumentarien und der Situation im 19. Jahrhundert en Detail auseinandersetzt:
Hügemann, Ewald, Die Geschichte des öffentlichen und privaten Mietpreisrechts vom Ersten
Weltkrieg bis zum Gesetz zur Regelung der Miethöhe von 1974 (1998).

[39] *Witt, Peter-Christian*, Inflation, Wohnungszwangswirtschaft und Hauszinssteuer (1979),
S. 390 f.

[40] *Emmerich, Volker*, in: J. von Staudinger, Kommentar zum Bürgerlichen Gesetzbuch mit
Einführungsgesetz und Nebengesetzen, Buch 2, Recht der Schuldverhältnisse, §§ 535–562d;
HeizkostenV; BetrKV (Mietrecht 1), Neubearbeitung 2014, Vorbem. zu § 535, Rn. 2.

[41] *Hornung, Katrin*, Die öffentlich-rechtliche Durchdringung des Wohnraummietrechts
(2011), S. 1.

[42] Zur Entwicklung des Preisrechts, *Herrlein, Jürgen*, 100 Jahre „Mietpreisbremse" – Entwicklungslinien in Politik und Recht 1916 bis 2016, NZM 2016, S. 1 ff.

systems schlicht fortgesetzt und zunächst sogar ausgeweitet"[43]. Zum Schutz der Mieter verabschiedete der Reichstag im Jahr 1917 die erste[44] und 1918 die zweite Mieterschutzverordnung[45]. Der Anwendungsbereich der beiden Verordnungen beschränkte sich auf sog. Notstandsgebiete. Dazu zählten zwar viele Gebiete Deutschlands, viele kleine Gemeinden aber auch nicht.[46] Auch als Reaktion auf zahlreiche Vermieterkündigungen, die zur Durchsetzung von Mieterhöhungen erklärt worden waren, stellte die erste Mieterschutzverordnung erstmals den Mieterschutz in den Vordergrund. Sie war das Ergebnis intensiver Debatten im Reichstag.[47] Die seit dem Jahr 1914 auf reichsrechtlicher Ebene installierten Mieteinigungsämter konnten Kündigungen oder Mieterhöhungen nun für unwirksam erklären.[48] Die Entscheidungen dieser Mieteinigungsämter, die nicht zuletzt als „Hilfsorgane der Rechtspflege"[49] arbeiteten, ersetzten unter anderem hinsichtlich der Dauer des Mietverhältnis und der Höhe des Mietzinses gem. § 3 Abs. 2 der ersten Mieterschutzverordnung den Parteiwillen, da deren inhaltliche Entscheidung als zwischen den Parteien vereinbarte Regelung des Wohnraummietvertrages galt.[50] Die nur 14 Monate nach der ersten Mieterschutzverordnung verabschiedete zweite Mieterschutzverordnung bezog erstmals auch befristete Mietverhältnisse in den Schutzbereich mit ein, beschränkte aber die Dauer der Fortsetzung eines gekündigten Mietverhältnisses auf maximal ein Jahr. In diesem Zeitraum sollten die Parteien eine einvernehmliche Lösung finden. Während diese Regelung wieder mehr Raum zugunsten von privatautonomen Regelungen zwischen Vermieter und Mieter zuließ, schränkte § 4 die Privatautonomie

---

[43] *Hornung, Katrin*, Die öffentlich-rechtliche Durchdringung des Wohnraummietrechts (2011), S. 1.

[44] Erste Mieterschutzverordnung v 26.7.1917 (RGBl. 659) nach der Verordnung v. 15.12. 1914 (RGBl. 1914, 511 – Bekanntmachung – betreffen Einigungsämter) eine der ersten vom Staat eingeführten Mieterschutzbestimmungen mit Maßnahmen gegen Mietpreissteigerungen, so auch *Witt, Peter-Christian,* Inflation, Wohnungszwangswirtschaft und Hauszinssteuer (1979), S. 391.

[45] Zweite Mieterschutzverordnung v 23.9.1918 – RGBl 1135; Im Jahr 1918 erließ auch der preußische Landtag das preußische Wohnungsgesetz (gedruckt in der Preuß. Gesetzsammlung (1918), S. 23 ff., dazu vertiefend *Niethammer, Lutz*, Ein langer Marsch durch die Institutionen – Zur Vorgeschichte des preußischen Wohnungsgesetzes von 1918 (1979), S. 363 ff.

[46] *Hornung, Katrin*, Die öffentlich-rechtliche Durchdringung des Wohnraummietrechts (2011), S. 124.

[47] *Ebenda*, S. 95.

[48] *Ebenda*, S. 82 ff. und S. 95 ff.; bis zu diesem Zeitpunkt waren die Mieteinigungsämter immer nur befugt zu vermitteln, aber nicht zu entscheiden.

[49] *Hügemann, Ewald*, Die Geschichte des öffentlichen und privaten Mietpreisrechts vom Ersten Weltkrieg bis zum Gesetz zur Regelung der Miethöhe von 1974 (1996), S. 112.

[50] *Hornung, Katrin*, Die öffentlich-rechtliche Durchdringung des Wohnraummietrechts (2011), S. 98.

wieder erheblich ein. Denn danach konnten die Mieteinigungsämter die negative Erklärung eines Vermieters hinsichtlich der Erlaubnis einer Untervermietung mit einer gegenteiligen Erklärung ersetzen. Ebenfalls bemerkenswert ist die Regelung in § 5, der eine Sonderregelung für ausgewiesene Bezirke enthielt. Ein Vermieter musste eine etwaige Erhöhung des Mietzinses anzeigen. Die zuständige Gemeinde konnte das Mieteinigungsamt anrufen, um den Mietzins herabsetzen zu lassen. Die Anrufung erfolgte unabhängig von dem Willen der eigentlichen Vertragsparteien.

Den Grundstein für die staatliche Wohnraumbewirtschaftung legte die ebenfalls im September des Jahres 1918 in Kraft getretene Wohnraummangelverordnung[51]. In den Gebieten mit besonders starkem Wohnungsmangel entzogen diese Regelungen die Entscheidung über die Begründung und den Fortbestand bzw. die Dauer von Mietverhältnissen der Privatautonomie. Vorhandener Wohnraum wurde hoheitlich erfasst und verteilt.[52] Zum einen konnte das jeweils zuständige Mieteinigungsamt (auf Anrufen der Gemeindebehörde) Mietverträge festsetzen, zum anderen waren Verträge nur noch mit dessen Zustimmung kündbar. Gemeindebehörden konnten den Abbruch von Gebäuden untersagen, freier Wohnraum musste den Behörden unverzüglich angezeigt werden. Die Behörden konnten diesen freien Wohnraum Wohnungssuchenden zuweisen, Mietverträge festsetzen, die Überlassung von Gewerberäumen anordnen und Wohnraum gegen ein nach billigem Ermessen festgesetztes Entgelt Dritten überlassen.[53] Die Festsetzung von Mietverträgen war ein drastischer Eingriff in die Privatautonomie zumal dem Vermieter anders als dem Mieter noch nicht einmal ein Widerspruch als Rechtsbehelf blieb, sondern seine Interessen lediglich durch die Prüfung eines unverhältnismäßigen Nachteil gewahrt wurden.[54]

---

[51] Wohnraummangelverordnung v. 23.9.1918, Bekanntmachung über Maßnahmen gegen Wohnungsmangel v. 23.9.1918, RGBl. I, S. 1143.

[52] *Emmerich, Volker*, in: J. von Staudinger, Kommentar zum Bürgerlichen Gesetzbuch mit Einführungsgesetz und Nebengesetzen, Buch 2, Recht der Schuldverhältnisse, §§ 535–562d; HeizkostenV; BetrKV (Mietrecht 1) (2014), Vorbem zu § 535, Rn. 3.

[53] *Hornung, Katrin*, Die öffentlich-rechtliche Durchdringung des Wohnraummietrechts (2011), S. 126 ff.

[54] *Ebenda*, S. 129.

II. Weimarer Republik

Nach dem Ersten Weltkrieg fehlten in Deutschland etwa eine Million Wohnungen. Zugleich war die Bauproduktion seit Beginn der Aufrüstung nahezu vollständig eingestellt.[55] Kapital war aufgrund der steigenden Zinsen teuer und rar und auch die Baumaterialkosten waren hoch. Der Wohnungsmangel wurde durch Kriegsheimkehrer, Geflüchtete und die überdurchschnittliche Anzahl an Familiengründungen aufgrund vermehrt geschlossener Nachkriegsehen zunehmend verschärft.[56] Neben der Not der Kriegsopfer war der Wohnungsmangel daher das vorherrschende sozialpolitische Thema.[57]

Auch deshalb dürften die wohnungspolitischen Ziele der Weimarer Republik Eingang in die Weimarer Reichsverfassung gefunden haben. Nach Art. 155 sollte „jedem Deutschen eine gesunde Wohnung und allen deutschen Familien, besonders den kinderreichen, eine ihren Bedürfnissen entsprechende Wohn- und Wirtschaftsheimstätte" gesichert werden. Auch wenn diese Garantie in erster Linie nur programmatischen Charakter hatte,[58] war die ausdrückliche Normierung doch Ausdruck der „qualitative[n] Neubestimmung des Staatsinterventionismus"[59] in der Wohnungsfrage. Schon früh richtete sich die Wohnungspolitik daran aus, die Bevölkerung „quantitativ und qualitativ ausreichend […] mit Wohnraum zu tragbaren Belastungen"[60] zu versorgen. Mit der Aufnahme von Art. 155 in die Weimarer Reichsverfassung deutete sich auch eine „ordnungspolitische Kehrtwende" an und es begann sich eine neue Auffassung „in Abwendung vom älteren, liberalen Rechtsverständnis […] durchzusetzen, nach der es zu den Funktionen des Staates gehörte, regelnd in die Wirtschaft einzugreifen."[61]

---

[55] Begründung zum Entwurf des Ersten Wohnungsbaugesetzes, BK 252/50, Drucksache Nr. 567, S. 8, Anlage 1a.

[56] *Berger-Thimme, Dorothe*, Wohnungsfrage und Sozialstaat (1976), S. 264, die ferner zu den hohen Kosten ausführt, dass diese so enorm gestiegen seien, dass im Jahr 1921 erst eine acht prozentige Verzinsung des Baukapitals, die Errichtung eines Wohnhauses in den Bereich der Rentabilität gerückt hätte.

[57] *Spoerr, Kathrin*, Recht und Revolution (2011), S. 103; dazu auch Stolleis, Michael, Geschichte des Sozialrechts in Deutschland ein Grundriß (2003), S. 143 ff.

[58] *Anschütz, Gerhard*, Die Verfassung des Deutschen Reiches v. 11.8.1919 (1960), S. 722 f.; so auch *Stolleis, Michael*, Quellen zur Geschichte des Sozialrechts (1976), S. 57., der feststellt, dass das Ziel weder mit dem Reichssiedlungsgesetz v. 11.8.1919 noch mit dem Reichsheimstättengesetz v. 10.5.1920 in befriedigender Weise erreicht wurde.

[59] *Witt, Peter-Christian*, Inflation, Wohnungszwangswirtschaft und Hauszinssteuer (1979), S. 385.

[60] *Bucher-Gorys, Ulrike*, Modernisierung oder Abriß – Alternativen für die zukünftige Wohnungsbestandspolitik (1978), S. 4.

[61] *Bähr, Johannes/Banken, Ralf*, Wirtschaftssteuerung durch Recht im ‚Dritten Reich'. Einleitung und Forschungsstand (2006), S. 7 f.

Die ersten Jahre nach dem Ersten Weltkrieg standen noch vollkommen im Lichte der Wohnungszwangswirtschaft. Dabei beruhten viele der staatlichen Markteingriffe noch auf dem Kriegs- und Nachkriegs-Notrecht, wie zum Beispiel die Bekanntmachung über Maßnahmen gegen den Wohnungsmangel vom 23.9.1918[62]. Es folgten zahlreiche weitere Regelungen[63], wie beispielsweise am 11.3.1920 das darauf aufbauende Gesetz über Maßnahmen gegen den Wohnungsmangel[64] und wiederum zwei Jahre später das Reichsmietengesetz,[65] kurz darauf das Mieterschutzgesetz[66] sowie das Wohnungsmangelgesetz im Juli 1923.[67]

So blieb es bei einer „totale[n] staatliche[n] Lenkung des Wohnungsmarktes"[68]. Der bereits zu Kriegszeiten eingeführte Kündigungsschutz hatte weiterhin Bestand und die Vermieter blieben nach wie vor verpflichtet, (Neu-)Vermietungen anzuzeigen. Der Staat kontrollierte die Wohnungsverteilung und schränkte die Privatautonomie ein.[69] Auch hinsichtlich des Mietzinses gab es Vorgaben. Das zuvor verabschiedete Reichsmietengesetz vom 24.3.1922[70] führte die sogenannte gesetzliche Miete ein. Danach mussten sich die Mieten an dem Vorkriegsniveau vom 1.7.1914, der zulässigen Friedensmiete orientieren. Nur Betriebs- und Unterhaltskosten durften an das tatsächliche Preisniveau angepasst werden.[71] Im Jahr 1923 verfestigte und erweiterte das Mieterschutzgesetz das soziale Mietrecht und schränkte die Kündigungsmöglichkeiten der Vermieter weiter ein.[72] Es sollte eine „Ausbeutung des Wohnungsmangels zu Lasten der

---

[62] RGBl. 1918, S. 1140 ff.

[63] Weitere nationale Regelungen der 1920 er Jahre waren die Verordnung zur Behebung der dringendsten Wohnungsnot v. 9.12.1919 (RGBl. I S. 1968) (BGBl. 2330–11), die preußische Verordnung zur Ausführung der Verordnung der Reichsregierung über die Behebung der dringendsten Wohnungsnot v. 14.2.1921 (Preußische Gesetzsammlung S. 315), die II. preußische Verordnung zur Ausführung der Verordnung der Reichsregierung über die Behebung der dringendsten Wohnungsnot v. 2.5.1925 (Preußische Gesetzsammlung S. 55).

[64] Gesetz über Maßnahmen gegen den Wohnungsmangel – RGBl. 1920, S. 940.

[65] Reichsmietengesetz v. 24.3.1922 – RMG, RGBl 273.

[66] Mieterschutzgesetz v. 1.6.1923 – MSchG, RGBl I 355.

[67] Wohnungsmangelgesetz v. 26.7.1923 – WMG, RGBl I 754.

[68] *Emmerich, Volker*, in: J. von Staudinger, Kommentar zum Bürgerlichen Gesetzbuch mit Einführungsgesetz und Nebengesetzen, Buch 2, Recht der Schuldverhältnisse, §§ 535–562d; HeizkostenV; BetrKV (Mietrecht 1), Neubearbeitung 2014, Vorbem zu § 535, Rn. 4.

[69] *Berger-Thimme, Dorothe*, Wohnungsfrage und Sozialstaat (1976), S. 265.

[70] RGBl I 1922, S. 273.

[71] *Herrlein, Jürgen*, 100 Jahre „Mietpreisbremse" Entwicklungslinien in Politik und Recht 1916 bis 2016, NZM 2016, S. 5.

[72] Dazu weiterführend *Hügemann, Ewald*, Die Geschichte des öffentlichen und privaten Mietpreisrechts vom Ersten Weltkrieg bis zum Gesetz zur Regelung der Miethöhe von 1974 (1996), S. 5 f.

Mieter"[73] verhindern. Dies galt allerdings nicht für Neubauten, Gebäude im Eigentum der öffentlichen Hand und Wohnungen von gemeinnützigen Baugesellschaften oder Genossenschaften.[74]

Eine besondere Maßnahme war noch zuvor die Einführung des Instituts der Reichsheimstätte durch das Reichsheimstättengesetz von 1920[75]. Bei diesem Institut handelte es sich weder um einen Eingriff in die Privatautonomie noch originär um eine wirtschaftliche Förderung. „Die Idee der Heimstätte war das sozialpolitisch gebundene Eigentum."[76] Dabei handelte es sich um Bodenpolitik: Das Institut erlaubte einerseits die uneingeschränkte Nutzung von Grundstücken zu Wohnzwecken, verwehrte dem Eigentümer jedoch andererseits jegliche spekulative Verwertung seiner Grundstücke.[77] Die Bautätigkeit wurde gefördert und Siedlungsland wurde zur Verfügung gestellt.[78] Insofern beruhte das Reichsheimstättengesetz auf einer Neuinterpretation des Verhältnisses von Wohnraum zu Grundeigentum. Die soziale Komponente und Verwendung als Wohnraum überwog somit die Interessen des Eigentümers. Schon vor Ausbruch des Krieges wurde die Idee eines Instituts der Reichsheimstätte vom Bund Deutscher Bodenreformer vertreten, der sich schon Anfang des 20. Jahrhunderts der Arbeiterwohnungsfrage als sozialem Problem angenommen hatte.[79]

Da nicht nur das Problem der Verteilung von Grundeigentum, sondern auch jenes der zu geringen Bautätigkeit zu bewältigen war, bildeten Wohnungsbauförderung und -finanzierung einen weiteren wichtigen Baustein der staatlichen In-

---

[73] *Witt, Peter-Christian*, Inflation, Wohnungszwangswirtschaft und Hauszinssteuer (1979), S. 394.

[74] *Hornung, Katrin*, Die öffentlich-rechtliche Durchdringung des Wohnraummietrechts (2011), S. 165.

[75] Gesetz v. 10.5.1920, veröffentlicht im Reichsgesetzblatt v. 18.5.1920, S. 962–970.

[76] *Spoerr, Kathrin*, Recht und Revolution (2010), S. 200.

[77] *Ebenda*, S. 201; „Eine weitere aus dem [bekannten] Konvolut an Regelungen hervorstechende Maßnahme war das Preußische Wohnungsgesetz v. 28.3.1918, welches die zwangsweise Umlegung von Grundstücken zu Bauzwecken vorsah.", so wörtlich *Blankenagel, Alexander/ Schröder, Rainer/Spoerr, Wolfgang*, Verfassungsmäßigkeit des Instituts und der Ausgestaltung der sog. Mietpreisbremse auf Grundlage des MietNovGE (2014), S. 8, auch mit Ausführungen zur Erbbaurechtsverordnung v. 15.1.1919, die die Förderung von Erbbaurechten forciert habe, um die Wohnungsbedürfnisse minderbemittelter Bevölkerungskreise zu lindern.

[78] *Blankenagel, Alexander/Schröder, Rainer/Spoerr, Wolfgang*, Verfassungsmäßigkeit des Instituts und der Ausgestaltung der sog. Mietpreisbremse auf Grundlage des MietNovGE (2014), S. 8.

[79] *Von Saldern, Adelheid*, Kommunalpolitik und Arbeiterwohnungsbau im Deutschen Kaiserreich (1979), S. 355; siehe auch *Häring, Dieter*, Zur Geschichte und Wirkung staatlicher Interventionen im Wohnungssektor (1974) mit Verweis und Nennung div. Veröffentlichungen aus der Zeit, die die Wohnungsfrage mit der Arbeiterfrage verknüpfen.

terventionen in der Zeit nach Ende des Ersten Weltkrieges.[80] Laut *Jenkis* wurden viele dieser nach dem Ersten Weltkrieg eingesetzten wohnungspolitischen Instrumente bereits „mit den Edikten des Großen Kurfürsten von 1667, Friedrich Wilhelm I. von 1722 und insbesondere mit denen von Friedrich dem Großen [...], so zum Beispiel die Grundstücksenteignung gegen Entschädigung, die Bereitstellung von Baugrundstücken zu angemessenen Preisen, die Gewährung von Bauzuschüssen"[81] entwickelt.

Mit öffentlichen Mitteln wurde die Neubautätigkeit gefördert. Der Bestand sollte instandgesetzt und modernisiert werden. Hinter der Förderung der Bauwirtschaft standen nicht zuletzt auch gesamtwirtschaftliche Überlegungen. Staatliche Aufträge im Baubereich sollten die Wirtschaft angesichts der vollständig weggefallenen kriegswirtschaftlichen Produktion entlasten und konjunkturstabilisierend wirken. Im Oktober 1918 stellte noch die alte Regierung des Kaiserreiches 500 Millionen Mark als so genannte verlorene Zuschüsse für den Wohnungsbau zur Verfügung.[82]

Daran anknüpfend stellte der Staat in der darauffolgenden Zeit mindestens drei Milliarden Mark hauptsächlich für Bauinvestitionen in den Wohnungsbau zur Verfügung. Der Staat übernahm die Baukosten, wenn sie die Friedenspreise von 1913 um mehr als 30 % überstiegen.[83] Da die Baupreise schnell und stark anstiegen wurde dieses Subventionsverfahren im Jahr 1920 durch eine Baukostenzuschussregelung auf Darlehensbasis ersetzt.[84] Dennoch ging die Bautätigkeit zurück, da diese Unterstützung aufgrund im Zuge der Inflation enorm ansteigender Baupreise kaum zur Wirkung kam.[85]

Zur Finanzierung der umfangreich bereitgestellten Baukostenbeihilfen, nämlich zur Verzinsung und Tilgung der Anleihen, enthielt das Gesetz über die Erhebung einer Abgabe zur Förderung des Wohnungsbaus vom 26.6.1921 in § 1 die Bestimmung, dass die Länder eine Abgabe in Höhe von 5 % des Nutzungswertes erheben sollten und die Einnahmen ausschließlich zur Förderung der Wohnungs-

---

[80] *Stolleis, Michael*, Geschichte des Sozialrechts in Deutschland ein Grundriß (2003), S. 147 mit der Feststellung, dass eine grundlegende Änderung die Wiederbelebung der Bautätigkeit voraussetze, da ansonsten der Mangel lediglich verwaltet würde.

[81] *Jenkis, Helmut*, Vorwort zu *Buck, Hannsjörg F.*, Mit hohem Anspruch gescheitert – Die Wohnungspolitik der DDR (2004), S. 5; *Jenkis* wendet sich gegen die weit verbreitete Auffassung, „die staatlich aktive Wohnungspolitik sei eine Folge der nach dem Ersten [...] Weltkrieg entstandenen Wohnungsnot" und verweist in diesem Zusammenhang auf wohnungspolitische Maßnahmen zurückgehend ins 17. Jahrhundert.

[82] *Witt, Peter-Christian*, Inflation, Wohnungszwangswirtschaft und Hauszinssteuer (1979), S. 392 f.

[83] *Ebenda*, S. 393.

[84] *Ebenda*, S. 393 f. mit weiteren Ausführungen.

[85] *Berger-Thimme, Dorothe*, Wohnungsfrage und Sozialstaat (1976), S. 264.

beschaffung und Siedlung verwendet werden durften. Später sollten die Einkünfte auch unmittelbar zur Gewährung von Baukostenbeihilfen dienen.[86] Da es der Gesetzgeber immer versäumte, die Abgabe variabel zu gestalten und sich die Geldentwertung in diesen Jahren von Tag zu Tag vergrößerte, wurde die Abgabe durch Änderungen des Reichsgesetzes im Jahr 1922 zunächst auf 50 % und Anfang des Jahres 1923 auf 3000 % des Nutzungswertes erhöht bevor sie Ende des Jahres 1923 auf 90.000 % erhöht wurde.[87] Im Jahr 1924 wurde sie nicht mehr erhoben.

Die zunehmende Inflation bremste die positiven Entwicklungen, was sich insbesondere negativ auf die Neubautätigkeit auswirkte, da die Baukosten fast täglich stiegen. Nach Überwindung der vorwiegend güterwirtschaftlichen Probleme bis zum Ende der Hyperinflation im Winter 1923 stellte sich in den Jahren 1924 bis 1932 vor allem die Finanzierung als Problem dar.[88] Von September bis Dezember 1922 „waren die Preise für Baumaterialien dramatisch gestiegen und hatten den Höhepunkt längst noch nicht erreicht. Ein Kubikmeter Bauholz kostete nun 300 000 statt 50 Mark, ein Dachziegel 165 Mark statt 6 Pfennig und ein Quadratmeter einfachstes Fensterglas 20.000 Mark statt 2,50 Mark."[89] Auf der Suche nach Möglichkeiten, die Inflation zu stoppen und den Neu- und Ausbau anzuregen, diskutierte der Preußische Landtag am 15.5.1923 die Vergabe günstiger Darlehen.[90] Erst mit der Währungsreform und der Einführung der Rentenmark[91] in den Jahren 1923 und 1924 gelang es die Inflation zu überwinden. Eigentümer von Sachvermögen mussten nun keine oder nur noch geringe Vermögenseinbußen hinnehmen. Im Gegenteil, viele konnten sich durch die Entwertung der Hypotheken sogar entschulden, während diejenigen mit Barvermögen nun ihre Vermögenswerte verloren hatten.[92] *Schmidthuysen* veranschaulicht, dass am Ende der Inflation die gesamte deutsche Hypothekenverschuldung in Höhe von

---

[86] *Schmidthuysen, Fritz*, Die Entwicklung der Wohnungsbauabgabe und des Geldentwertungsausgleichs bei bebauten Grundstücken (Hauszinssteuer) in Deutschland (1928), S. 169 f. und 173.

[87] *Ebenda*, S. 173 ff.; dazu mit mehr Details zur Ausführung im Land Berlin: Wohnungsbau und Wirtschaftsförderung Deutsche Geschichte am Beispiel der Investitionsbank Berlin (2008), S. 32, unter Bezugnahme auf das Protokoll der 317. Reichstagssitzung Zweite und Dritte Beratung des Entwurfs des Gesetzes über die Erhebung einer Abgabe zur Förderung des Wohnungsbaus, Berlin, 12.3.1923.

[88] *Witt, Peter-Christian*, Inflation, Wohnungszwangswirtschaft und Hauszinssteuer (1979), S. 385.

[89] Wohnungsbau und Wirtschaftsförderung Deutsche Geschichte am Beispiel der Investitionsbank Berlin (2008), S. 32.

[90] *Ebenda*.

[91] Durch die Verordnung über die Errichtung der Deutschen Rentenbank v. 15.10.1923, vgl. RGBl. I. S. 963.

[92] *Wagner, Georg*, Sozialstaat gegen Wohnungsnot (1995), S. 37.

75 Milliarden Mark mit knapp zwei Goldpfennigen hätte getilgt werden können.[93]

Für diese und andere Arten von Inflationsgewinnen sollte mit der Dritten Steuernotverordnung im Jahr 1924 der Grundstein für eine Sonderbesteuerung gelegt werden. Den durch den Fortfall der dinglichen Lasten wie Hypotheken entstandenen Mehrwert sollte die Hauszinssteuer ausgleichen, die mit dem Gesetz über den Geldentwertungsausgleich bei bebauten Grundstücken eingeführt wurde. Diese Abgabe sollte Inflationsgewinne als sog. unverdiente Erträge abschöpfen.[94] Die Einkünfte sollten jedenfalls zum Teil wieder in den Neubau investiert werden.[95]

Obwohl die Einnahmen in erster Linie als zinsgünstige Darlehen zur Förderung des Wohnungsbaus dienen sollten, verwendete man sie aufgrund der allgemein schlechten Finanzlage des Staates auch für allgemeine Staats- und Gemeindezwecke.[96] In Preußen stieg die Hauszinssteuer von 16 Prozent im ersten Halbjahr 1924 auf bis zu 40 Prozent im Juli 1926.[97] Die Hauszinssteuer sicherte den Wohnungsbau auf absehbare Zeit finanziell ab und verschaffte den Kommunen den Spielraum, Wohnungspolitik im größeren Maßstab zu betreiben und Siedlungsmaßnahmen durchzuführen.[98] Durch die Einnahmen verfügten sie „über eine direkte Finanzierungsquelle für eigene und gemeinnützige Bauvorhaben".[99] So kam es, dass die „Hauszinssteuer für die Gemeinden zum wichtigsten Reservoir der Wohnungsbaufinanzierung [gehörte]. Sie verteilten die einkommenden Wohnungsbaumittel selbständig in von ihnen festgelegten Kontingenten auf die einzelnen Bauherren."[100]

In den Jahren 1926 bis 1933 kam es zu einer Lockerung der Wohnungszwangswirtschaft. Im April 1927 wurde die pro Wohnung anfallende Hauszinssteuer gesenkt. Private Geldinstitute sollten die Beleihungsgrenzen anheben und im Gegenzug staatliche (gemeindliche) Bürgschaften erhalten. Als unmittelbare Folge kam es zu einer regen Zunahme der Neubautätigkeit, die jedoch aufgrund des größeren

---

[93] *Schmidthuysen, Fritz*, Die Entwicklung der Wohnungsbauabgabe und des Geldentwertungsausgleichs bei bebauten Grundstücken (Hauszinssteuer) in Deutschland (1928), S. 177.

[94] *Ebenda*, S. 181 f. und 183; *ders.* auch kritisch zu dem Konzept und dessen Effektivität auf S. 190 ff. mwN.

[95] *Gleichmann, Peter*, Wandlungen im Verwalten von Wohnhäusern (1979), S. 81.

[96] Wohnungsbau und Wirtschaftsförderung Deutsche Geschichte am Beispiel der Investitionsbank Berlin (2008), S. 36 und 38.

[97] *Ebenda*, S. 39.

[98] Stolleis, Michael, Geschichte des Sozialrechts in Deutschland ein Grundriß (2003), S. 149.

[99] *Wagner, Georg*, Sozialstaat gegen Wohnungsnot (1995), S. 37.

[100] *Ebenda*.

Fremdkapitaleinsatzes zugleich steigende Mieten nach sich zog.[101] Die Weltwirtschaftskrise beendete die positive Entwicklung ab dem Jahr 1927 durch stark ansteigende Zinsen. Dessen ungeachtet gab es noch im Jahr „1929 [...] im gesamten Deutschen Reich einen beachtlichen Bauboom. 330.000 Wohnungen konnten bezogen werden, das waren 20.000 mehr als im Vorjahr."[102] Am 24.10.1929 kam es zum sogenannten Schwarzen Freitag, dem New Yorker Börsencrash, der die Weltwirtschaft in seine bis dato ernsteste Krise stürzte. Allein im Jahr 1930 ging die Bautätigkeit der öffentlichen Hand um 37 % zurück.[103] Mit der Notverordnung vom 1.12.1930[104] und weiteren darauffolgenden Notverordnungen kürzte Reichspräsident von Hindenburg die Mittel für den Wohnungsbau. In Berlin beispielsweise standen im Jahr 1931 zur Förderung des Wohnungsbaus mit 43 Millionen Mark weniger als die Hälfte der Mittel des Vorjahres zur Verfügung.[105]

Auch wenn die Wohnungspolitik der Weimarer Republik ihr eigentliches Ziel, die Arbeiterbevölkerung ausreichend mit Wohnraum zu versorgen, verfehlte,[106] wird sie angesichts der schwierigen politischen und gesamtwirtschaftlichen Lage dennoch weitestgehend als Erfolg gewertet. Jedenfalls war sie noch für die heutigen Regelungen wegweisend und ihre Folgewirkungen reichen bis heute. Sah man die Regulierungen der Miethöhe und den Kündigungsschutz zunächst als Notrecht und später als Übergangsrecht an[107], wurde es letztlich als unverzichtbarer Interessenausgleich zwischen den Vertragsparteien als Marktteilnehmer gesehen.[108]

Durch die öffentliche Wohnungsbauförderung konnte das Angebot auf dem Mietwohnungsmarkt qualitativ und quantitativ verbessert werden. Insbesondere stiegen die Mieten nicht allzu stark und blieben hinter der Entwicklung der allgemeinen Lebenshaltungskosten und Baupreise zurück.[109] Dies zeigt sich im Ver-

---

[101] Wohnungsbau und Wirtschaftsförderung Deutsche Geschichte am Beispiel der Investitionsbank Berlin (2008), S. 53.

[102] *Ebenda*, S. 59 f.

[103] *Ebenda*, S. 62.

[104] Von Reichspräsident Paul von Hindenburg.

[105] Wohnungsbau und Wirtschaftsförderung Deutsche Geschichte am Beispiel der Investitionsbank Berlin (2008), S. 62.

[106] *Haerendel, Ulrike*, Kommunale Wohnungspolitik im Dritten Reich (1999), S. 118.

[107] Dies zeigt sich auch daran, dass die Maßnahmen bis zuletzt nicht im BGB selbst implementiert, sondern in gesonderte Regelwerken bestimmt wurden; vgl. dazu *Hornung, Katrin*, Die öffentlich-rechtliche Durchdringung des Wohnraummietrechts (2011), S. 301: Erst 1936 äußerte sich der gesetzgeberische Wille, dass die ursprünglichen Übergangsregelungen Eingang in das BGB finden sollten.

[108] *Hornung, Katrin*, Die öffentlich-rechtliche Durchdringung des Wohnraummietrechts (2011), S. 221.

[109] *Witt, Peter-Christian*, Inflation, Wohnungszwangswirtschaft und Hauszinssteuer (1979), S. 406.

gleich zu der Entwicklung von Lebenshaltungs- und Baukosten, die in den Jahren 1924 bis 1932 durchschnittlich um das 1,4-fache bzw. 1,6-fache gegenüber dem Jahr 1913 gestiegen waren; die Mieten hingegen stiegen lediglich um das 1,16-fache.[110]

Im Ergebnis beseitigte der Neubau von 3,5 Millionen Wohnungen im Zeitraum von 1923 bis 1933 beinahe vollständig den seit nach Ende des Ersten Weltkrieges bestehenden Wohnungsmangel. Die hierfür aufgebrachten Investitionen in Höhe von etwa 30 Milliarden Reichsmark kamen zu knapp einem Drittel aus dem öffentlichen Haushalt.[111] Öffentliche Mittel finanzierten den Bau von ungefähr der Hälfte aller zwischen 1924 und 1931 errichteten Häuser zumindest teilweise.[112] Ausweislich der Berechnungen von *Witt* soll der Staat in dem Zeitraum von 1919 bis 1932 sogar über 80 % der neu gebauten Wohnungen und etwa 50 % der gesamten Bauinvestitionen subventioniert haben.[113]

III. Wohnungspolitik im Nationalsozialismus

In der Zeit der nationalsozialistischen Diktatur wurde das Recht intensiv als Steuerungsinstrument genutzt.[114] *Hedemann* wies darauf hin, dass in den wenigen Jahren von 1931 bis 1935 in Deutschland mehr als 23.000 neue Gesetzesparagraphen mit einem überwiegend wirtschaftsrechtlichen Regelungsinhalt erlassen wurden.[115] Viele dieser gesetzlichen Regelungen waren – jedenfalls auch – durch den weiter ansteigenden Wohnungsmangel motiviert. Hinzu kommt, dass die allgemeine Regulierungsdichte zunahm und auch die einzelnen Regelungen „engmaschiger" wurden.[116]

Von den in der frühen Weimarer Republik erlassenen Gesetzen mit einem wohnungsrechtlichen Bezug setzten die Nationalsozialisten im Jahr 1933 das

---

[110] *Ebenda*, mit Hinweis darauf, dass in der In der NS Zeit die Mieten sowie die Lebenshaltungskosten ungefähr um das 1,21-fache stiegen und sich die Baukosten um den Faktor 1,33 erhöhten.

[111] Begründung zum Entwurf des Ersten Wohnungsbaugesetzes, BK 252/50, Drucksache Nr. 567, S. 8, Anlage 1a.

[112] *Berger-Thimme, Dorothe*, Wohnungsfrage und Sozialstaat (1976), S. 265.

[113] *Witt, Peter-Christian*, Inflation, Wohnungszwangswirtschaft und Hauszinssteuer (1979), S. 402.

[114] *Bähr, Johannes/Banken, Ralf*, Wirtschaftssteuerung durch Recht im ‚Dritten Reich'. Einleitung und Forschungsstand (2006), S. 4.

[115] *Ebenda*, S. 8 mit Verweis auf Hedemann, *Justus Wilhelm*, Recht und Wirtschaft (1937), S. 795 f.

[116] Begründung zum Entwurf des Ersten Wohnungsbaugesetzes, BK 252/50, Drucksache Nr. 567, S. 15.

Wohnungsmangelgesetz außer Kraft. Das Reichsmieten- und das Mieterschutz-gesetz wurde durch das Gesetz zur Änderung des Reichsmietengesetzes[117] im Jahre 1936 abgeändert bzw. zu Lasten der Vermieter verschärft.[118] Die National-sozialisten weiteten den Anwendungsbereich des Mieterschutzgesetzes bis zum Beginn des Zweiten Weltkrieges auf alle Wohnraummietverhältnisse aus, so dass das Mieterschutzgesetz nun auch für Erstvermietungen galt. Beenden konnte der Vermieter einen Mietvertrag nur noch durch eine erfolgreiche Aufhebungsklage und nicht etwa durch eine schriftliche Kündigung.[119]

Ab dem Jahr 1936 galt schließlich für sämtliche Güter und Leistungen die Verordnung über das Verbot von Preiserhöhungen[120], die sogenannte Preisstopp-verordnung, die für die nächsten Jahre „der Angelpunkt des gesamten Mietpreis-rechts"[121] sein sollte. Nachdem bereits im Jahr 1919 die Mieten für vor 1914 er-baute Wohnungen durch die Kontrollbefugnis der Mieteinigungsämter festgelegt und überprüft werden konnten, erstarrte mit Inkrafttreten der Preisstoppverord-nung auch das restliche Mietpreisgefüge auf dem Wohnungsmarkt. Von da an waren die Preise eingefroren. Für Erstvermietungen durften Vermieter maximal die Kostenmiete ansetzen. Auf dem Markt gab es nun Vorkriegswohnungen mit Friedensmiete und Nachkriegswohnungen mit Knappheitspreisen und Kündi-gungsschutz.[122] Während dies zu einer nachhaltigen Stabilisierung des Miet-preisniveaus führte, konnte dies nicht die nach wie vor bestehenden Verteilungs- und Versorgungsprobleme lösen.[123]

Als Folge dieser Entwicklungen kam während der nationalsozialistischen Diktatur – wie auch schon zu Beginn der Weimarer Republik – der Handel und damit auch der Markt für (Wohn-)Immobilien zum Erliegen.[124] Dessen ungeach-tet wurde die Wohnungsbauförderung auch im Dritten Reich weiter betrieben, obgleich der Wohnungs- und Siedlungsbau vor allem als Propagandamittel ein-

---

[117] Reichsmietengesetz v. 20.4.1936, RGBl. 1936 I S. 380.

[118] *Hügemann, Ewald*, Die Geschichte des öffentlichen und privaten Mietpreisrechts vom Ersten Weltkrieg bis zum Gesetz zur Regelung der Miethöhe von 1974 (1996), S. 277.

[119] *Kofner, Stefan*, Wohnungsmarkt und Wohnungswirtschaft (2004), S. 153.

[120] Sog. Preisstoppverordnung, vgl. Deutsches Reichsgesetzblatt, Teil I, 1867–1945, S. 955 f.; Grundlage für den Erlass war die gesetzliche Ermächtigung des Preisbildungsgeset-zes v. 29.10.1936 (RGBl. I S. 927), dazu und den Rechtsgrundlagen des Mietpreisrechts aus-führlich *Zeller, Theodor*, Der Hausbesitzer (1958), S. 238 ff.

[121] *Maetzel, Wolf Bogumil*, Mietpreisrecht in systematischer Übersicht (1959), S. 17.

[122] *Witt, Peter-Christian*, Inflation, Wohnungszwangswirtschaft und Hauszinssteuer (1979), S. 403.

[123] *Fichtel, Lorenz*, Wohnungspolitik in der sozialen Marktwirtschaft (1980), S. 40 ff.

[124] *Witt, Peter-Christian*, Inflation, Wohnungszwangswirtschaft und Hauszinssteuer (1979), S. 403 f.

gesetzt wurde.[125] Da andere Ziele als noch in der Weimarer Republik verfolgt wurden, unterblieben letztlich Maßnahmen, die einen Rückgang der Wohnungs- bautätigkeit effektiv vermieden hätten.[126]

Ein Kleinsiedlungsprogramm aus dem Jahr 1931[127] sowie gering verzinsliche Darlehen, besondere Steuervergünstigungen und die Übernahme von Reichs- bürgschaften für zweite Hypotheken (Ausfallbürgschaften) förderten den Woh- nungsbau.[128] In den Jahren 1933 bis 1939 subventionierte der Staat ca. 40 % des gesamten Wohnungsbaus und setzte hierfür etwa 12 % seiner Gesamtausgaben ein.[129] Zwar konnte im Jahre 1937 mit knapp 310.000 Neubauten der höchste Zuwachs an Neubauwohnungen in der Zeit zwischen den Weltkriegen erreicht werden, was jedoch vornehmlich an der Reprivatisierung des Wohnungsbaus so- wie der geringeren Größe der neu erbauten Wohnungen lag.[130] Zudem war dies relativ gesehen deutlich schlechter als die geringere Anzahl an Neubauten für eine um knapp drei Millionen Menschen kleinere Bevölkerung in den Jahren der Weimarer Republik.[131] Durch Flachbauten sowie die öffentliche Förderung von Kleinsiedlungen gelang es, neuen Wohnraum für mittlere und untere Bevölke- rungsschichten zu schaffen.[132] Letztlich konnte ein erneuter Wohnungsmangel vor Ausbruch des Zweiten Weltkrieges nicht verhindert werden. Grund hierfür war auch die Umstellung der Wirtschaft auf die Kriegsproduktion Ende der 1930er Jahre. Mit Beginn der militärischen Aufrüstung und im Zuge der Institu- tionalisierung des Vierjahresplanes konzentrierte sich die Bautätigkeit fast aus- schließlich auf Rüstungsbetriebe und militärische Infrastruktureinrichtungen, so dass bei Kriegsausbruch im Jahr 1939 schätzungsweise 0,5 bis 1 Million Woh-

---

[125] Siehe zur politischen Instrumentalisierung des Wohnungsbaus statt vieler *Rudolf Baade*, der dies mit anschaulichem Datenmaterial am Beispiel Berlins aufarbeitet: *Baade, Rudolf*, Ka- pital und Wohnungsbau in Berlin 1924 bis 1940 (2004), S. 163 ff.

[126] *Fichtel, Lorenz*, Wohnungspolitik in der sozialen Marktwirtschaft (1980), S. 42 f.

[127] Dazu vertiefend *Haerendel, Ulrike*, Kommunale Wohnungspolitik im Dritten Reich (1999), S. 197 ff.

[128] *Harlander, Tilman/Hater, Katrin/Meiers, Franz*, Siedeln in der Not – Umbruch von Wohnungspolitik und Siedlungsbau am Ende der Weimarer Republik (1988), S. 134 ff., mit detaillierten Ausführungen zu den einzelnen Förderungen, Verfahrenswegen und zeitgenössi- schen Kritikpunkten.

[129] *Witt, Peter-Christian*, Inflation, Wohnungszwangswirtschaft und Hauszinssteuer (1979), S. 403.

[130] *Harlander, Tilman/Fehl, Gerhard*, Hitlers Sozialer Wohnungsbau 1940–1945. Woh- nungspolitik, Baugestaltung und Siedlungsplanung (1986), S. 16 f., u. a. mit Hinweis darauf, dass die Fertigstellungszahlen der 1920er Jahre nur annähernd erreicht werden konnten.

[131] *Witt, Peter-Christian*, Inflation, Wohnungszwangswirtschaft und Hauszinssteuer (1979), S. 400.

[132] *Eucker-Herresthal, Waltraud*, Staatliche Eingriffe in den Mietwohnungsmarkt – Er- folgskontrolle und Reformvorschläge (1985), S. 23.

nungen fehlten.[133] Im Jahr 1940 wurde der Wohnungsneubau schließlich offiziell eingestellt.[134] Einzig die Förderung von so genannten Kleinsiedlungen und Volkswohnungen war noch eingeschränkt möglich.[135] Ansonsten erschöpften sich wohnungspolitische Handlungen im Krisenmanagement durch die Wohnungsverwaltung.[136]

Zur Regulierung der Wohnraumbewirtschaftung folgte 1941 die Verordnung über das Verbot der Umwandlung von Wohnungen in Räume anderer Art,[137] wiederum gefolgt von der Verordnung über das Verbot der Zweckentfremdung von Wohnungen.[138] Im Jahr 1943 wurde die Verordnung zur Wohnraumlenkung[139] erlassen.

Aufgrund der fehlenden Neubautätigkeit und der ab dem Jahr 1942 einsetzenden Bombardements deutscher Städte mit den einhergehenden massenhaften Zerstörungen[140] vorhandenen Wohnraums befand sich der Mietwohnungsbestand nach dem Krieg in einem desolaten Zustand.[141]

---

[133] Begründung zum Entwurf des Ersten Wohnungsbaugesetzes, BK 252/50, Drucksache Nr. 567, S. 8, Anlage 1a.

[134] Im Jahr 1940 verordnete die 9. Anordnung des Generalbevollmächtigten für die Regelung der Bauwirtschaft v. 16.2.1940 ein Neubauverbot (Deutscher Reichsanzeiger Nr. 44), *Böhme, Werner*, Darstellung und Entwicklung des Subventionsverfahrens in der Wohnungswirtschaft (1960), S. 54.

[135] Und zwar auf Grund eines Erlasses des Reichswohnungskommissars v. 4.4.1941; so *ebenda*, S. 55, welcher wiederum bzgl. Näherem verweist auf: *Enskat, Alfred*, Die wohnungswirtschaftliche Gesetzgebung im Jahre 1940 (1942), S. 80 ff.

[136] Vertiefend siehe *Haerendel, Ulrike*, Berlin 1933–1945: Stadt und Gesellschaft im Nationalsozialismus (2013).

[137] Verordnung über das Verbot der Umwandlung von Wohnungen in Räume anderer Art v. 29.7.1941, RGBl. I, S. 451.

[138] Verordnung über das Verbot der Zweckentfremdung von Wohnungen v 14.8.1942, RGBl. I, S. 545.

[139] Verordnung zur Wohnraumlenkung v 27.2.1943, RGBl I, S. 127, Lenkungsverordnung des Reichswohnungskommissars.

[140] Mit 40 Prozent Totalschäden an Wohngebäuden waren die Ballungszentren im Nordwesten wie das Ruhrgebiet, Raum Köln, Düsseldorf, Münster, Bremen besonders betroffen – so *Hügemann, Ewald*, Die Geschichte des öffentlichen und privaten Mietpreisrechts vom Ersten Weltkrieg bis zum Gesetz zur Regelung der Miethöhe von 1974 (1996), S. 297.

[141] Siehe *Erler, Fritz*, Erstes Wohnungsbaugesetz der deutschen Bundesrepublik (1950), S. 5, sowie Amtliche Begründung zum Ersten Wohnungsbaugesetz, Allgemeiner Teil, II. 1., veröffentlicht im Bundesanzeiger v. 6.5.1950 Nr. 87, S. 8–10, abgedruckt in voller Länge in *Fischer-Dieskau, Joachim/Pergande, Hans-Günther*, Das Erste Wohnungsbaugesetz des Bundes (1950), S. 31 ff.

IV. Die Situation nach dem Krieg und die Entstehung des Ersten Wohnungsbaugesetzes

> „Schon Charles de Gaulle hatte, als er aus dem
> Londoner Exil gekommen die französische Re-
> gierung übernahm, trotz allen Heroismus prokla-
> miert, jede Regierung werde jetzt allein am Woh-
> nungsbau gemessen. In noch viel dramatischerer
> Weise galt dies für die von Adenauer geführte
> Regierung."[142]

Nach dem Zweiten Weltkrieg stand die Beseitigung der Wohnungsnot im Mittelpunkt der Wohnungspolitik.[143] Es herrschte ein Bedarf an Wohnraum, „dessen
Ausmaß zunächst kaum zu übersehen war."[144] Auf dem bundesdeutschen Gebiet
herrschte ein Wohnungsdefizit von ca. 3,3 Millionen Wohnungen.[145] Etwa eine
Millionen Wohnungen dürften hiervon auf den angestauten Wohnungsbedarf
aufgrund der eingestellten Bautätigkeit zurückzuführen sein. Zudem waren viele
Gebäude zerstört oder stark beschädigt. Bis zum Jahre 1945 zerstörten Luft-
krieg[146] und Kampfhandlungen[147] ca. 2,2 bis 2,5 Mio. der vorhandenen 10,84 Mio.
Wohnungen.[148] Dies entsprach fast einem Viertel der gesamten Bausubstanz.
Während im Jahr 1948 durchschnittlich ein Viertel des Wohnraums von 1939
nicht mehr nutzbar war, stieg die westdeutsche Bevölkerung im Vergleich zum
Vorkriegsstand um das 1,25-fache an.[149] Mindestens 7,5 Millionen Ausgewiese-

---

[142] *Derleder, Peter*, Zur Geschichte und zu den Perspektiven des sozialen Mietrechts (2011),
S. 94.

[143] Statt vieler: *Heuer, Jürgen*, Wohnungspolitik in Städtebau und Raumordnung (1964),
S. 337 und *Paul, Theodor*, Kurswechsel in der Wohnungspolitik: Beendigung der öffentlichen
Wohnungsbauförderung (1985), S. 15 oder auch *GEWOS*, Wohnungspolitik nach dem Zweiten
Weltkrieg (1990), S. 22 ff. und ausführlich zur politischen und wirtschaftlichen Situation nach
dem Zweiten Weltkrieg *Blumenroth, Ulrich*, Deutsche Wohnungspolitik seit der Reichsgrün-
dung (1975), S. 321 ff. mit weiteren Literaturhinweisen.

[144] *Paul, Theodor*, Kurswechsel in der Wohnungspolitik: Beendigung der öffentlichen Wohnungsbauförderung (1985), S. 15.

[145] *Böhme, Werner*, Darstellung und Entwicklung des Subventionsverfahrens in der Wohnungswirtschaft (1960), S. 55.

[146] Vgl. mit weiterführenden Ausführungen zu den Auswirkungen des Luftkriegs: *Recker,
Marie-Luise*, Wohnen und Bombardierung im Zweiten Weltkrieg (1979), S. 408 ff.

[147] Amtliche Begründung zum Ersten Wohnungsbaugesetz, Allgemeiner Teil, II. 1., veröffentlicht im Bundesanzeiger v. 6.5.1950 Nr. 87, S. 8–10, abgedruckt in voller Länge in Fischer-
Dieskau und Pergande, Das Erste Wohnungsbaugesetz des Bundes, Kommentar, S. 31 ff.

[148] *Kofner, Stefan*, Wohnungsmarkt und Wohnungswirtschaft (2004), S. 152.

[149] *Zündorf, Irmgard*, Der Preis der Marktwirtschaft Staatliche Preispolitik und Lebensstandard in Westdeutschland 1948 bis 1963 (2006), S. 131.

ne, Vertriebene und sonstige Zuwanderer strömten in die Bundesrepublik und auch mit den Besatzungsmächten stieg die Bevölkerungszahl.[150]

Angebot und Nachfrage standen in einem exorbitanten Missverhältnis. Für 14,6 Millionen Haushalte gab es 9,4 Millionen Wohnungen. Durchschnittlich fünf Personen mussten in einer Wohnung leben, so dass jedem Bewohner nur ca. 15 qm zur Verfügung standen.[151] Wie schon in den knapp dreißig Jahren zuvor befürchtete die Politik, dass die hohen Kapitalzinsen und Baukosten die Marktmiete so steigen lassen würden, dass die breite Bevölkerung nicht mehr im Stande wäre, sie aufzubringen.[152] Diese vor allem ökonomische Herausforderung betonte Bundeskanzler Konrad Adenauer in seiner Regierungserklärung indem er den Wohnungsbau für ein nicht „nur [...] staatspolitisches und soziales Problem, sondern ebenso sehr auch eine wirtschaftliche Aufgabe von maßgebender Bedeutung"[153] erklärte.

Die Folgen der Zerstörung mussten behoben und neuer Wohnraum geschaffen werden. Dieser Zustand machte eine sofortige Freigabe des Wohnungsmarktes unmöglich. „So war das Hauptanliegen der Wohnungspolitik, wie [auch] schon nach dem Ersten Weltkrieg, zunächst darauf ausgerichtet, [...] die brennende Wohnungsnot so schnell wie möglich zu beseitigen[...] [und] eine „Überteuerung" des Wohnungsbaues weitgehend zu verhindern."[154]

Das Mieterschutzgesetz, das Reichsmietengesetz und die Mietenstoppverordnung behielten zunächst Gültigkeit. Verschärfend erließ der Kontrollrat am 8.3.1946 das Wohnungsgesetz[155] zur „Erhaltung, Vermehrung, Sichtung, Zuteilung und Ausnutzung des vorhandenen Wohnraums"[156]. Es bedeutete neben dem umfassenden Kündigungsschutz durch das Mieterschutzgesetz von 1942 totalen Preisstopp und Zwangswirtschaft.[157]

---

[150] Siehe *Erler, Fritz*, Erstes Wohnungsbaugesetz der deutschen Bundesrepublik (1950), S. 5, sowie Amtliche Begründung: Amtliche Begründung zum Ersten Wohnungsbaugesetz, Allgemeiner Teil, II. 1., veröffentlicht im Bundesanzeiger v. 6.5.1950 Nr. 87, S. 8–10, abgedruckt in voller Länge in Fischer-Dieskau und Pergande, Das Erste Wohnungsbaugesetz des Bundes, Kommentar. S. 31 ff.

[151] http://www.schader-stiftung.de/wohn_wandel/1017.php (zuletzt aufgerufen am 4.12.2020).

[152] Im Ergebnis übereinstimmend mit Begründung zum Entwurf des Ersten Wohnungsbaugesetzes, BK 252/50, Drucksache Nr. 567, S. 15.

[153] Begründung zum Entwurf des Ersten Wohnungsbaugesetzes, BK 252/50, Drucksache Nr. 567, S. 8, Anlage 1a, unter Berufung auf die Regierungserklärung von Bundeskanzler Konrad Adenauer am 20.9.1949 vor dem Bundestag.

[154] So auch *Cremer, Norbert,* Die Finanzierung künftiger Sanierungsmaßnahmen im Städtebau (1962), S. 129.

[155] Kontrollratsgesetz Nr. 18, Wohnungsgesetz v. 8.3.1946, in Kraft getreten am 14.3.1946, KRABL, S. 117.

[156] Vgl. Präambel des Kontrollratsgesetzes Nr. 18 v. 8.3.1946.

[157] *Emmerich, Volker,* in: J. von Staudinger, Kommentar zum Bürgerlichen Gesetzbuch mit

Alle Wohn- und Geschäftsräume wurden der öffentlichen Bewirtschaftung unterworfen. Artikel 4 des Wohnungsgesetzes lautete:

„Zwecks Vermehrung des vorhandenen Wohnraums in ihrem Amtsbereich können die deutschen Behörden:

a) zweckentfremdete Wohnräume ihrem ursprünglichen Zweck wieder zuführen.

b) einen Wohnungstausch anordnen, wenn dies eine bessere Verteilung des Wohnraums bedeutet.

c) vorhandenen Wohnraum um- oder ausbauen, wenn dadurch eine wirksamere Ausnutzung desselben erzielt wird.

d) an Häusern dringende Reparaturen und in Gemeinden, in denen der Wohnraumdurchschnitt pro Person unter vier Quadratmeter liegt, auch umfassendere Arbeiten vornehmen."

In den Jahren 1948 und 1949 bestand unter den Regierungsverantwortlichen jedenfalls insoweit Einigkeit, dass die Folgen des Krieges beseitigt werden mussten[158] und hierfür die Rückkehr zu marktwirtschaftlicheren Rahmenbedingungen förderlich sei.[159] *Wildermuth* referierte in einer Kabinettssitzung am 14.10.1949 als erster Minister für Wohnungsbau über das Wohnungsbauvorhaben und dessen Finanzierungsmöglichkeiten.[160] Er berichtete, dass im laufenden Jahr „rund 200 000 Wohnungen bei einem Kostenaufwand von etwa 2 Milliarden D-Mark gebaut worden [sind]. Man werde für das Jahr 1950 anstreben, 250 000 Wohnungen zu errichten, dafür würden etwa 2,5 Milliarden D-Mark benötigt. 1,5 Milliarden D-Mark seien im Bundeshaushalt verfügbar. Es bleibe eine Finanzierungslücke von 1 Milliarde D-Mark."[161] Es bestand parteiübergreifend Konsens, dass die Wiederherstellung eines Gleichgewichts von Angebot und Nachfrage auf dem Wohnungsmarkt ein langfristiges Projekt war. Ebenfalls Einigkeit bestand darüber, dass die Mieten weiterhin reguliert werden sollten.[162] Einvernehmen bestand schließlich vor allem hinsichtlich der Dringlichkeit.[163] Konsequenterweise wurde – trotz der Feststellung, dass auch soziale Marktwirtschaft

---

Einführungsgesetz und Nebengesetzen, Buch 2, Recht der Schuldverhältnisse, §§ 535–562d; HeizkostenV; BetrKV (Mietrecht 1), Neubearbeitung 2014, Vorbem zu § 535, Rn. 6.

[158] *Zündorf, Irmgard*, Der Preis der Marktwirtschaft Staatliche Preispolitik und Lebensstandard in Westdeutschland 1948 bis 1963 (2006), S. 132, während in der Zielsetzung als Übergangslösung und Grundentscheidung durchaus Differenzen bestanden.

[159] *Mairose, Ralf/Orgaß, Gerhard*, Wohnungs- und Bodenpolitik in der Bundesrepublik Deutschland Kostenmiete – Städtebaurecht – Wohnungseigentum durch Mietkauf (1973), S. 15.

[160] Vgl. Protokoll zur 12. Kabinettssitzung am 14.10.1949, abrufbar unter: http://www.bun desarchiv.de/cocoon/barch/0000/k/k1949k/kap1_2/kap2_12/para3_1.html?highlight=true& search=wohnungsbau&stemming=true&field=all#highlightedTerm (zuletzt aufgerufen am 4.12.2020).

[161] *Ebenda.*

[162] Im Ergebnis ebenso *Zündorf, Irmgard*, Der Preis der Marktwirtschaft Staatliche Preispolitik und Lebensstandard in Westdeutschland 1948 bis 1963 (2006), S. 133.

[163] *Ebenda*, S. 134.

grundsätzlich Vertragsfreiheit voraussetzt – diese Erkenntnis im Hinblick auf das Wohnraummietrecht nur in Teilbereichen umgesetzt.[164] Wohnraumbewirtschaftung, Mietpreisregulierung und Wohnungsneubau sollten als zentrale Punkte in einem Gesetz geregelt werden.

Im Dezember 1949 brachte die SPD-Fraktion und im Februar 1950 die Bundesregierung jeweils einen Entwurf für ein Gesetz über den sozialen Wohnungsbau[165] bzw. über ein Wohnungsbaugesetz in das Parlament ein. Nach langwierigen Beratungen im Bundestagsausschuss für das Wohnungswesen einigte man sich auf das Erste Wohnungsbaugesetz. Wesentliche Passagen aus beiden Entwürfen wurden übernommen.[166] Letztlich herrschte parteiübergreifende politische Einigkeit, dass der Wiederauf- und Neubau von Wohnungen gefördert werden musste.[167] Schließlich fehlten bei Erlass des Ersten Wohnungsbaugesetzes in Deutschland mindestens fünf Millionen Wohnungen.[168] Insbesondere für sozial schwächere Bevölkerungsgruppen war das Angebot an bezahlbarem Wohnraum zu niedrig. *Erler* beschreibt, dass man selbst bei sehr nüchterner Einschätzung der Lage der Wohnungswirtschaft innerhalb der nächsten zwanzig Jahre mit einem Bedarf von bis zu sechs Millionen neu zu erbauender Wohnungen rechnete.[169] Hinzu kam, dass die Baukosten hoch und Finanzmittel nur schwierig oder aufgrund des starken Wirtschaftsaufschwungs nur zu hohen Zinsen zwischen 7,76 und 10,5 % zu erhalten waren.[170] Insofern war unbestritten, dass der Kapitalmarkt kaum Investitionsreserven zur Verfügung stellen konnte, so dass es erheblicher Subventionen bedurfte.[171] Im Zuge der sog. „Durchbruchkrise" nach der Währungsreform im Jahr 1948 stieg zudem die Arbeitslosigkeit von 3,2 % im Jahr 1948 bis auf 12,2 % Anfang 1950 mit entsprechend hoher Belastung für den Staatsaushalt.[172] Auch bei dem politischen Ziel, die Arbeitslosigkeit zu bekämpfen, wurde der Bauwirtschaft eine Schlüsselstellung zu gesprochen.[173]

---

[164] *Hügemann, Ewald*, Die Geschichte des öffentlichen und privaten Mietpreisrechts vom Ersten Weltkrieg bis zum Gesetz zur Regelung der Miethöhe von 1974 (1996), S. 296.

[165] BT-Drs. 01/352 v. 20.12.1949, *Ollenhauer, Erich*, Antrag (Gesetzentwurf) der Fraktion der SPD.

[166] *Erler, Fritz*, Erstes Wohnungsgesetz der deutschen Bundesrepublik (1950), S. 10.

[167] Zu den unterschiedlichen Positionen der einzelnen Parteien: *GEWOS*, Wohnungspolitik nach dem Zweiten Weltkrieg (1990), S. S. 26 ff.

[168] Die folgende Darstellung zu der Entstehung und den Hintergründen lehnt sich *Erler* an: *Erler, Fritz*, Erstes Wohnungsgesetz der deutschen Bundesrepublik (1950), S. 5.

[169] So auch die Ausführungen in der amtlichen Begründung des I. WoBauG Ziffer II.

[170] http://www.digitalis.uni-koeln.de/Geldwesen/geldwesen279-284.pdf, Digitale Bibliothek für Wirtschafts- und Unternehmensgeschichte der Universität Köln.

[171] *Wagner, Georg*, Sozialstaat gegen Wohnungsnot (1995), S. 34.

[172] *Abelshauser, Werner*, Deutsche Wirtschaftsgeschichte. Von 1945 bis zur Gegenwart. (2011), S. 153.

[173] So fast wörtlich: 1a. Begründung zum Ersten Wohnungsbaugesetz (Bundesanzeiger

Wagner stellt dazu fest, dass ein solches wirtschaftspolitisches Regelungskonvolut „unter anderen wirtschaftlichen Vorzeichen sofort eine unüberbrückbare Kluft zwischen Marktwirtschaftlern und Sozialpolitikern in Regierung und Parlament aufgerissen hätte."[174] Etwaige ordnungspolitische Bedenken standen indessen zurück und in insgesamt dreißig Paragraphen wurde ein Konzept mit umfassenden Interventionsmaßnahmen im Wohnungsbau normiert.[175]

Fritz Erler stellt noch im Jahr 1950 im Rahmen einer der ersten Kommentierungen zu diesem Gesetz fest:

„Nach der einhelligen Meinung der Fachwelt und der Presse stellt das Gesetz eine erfreuliche, nützliche Gemeinschaftsarbeit der verschiedenen Parteien des Bundestages und der Regierung dar."[176]

Das Erste Wohnungsbaugesetz[177] wurde am 24.4.1950 verabschiedet und am 26.4.1950 im Bundesgesetzblatt veröffentlicht.[178]

V. Die Wohnungsbaugesetze in den 1950er Jahren

Die Bundesregierung wollte „die Verhältnisse auf dem Wohnungsmarkt, die die soziale und ethische Gesundung und auch die politische Gesundung des deutschen Volkes unmöglich und auch das Leben der Vertriebenen und Ausgebombten so unendlich schwer machen, mit ganzer Kraft"[179] verbessern.

1950 Nr. 87, BGBl. 1950 S. 49) abgedruckt in Erstes Wohnungsbaugesetz Textausgabe mit Verweisungen und Sachverzeichnis (1950), S. 21.

[174] *Wagner, Georg*, Sozialstaat gegen Wohnungsnot (1995), S. 34.

[175] *Ebenda*, S. 32.

[176] So zu der Gesetzesentstehung *Fritz Erler* in Erstes Wohnungsgesetz der deutschen Bundesrepublik (1950), S. 10.

[177] BGBl. 1950, S. 83–88.

[178] Siehe zum einen Begründung zum Entwurf des Ersten Wohnungsbaugesetzes, BK 252/50, Drucksache Nr. 567 sowie die danach erfolgten Änderungen im parlamentarischen Verfahren und eine neue Begründung veröffentlich im Bundesanzeiger v. 6.5.1950 Nr. 87, S. 8.

[179] Begründung zum Entwurf des Ersten Wohnungsbaugesetzes, BK 252/50, Drucksache Nr. 567, S. 8, Anlage 1a.

1. Das Erste Wohnungsbaugesetz 1950

Erstmals gab es ein normiertes Konzept für wohnungsmarktpolitische Interventionen. Bis dahin wurden Regelungen zum Wohnungsbau immer nur im Einzelfall geschaffen.[180] Nun war ein ganzheitliches Konzept zu erproben. Das Gesetz regelte die Neubauförderung und begründete die Lockerung der Wohnungszwangswirtschaft, um diese langsam in eine Soziale Marktwirtschaft zu überführen.[181] Die Gesetze zur Wohnraumzwangsbewirtschaftung galten als Notrecht und der Geltungsbereich der weiteren Gesetze wie des Mieterschutz- und des Reichsmietengesetzes wurden zunehmend eingeschränkt. Öffentlich geförderte Neubauwohnungen fielen im Gegensatz zu dem vorhandenen Wohnungsbestand nicht mehr unter die öffentliche Bewirtschaftung und unterlagen nur noch bedingt einer Preisbindung.[182] Für den Altbestand galten die Regelungen des Mieterschutzgesetzes, während die Regelungen des Wohnungsgesetzes des Kontrollrates von 1946 sowie die Auswirkungen der Preisstoppverordnung von 1936 durch das erste und zweite Bundesmietengesetz entscheidend gelockert wurden.[183] Dafür enthielt das Gesetz Regelungen zu dem Aufgabenkreis der Länder, der Größe und Art der Wohnungen, der Finanzierung, der Mietpreisfestsetzung, den Voraussetzungen zur Befreiung von der Grundsteuer, der Auflockerung der Wohnungszwangswirtschaft für die neuen Wohnungen sowie viele weitere Informationen zur Förderung von Privatinitiativen.[184]

a. Die Wohnungsbauförderung

Im Fokus des Ersten Wohnungsbaugesetzes stand die Bautätigkeit. Es beinhaltete ein Wohnungsbauprogramm, wonach die öffentliche Hand sich das Ziel setzte, „innerhalb von 6 Jahren möglichst 1,8 Millionen Wohnungen"[185] zu schaffen. Das Gesetz teilte den Wohnungsbau in drei Kategorien ein. Den öffentlich ge-

---

[180] Siehe hierzu ausführlich *Fischer-Dieskau, Joachim/Pergande, Hans-Günther*, Das Erste Wohnungsbaugesetz des Bundes (1950), S. XI ff.

[181] *Hügemann, Ewald*, Die Geschichte des öffentlichen und privaten Mietpreisrechts vom Ersten Weltkrieg bis zum Gesetz zur Regelung der Miethöhe von 1974 (1996), S. 304; vertiefend *Fichtel, Lorenz*, Wohnungspolitik in der sozialen Marktwirtschaft (1980), S. 44 ff. zur Übertragung des Konzepts der sozialen Marktwirtschaft auf die Wohnungspolitik.

[182] Vgl. dazu Regelungen in: Verordnung über die Miethöhe für neugeschaffenen Wohnraum, Mietenverordnung v. 20.11.1950, BGBl. S. 759.

[183] *Emmerich, Volker*, in: J. von Staudinger, Kommentar zum Bürgerlichen Gesetzbuch mit Einführungsgesetz und Nebengesetzen, Buch 2, Recht der Schuldverhältnisse, §§ 535–562d; HeizkostenV; BetrKV (Mietrecht 1), Neubearbeitung 2014, Vorbem zu § 535, Rn. 7.

[184] Zusammenfassend *Fischer-Dieskau, Joachim/Pergande, Hans-Günther*, Das Erste Wohnungsbaugesetz des Bundes (1950), S. X.

[185] Vgl. Einleitung zum 1. WoBauG.

förderten sozialen Wohnungsbau sowie den frei finanzierten und den steuerbe-günstigten Wohnungsbau.

Eine Vielzahl der Wohnungen sollten im sozialen Wohnungsbau geschaffen werden.[186] Dafür sollte jede Landesregierung laut § 13 I. WoBauG „bis zum 1. Oktober eines jeden Jahres für das darauf folgende Kalenderjahr ein Woh-nungsbauprogramm für den öffentlich geförderten sozialen Wohnungsbau" auf-stellen.[187] Außerdem legte das Wohnungsbaugesetz von 1950 fest, dass 1956 ein zweites Wohnungsbaugesetz folgen sollte. Über die Dynamik des Themenkom-plexes war sich der Gesetzgeber also durchaus bewusst.[188]

Der Bau von Wohnungen sollte gemäß § 2 I. WoBauG gefördert werden durch:
– den Einsatz öffentlicher Mittel (zinsverbilligte und zinslose Darlehen),
– die Übernahme von Bürgschaften,
– die Gewährung von Steuervergünstigungen,
– die Bereitstellung von Bauland und
– die Auflockerung der Wohnungszwangswirtschaft.

Dabei sollten die öffentlichen Mittel[189] gemäß § 2 a) I. WoBauG ausschließlich dem sozialen Wohnungsbau im engeren Sinne vorbehalten bleiben.[190]

Gemäß § 16 I. WoBauG handelte es sich dabei um:
– Neubau von
  – Eigenheimen,
  – Kleinsiedlungen,
  – Mietwohnungen in Ein- und Mehrfamilienhäusern[191],
– Wiederaufbau zerstörter oder Wiederherstellung beschädigter Gebäude,
– Ausbau oder Erweiterung bestehender Gebäude,

---

[186] *Eucker-Herresthal, Waltraud*, Staatliche Eingriffe in den Mietwohnungsmarkt – Er-folgskontrolle und Reformvorschläge (1985), S. 24 f.

[187] Neu war auch die föderale Struktur bei der Organisation der Förderung. Mit Blick auf die institutionelle Organisation unterschied sich die neue Wohnungsbauförderung wesentlich von dem dezentralen Fördersystem der Weimarer Republik und der zentralen Förderung im Nationalsozialismus; vgl. Georg Wagner, Sozialstaat gegen Wohnungsnot, Wohnraumbewirt-schaftung und Sozialer Wohnungsbau im Bund und in Nordrhein-Westfalen 1950–1970, For-schungen zur Regionalgeschichte.

[188] *Fischer-Dieskau, Joachim/Pergande, Hans-Günther*, Das Erste Wohnungsbaugesetz des Bundes (1950), S. XI.

[189] Laut den Anmerkungen bei *Erler, Fritz*, Erstes Wohnungsbaugesetz der deutschen Bun-desrepublik (1950), S. 14 handelt es sich bei den nicht unter Abs. 1 fallenden Mitteln in Abs. 2a z. B. um, „Mittel für den Bau von Dienstwohnungen". Zu b) merkt er an, dass „Steuervergüns-tigungen … (dem Grunde nach) auch öffentliche Mittel" sind. Schließlich ist es für die Bilanz der „öffentlichen Kassen […] gleichgültig, ob sie mehr ausgeben oder weniger einnehmen."

[190] Dazu weitere Ausführungen unter Kapitel 1, I. b. Sozialer Wohnungsbau im engeren Sinne.

[191] Nach Anmerkung zu § 16 in *Erler, Fritz*, Erstes Wohnungsgesetz der deutschen Bundes-

Unter öffentlichen Mitteln verstand man zinsverbilligte oder zinslose Darlehen oder Zuschüsse, vgl. § 2 I. WoBauG. Um über die Bürde der angespannten Situation auf dem Kapitalmarkt hinwegzuhelfen, gewährte der Staat anfangs direkte Baukostenzuschüsse und verzichtete hierbei fast gänzlich auf eine Verzinsung. „Bis zum Wohnungsbauprogrammjahr 1956 waren die Baudarlehen mit 1,0 % zu tilgen und bis maximal 3,0 % zu verzinsen, in den Wohnungsbauprogrammjahren ab 1957 wurden Baudarlehen bereitgestellt, die mit 1,0 % zu tilgen und mit bis zu 4,0 % zu verzinsen waren. Daneben wurde jeweils ein Verwaltungskostenbeitrag in Höhe von 0,5 % erhoben."[192]

§ 2 b)–e) sahen weitere Förderungsmaßnahmen vor, die nicht dem sozialen Wohnungsbau vorbehalten waren, sondern allgemein dem Wohnungsbau zugutekommen sollten. Vor allem Steuervergünstigungen und die Übernahme von Bürgschaften waren nicht (ausschließlich) der Förderung des sozialen Wohnungsbaus vorbehalten.[193]

So sah das Erste Wohnungsbaugesetz planmäßig ein differenziertes Fördersystem[194] für den Wohnungsbau zugunsten der breiten Bevölkerungsschicht vor und konzipierte verschiedene Förderungsstufen für die klassifizierten Wohnungsbauarten.

b. Sozialer Wohnungsbau im engeren Sinne

§ 2 Abs. 1 definierte sozialen Wohnungsbau wie folgt:

„Sozialer Wohnungsbau ist die Errichtung von Wohnungen in Ein- und Mehrfamilienhäusern und Kleinsiedlungen, die nach Größe, Ausstattung und Miete (Mietwert) für die breiten Schichten des Volkes bestimmt sind und nach den Grundsätzen der Gemeinnützigkeit im Wohnungswesen bewirtschaftet werden."[195]

---

republik (1950), S. 30 ist es der „städtische Reihenhausbau", welcher „aus wirtschaftlichen Gründen … den größten Teil der neuen Wohnungen stellen wird."

[192] *Ebenda* und *Böhme, Werner,* Darstellung und Entwicklung des Subventionsverfahrens in der Wohnungswirtschaft (1960), S. 1 ff.

[193] Nicht diesen Bauformen vorbehalten waren Förderungen bei denen es sich gemäß § 3 Abs. 2 I. WoBauG nicht um öffentliche Mittel handelte: a) die in öffentlichen Haushalten gesondert ausgewiesenen Wohnungsfürsorgemittel für Verwaltungsangehörige, b) die von Steuerpflichtigen gegebenen Zuschüsse und unverzinslichen Darlehen, für die Steuervergünstigungen gemäß § 7c des Einkommensteuergesetzes gewährt werden, c) Grundsteuervergünstigungen.

[194] Für eine tiefere Auseinandersetzung mit dem Finanzierungssystem des sozialen Wohnungsbaus und dem Ersten und Zweiten Wohnungsbaugesetz siehe statt vieler: *Böhme, Werner,* Darstellung und Entwicklung des Subventionsverfahrens in der Wohnungswirtschaft (1960), sowie *Füllenkemper, Horst,* Wirkungsanalyse der Wohnungspolitik in der Bundesrepublik Deutschland (1982), S. 48 ff.

[195] In dem von der Bundesregierung beschlossenen Entwurf wird die Zielgruppe in § 1 Hei-

Durch eine sehr großzügige Bemessung der Einkommensgrenzen als wesentliches Förderkriterium, gehörten fast 70 % der Bevölkerung zu dem förderfähigen Personenkreis.[196] Die Wohnungen sollten grundsätzlich eine Fläche von mindestens 32 bis maximal 65 qm haben dürfen.[197]

An die Art der Förderung wurden später auch unterschiedliche Folgen bei der Bewirtschaftung des Wohnraums geknüpft, vgl. § 2a)–e) I. WoBauG. Die Einteilung in die einzelnen Förderkategorien hing wesentlich von der Herkunft des eingesetzten Kapitals ab.[198] Je weniger Kapital (Kapitalsubventionen) durch die öffentliche Hand zur Verfügung gestellt oder durch Steuervorteile generiert wurde, desto freier war der Eigentümer bei der anschließenden Verwertung des Wirtschaftsgutes Wohnraum.

Um sozialen Wohnungsbau im engeren Sinne handelte es sich also nur bei ausschließlich öffentlich gefördertem Wohnungsbau.[199] Als Gegenleistung für die Förderung verpflichtete sich der jeweilige Bauherr hinsichtlich der Belegung und hinsichtlich des Mietpreis. Im Rahmen der Mietpreisbindung legte der Fördergeber den Mietpreis in einer bestimmten Höhe fest und garantierte ihn langfristig (Richtsatzmiete).[200]

c. Fazit zum Ersten Wohnungsbaugesetz

In den Jahren von 1951 bis 1960 wurden 5,4 Millionen Wohnungen gebaut. Das „volkswirtschaftliche Gewicht der öffentlichen Förderung des Wohnungsbaus in den ersten zwölf Jahren der Bundesrepublik"[201] beziffert *Jaschinski* mit ca. 36 Milliarden DM[202]. Im Zeitraum von 1950 bis 1962 waren 63 % dieser neu erbauten Wohnungen Sozialwohnungen und bei fast einem Drittel der Investitionen in

---

matvertriebene und die übrigen Bevölkerungsgruppen geteilt; vgl. Begründung zum Entwurf des Ersten Wohnungsbaugesetzes, BK 252/50, Drucksache Nr. 567, S. 3.

[196] *Wagner, Georg*, Sozialstaat gegen Wohnungsnot (1995), S. 33.

[197] Vgl. § 17 Abs. 1 I. WoBauG der Wohnungen im Sinne des öffentlich geförderten sozialen Wohnungsbaus konkretisiert.

[198] Nimmt man beispielsweise öffentliche Baudarlehen in Anspruch, handelte es sich um öffentlich geförderten Wohnungsbau. Anreize zum Wohnungsbau wurden auch durch steuerliche Vergünstigungen geschaffen.

[199] So *Erler, Fritz*, Erstes Wohnungsgesetz der deutschen Bundesrepublik (1950), S. 10, sowie Pergande, Was muß ich vom Ersten Wohnungsbaugesetz wissen? (1950), S. 1.

[200] Ausführlich zur Förderpraxis des sozialen Wohnungsbaus in verschiedenen Bundesländern und eine Effizienzuntersuchung nur *Behring, Karin/Kirchner, Joachim/Ulbrich, Rudi*, Förderpraxis des sozialen Wohnungsbaus (1998).

[201] So wörtlich *Jaschinski, Heinrich*, Abbau oder Umbau der Subventionierung im Wohnungsbau (1962), S. 34.

[202] Von 1950 bis 1962 von Bund, Ländern und Gemeinden als direkte Subvention für den Wohnungsbau gegeben, vgl. *ebenda.*

den Wohnungsbau handelte es sich um öffentliche Finanzmittel.[203] Nicht zuletzt aufgrund dieser Förderintensität nahm die Wohnungsbautätigkeit in den 1950er Jahren stetig zu. Im Jahr 1954 lag das Fertigstellungsvolumen bei mehr als 500.000 Einheiten mit steigender Tendenz bis zum Jahr 1969.[204]

Diese hohe Förderquote durch staatliche Mittel ist auch deshalb besonders beachtlich, da sie in den folgenden Jahrzehnten trotz zunehmenden Fördervolumens in Relation zu den Gesamtinvestitionen zurückging.

Ein großes Problem der Förderung bestand jedoch in der Mieterauswahl. Die eigentlich angedachte Zielgruppe der Förderung waren Heimatvertriebene und die übrigen Bevölkerungsgruppen, die ihre Wohnungen durch Kriegsfolgen verloren hatten und ohne Unterstützung keinen Wohnraum finden würden. Schnell zeigte sich mit der Förderpraxis der ersten zwei Jahre, dass vor allem die an sich nicht originär bedachte Mittelschicht profitierte. Da die Bauherren und Vermieter Baukosten durch Baukostenzuschüsse an die (zukünftigen) Mieter weitergaben, konnten sich Sozialwohnungen nur diejenigen leisten, die diesen Aufwand tragen oder weitere Sonderförderungen in Anspruch nehmen konnten.[205] Die eigentliche Zielgruppe profitierte nicht vom Fördersystem. Denn einkommensschwächere Bürger waren durch das Fördersystem strukturell benachteiligt. „Die Auswahl der künftigen Mieter nach ihrer Fähigkeit, finanzielle Zusatzleistungen in beträchtlicher Höhe zu erbringen, wurde zum Kennzeichen des sozialen Wohnungsbaus der fünfziger Jahre – ein strikt marktwirtschaftliches Element innerhalb des staatlich reglementierten Berechtigungssystems."[206]

Für diese Fehlallokation waren nicht zuletzt die nicht vorhandene Einkommensgrenze und das Richtsatzmietensystem verantwortlich. Die Richtsatzmiete war nicht an reale Kosten gebunden und die Höchstsätze wurden unabhängig von den Baukosten festgelegt. Insofern berücksichtigte die unflexible Richtsatzmiete die Investitionskosten des Bauherrn nicht.[207] Die politischen Lager stritten zunehmend um Verteilung der Bundeshaushaltsmittel und um Kompetenzen. Eine Forderung waren insbesondere strengere Förderkriterien.[208]

---

[203] *Kofner, Stefan*, Wohnungsmarkt und Wohnungswirtschaft (2004), S. 157 f.

[204] *Ebenda*, S. 154.

[205] *Wagner, Georg*, Sozialstaat gegen Wohnungsnot (1995), S. 35 ff.

[206] *Ebenda*: *Wagner* wirft sodann die Frage auf, wie stark die wirtschaftspolitische Akzentuierung einer Intervention wohl sein muss, damit diese sich ihrer Sozialbindung entledigt, S. 42.

[207] *Kofner, Stefan*, Wohnungsmarkt und Wohnungswirtschaft (2004), S. 176.

[208] *Wagner, Georg*, Sozialstaat gegen Wohnungsnot (1995), S. 34 und 39.

2. Novellierung des Ersten Wohnungsbaugesetzes 1953

Aufgrund der Fehlallokation der Förderung war eine qualitative Umgestaltung des Förderkonzeptes zum sozialen Wohnungsbau erforderlich. Auf Initiative des Bundesrates gab es ab Novellierung des I. WoBauG mit dem Gesetz zur Änderung und Ergänzung des Ersten Wohnungsbaugesetzes[209] im Jahr 1953 drei verschiedene Arten der Wohnungsbauförderung. Zu dem Fördersystem aus dem Ersten Wohnungsbaugesetzes mit festgesetztem Richtsatzmietenniveau kamen zwei weitere Förderwege hinzu.[210] Beide Förderwege waren vom Jahreseinkommen abhängig. Lag das Einkommen unterhalb der Versicherungspflichtgrenze für Angestellte in der gesetzlichen Krankenversicherung, die damals bei DM 6.000,00 jährlich lag, kam der erste Förderweg mit festgesetzter Richtsatzmiete in Betracht. Betrug das Einkommen zwischen DM 6.000,00 und DM 9.000,00 pro Jahr[211], kam der zweite Förderweg mit der sog. manipulierten Kostenmiete in Betracht.[212] Im Gegensatz zu der Richtsatzmiete orientierte sich die manipulierte Kostenmiete zumindest grundsätzlich an den tatsächlichen Baukosten. Der Mietzins wurde jedoch insofern manipuliert, als dass er durch die Subvention mit öffentlichen Darlehen[213] gesenkt wurde.

Die §§ 32 und 35 des Zweiten Wohnungsbaugesetzes regelten als sogenannten dritten Förderweg zusätzlich die Eigenheimförderung, die im Rahmen dieser Arbeit nicht näher betrachtet wird.[214]

3. Das Zweite Wohnungsbaugesetz 1956

Im Jahr 1956 erließ der Bundestag ein Zweites Wohnungsbaugesetz.[215] Dies war nicht überraschend, da das Erste Wohnungsbaugesetz ausdrücklich vorsah, dass 1,8 Millionen Wohnungen möglichst innerhalb eines Zeitraums von sechs Jahren erbaut werden sollten und dieser Zeitraum im Jahr 1956 endete. Das Zweite

---

[209] Gesetz zur Änderung und Ergänzung des Ersten Wohnungsbaugesetzes v. 25.8.1953, BGBl. I, S. 1037 ff.

[210] *Wagner, Georg,* Sozialstaat gegen Wohnungsnot (1995), S. 40 f.

[211] DM 9.000,00 jährlich entsprach der Jahresarbeitsverdienstgrenze der Angestelltenversicherung.

[212] *Wagner, Georg,* Sozialstaat gegen Wohnungsnot (1995), S. 42.

[213] Die Darlehenssumme wurde mit 3–4 % unter dem damaligen Marktzins verzinst.

[214] Im Jahre 1953 wurde auch das Wohnraumbewirtschaftungsgesetz (Wohnraumbewirtschaftungsgesetz v. 31.3.1953, BGBl. I, 1953, Nr. 14, S. 97–105) und das Gesetz über die Grunderwerbsteuerbefreiung für den sozialen Wohnungsbau und den Wiederaufbau von Trümmergrundstücken als zusätzliche Anreize für Kapitalgeber erlassen, die ebenfalls nicht Gegenstand dieser Arbeit sind.

[215] Zweites Wohnungsbaugesetz v. 27.6.1956, BGBl. I, S. 523 ff.

Wohnungsbaugesetz von 1956[216] trug den Titel: Wohnungsbau- und Familien-heimgesetz.[217] Wie auch schon das Erste Wohnungsbaugesetz normierte es zu-nächst die Pflicht des Staates „sozialen Wohnungsbau" zu fördern. § 1 Abs. 2 des Zweiten Wohnungsbaugesetzes lautete wie folgt:

„Bund und Länder, Gemeinden und Gemeindeverbände haben Wohnungen, die nach Größe, Ausstattung und Miete oder Belastung für die breiten Schichten des Volkes bestimmt und ge-eignet sind (sozialer Wohnungsbau), als vordringliche Aufgabe zu fördern."

Ein Kernanliegen des Gesetzgebers bestand damit weiterhin in der Vergrößerung des Wohnungsangebotes. Wie schon im Ersten Wohnungsbaugesetz enthielt auch das Zweite Wohnungsbaugesetz eine konkrete Bauleistung als Zielvorga-be.[218] Hiernach war beabsichtigt, zwischen 1956 und 1962 weitere 1,8 Millionen Wohnungen zu errichten.

Materiell sah das Zweite Wohnungsbaugesetz vor allem einen endgültigen Ab-schied vom Richtsatzmietensystem vor. Die durch das Erste Wohnungsbaugesetz manifestierten inneren Widersprüche der Wohnungszwangswirtschaft sollten durch Liberalisierung der Mietpreisregelungen aufgehoben werden.[219] Von nun an konnte auch für Wohnungen, deren Bau mit öffentlichen Geldern gefördert wurde, die tatsächliche Kostenmiete und nicht nur die fiktive Richtsatzmiete an-gesetzt werden. Daneben wurde auch das System des sozialen Wohnungsbaus geändert und war beispielsweise nur noch für einkommensschwache Haushalte zugänglich.[220] Entsprechend veränderte sich ab Ende der 1950er Jahre der Kreis der Begünstigten der Wohnungsförderung. Waren anfangs vornehmlich noch Bürger aus der damaligen Mittelschicht begünstigt, waren es jetzt auch häufig Angestellte mit geringem Verdienst und Arbeiter, die von der Förderung profi-tierten.[221] Diese Entwicklung wurde als grundsätzlich positiv wahrgenommen, da nun auch die wirklich bedürftige Bevölkerungsschicht unterstützt wurde.

---

[216] Vgl. Zweites Wohnungsbaugesetz v. 27.6.1956

[217] Bundeswohnungsbauminister Preusker nannte es Magna Charta des Wohnungsbaus in allen seinen Erscheinungsformen – 1. Lesung des von der CDU/CSU Fraktion eingebrachten Entwurfs eines Familienheimgesetzes: StB BT, 2. Wp, S. 251, 9. Satz am 14.1.1954; dies aber schon damals nicht unstreitig, vgl. z. B. zu kritischen Stimmen v. Beamten im Bauministerium hinsichtlich der prognostizierten Senkung der Kostenmiete unter die bislang anzuwendende Richtsatzmiete, *Führer, Karl Christian*, Mieter, Hausbesitzer, Staat und Wohnungsmarkt (1995), S. 286.

[218] *Eucker-Herresthal, Waltraud*, Staatliche Eingriffe in den Mietwohnungsmarkt – Erfolgs-kontrolle und Reformvorschläge (1985), S. 25.

[219] *Führer, Karl Christian*, Mieter, Hausbesitzer, Staat und Wohnungsmarkt (1995), S. 286 f., 290.

[220] *Ebenda.*

[221] Dazu nur *Wagner*, ebd., S. 52: *Wagner* erläutert und beschreibt warum diese Fehlalloka-tion auch auf das Finanzierungssystem des Ersten Wohnungsbaugesetzes zurückzuführen ist.

Kehrseite dieser Entwicklung war, dass bis zum Ende der 1960er Jahre Siedlungsgebiete geschaffen wurden, die gerade aufgrund der Förderung von Randgruppen und sozial Schwachen „mit dem Stigma des sozialen Ghettos behaftet waren".[222]

Das quantitative Ziel des Zweiten Wohnungsbaugesetzes, weitere 1,8 Millionen Wohnungen zu errichten, war Anfang der 1960er Jahre erreicht.

VI. 1960er Jahre – Abbau der Wohnungszwangswirtschaft

Seit 1953 hatte die Politik die staatlichen Bewirtschaftungsmaßnahmen laufend eingeschränkt, so dass der Staat Ende der 1950er Jahre (nur) noch regulierend auf die Miethöhe Einfluss nahm.[223] In den 1960er Jahren wurden schließlich auch diese letzten Maßnahmen graduell abgeschafft.[224] Angesichts der überwundenen Wohnungsnot der Nachkriegszeit und des von der Politik in den 1960er Jahren als ausreichend angesehenen Wohnungsbestands war man sich einig, dass die Wohnungswirtschaft zukünftig verstärkt dem Markt auszusetzen sei. Der Bundestag verabschiedete daher im Jahr 1960 das Gesetz über den Abbau der Wohnungszwangswirtschaft und über ein soziales Miet- und Wohnrecht (sog. Abbaugesetz).[225] Das Abbaugesetz beendete die fast ein halbes Jahrhundert während staatliche Wohnraumbewirtschaftung und leitete das „Wohnungswesen in die soziale Marktwirtschaft"[226] über. Das Abbaugesetz ist auch als Lücke-Plan bekannt geworden und regelte die Liberalisierung des noch gebundenen Wohnungsbestandes, soweit es sich nicht um Sozialen Wohnungsbau handelte.[227]

---

[222] *Ebenda*, S. 390.

[223] Da nicht sämtliche Preise reguliert waren, spaltete die Regulierung der Miethöhe eines Teilbereiches von Wohnungen den Markt in einen regulierten und einen weitgehend freien Teil; so *Bach, Anja*, Der Wegfall der Anschlussförderung im sozialen Wohnungsbau in Berlin und die Konsequenzen (2010), S. 16.

[224] *Wagner, Georg*, Sozialstaat gegen Wohnungsnot (1995), S. 388.

[225] Vgl. Gesetz über den Abbau der Wohnungszwangswirtschaft und über ein soziales Miet- und Wohnrecht – sog. Abbaugesetz – v. 27.6.1960: 23.6.1960, BGBl I, 1967, S. 389, Bundesmietengesetz, BGBl I 1967, S. 391, Gesetz zur Änderung des Schlusstermins, BGBl I 1965, S. 969, 2. Gesetz zur Änderung des Schlusstermins, BGBl I 1967, S. 1252, Gesetz zur Änderung mietpreisrechtlicher Vorschriften, BGBl I 1969, S. 50. Siehe vertiefend: *Schwarz, W.*, Der Mietwohnungsbau seit 1945 (1981), S. 51.

[226] *Schwender, Heinz Werner/Wormit, Heinz*, Abbaugesetz und Recht der Miet- und Lastenbeihilfen (1962), S. V.

[227] Siehe Regelungen im Detail bei *Emmerich*:
– Zahlreiche Gesetzesänderungen,
– ein 2. Bundesmietengesetz,
– 1. Gesetz über die Gewährung von Miet- und Lastenbeihilfen,

Bestehende Mietpreisbindungen wurden aufgehoben und die Wohnraumbewirtschaftung laufend eingeschränkt.[228] Die Gebiete, in denen die Preisbindung aufgehoben war bezeichnete man als Weiße Kreise.[229] Als Schwarzen Kreis bezeichnete man Gebiete mit Wohnungen die zwar den gelockerten aber noch fortdauernden Bindungen unterlagen.[230]

Maßgeblich für den Grad der Liberalisierung sollte die „Berechnung von rechnerischen Wohnungsdefiziten für regionale Wohnungsmärkte"[231] sein. Je nach Ausgeglichenheit von Angebot und Nachfrage sollte die Mietpreisbindung aufgehoben und die Bewirtschaftung eingestellt werden.[232] Es begann eine gespaltene Liberalisierung.[233]

Zudem stärkte der Bundestag mit der Einführung eines besonderen Kündigungsschutzes zugunsten des Mieters in §§ 556 ff. a. F. BGB[234] die sozialen Elemente des deutschen Mietrechts.[235] Als weiteres soziales Korrektiv, auch wegen der im Zuge der Liberalisierung eintretenden Mieterhöhungen, führte der Gesetzgeber im Jahr 1964 das Wohngeld zur Unterstützung bedürftiger Haushalte ein.[236]

- erste Änderungen des BGB unter sozialen Vorzeichen,
- Endtermin des MSchG: 21.12.1965
- Abschaffung der Mietpreisbindung (danach nur noch aufgrund des WBindG v 1974), *Emmerich, Volker*, in: J. von Staudinger, Kommentar zum Bürgerlichen Gesetzbuch mit Einführungsgesetz und Nebengesetzen, Buch 2, Recht der Schuldverhältnisse, §§ 535–562d; HeizkostenV; BetrKV (Mietrecht 1), Neubearbeitung 2014, Vorbem zu § 535, Rn. 8.

[228] *Zeller, Theodor/Späth, Günther*, Der Hausbesitzer (1965), S. 356.

[229] Es galt lediglich die Einschränkung, dass nach dem 20.6.1948 fertiggestellte öffentlich geförderte Wohnungen nur zur Kostenmiete vermietet werden durfte.

[230] Vgl. zu dem Regelungsumfang in den schwarzen Kreisen *Zeller, Theodor/Späth, Günther*, Der Hausbesitzer (1965), S. 354 ff. und 357 ff.

[231] *Eucker-Herresthal, Waltraud*, Staatliche Eingriffe in den Mietwohnungsmarkt – Erfolgskontrolle und Reformvorschläge (1985), S. 26.

[232] *Ebenda.*

[233] *Derleder, Peter*, Zur Geschichte und zu den Perspektiven des sozialen Mietrechts (2011), S. 94 f.

[234] Jetzt § 549 und 574 BGB n. F.

[235] Das AbbauG v 1960, der so genannte Lücke-Plan, hatte sich aus Zeitnot zunächst auf den Erlass der sog Sozialklausel (574 ff. nF/556a aF) beschränkt. Die eigentlichen Verbesserungen des Mieterschutzes brachten dann erst das 1. MietRÄndG v 29.7.1963 (BGBl I 505), das (wichtigste) 2. MietRÄndG v 14.7.1964 (BGBl I 457) sowie das 3. MietRÄndG v 21.2.1967 (BGBl I 1248), so fast wörtlich *Emmerich, Volker*, in: J. von Staudinger, Kommentar zum Bürgerlichen Gesetzbuch mit Einführungsgesetz und Nebengesetzen, Buch 2, Recht der Schuldverhältnisse, §§ 535–562d; HeizkostenV; BetrKV (Mietrecht 1), Neubearbeitung 2014, Vorbem zu § 535, Rn. 10.

[236] *Michels, Winfried/Mester, Klaus-Hendrik/Beermann, Frank*, Wohnungsmarkt – Wohneigentum – Kostengünstiges Bauen (2006), S. 3.

So regelte beispielsweise § 556a BGB a. F. mit einer Sozialklausel, dass der Mieter einer Kündigung des Mietverhältnisses widersprechen und vom Vermieter die Fortsetzung des Mietverhältnisses verlangen konnte, wenn die vertragsmäßige Beendigung des Mietverhältnisses für den Mieter oder seine Familie eine Härte bedeuten würde. Diese lag nach § 556a Abs. 1 S. 2 BGB a. F. auch dann vor, wenn kein angemessener Ersatzwohnraum zu zumutbaren Bedingungen beschafft werden konnte.

VII. 1970er Jahre – Wohnungsbaupolitische Gesetze der sozialliberalen Koalition

Mit dem anhaltenden wirtschaftlichen Aufschwung in den 1970er Jahren ging ein Anstieg der Inflation und damit auch der Mietpreise einher.[237] Zugleich geriet durch die dadurch ausgelösten hohen Baupreise sowohl die Neubautätigkeit von Mietwohnungen als auch von selbst bewohntem Eigentum ins Stocken. Während 1973 noch bis zu 714.000 Wohnungen jährlich gebaut wurden, waren es in der zweiten Hälfte der 1970er Jahre bereits weniger als 400.000 pro Jahr.[238]

Zugleich machten sich vermehrt regionale Anspannungen im Wohnungsmarkt bemerkbar. Insbesondere in Ballungsgebieten erhöhten sich die Mietpreise.[239] In bestimmten Teilmärkten, z. B. bei Altbauten, stiegen die Mieten sogar überdurchschnittlich an. Angesichts dieser Entwicklungen kam es erneut zu einer Umorientierung in der Wohnungspolitik. Die bereits seit dem Jahr 1969 neu amtierende sozialliberale Regierung versuchte, den steigenden Mieten vor allem durch einen verstärkten Mieterschutz entgegen zu wirken.[240]

Die Bundesregierung legte hierzu einen umfassenden Gesetzesentwurf vor.[241] Mit dem Gesetzesentwurf über Maßnahmen zur Verbesserung des Mietrechts und der Begrenzung des Mietanstiegs sollte der Schutz der Mieter in den besonders betroffenen Ballungsgebieten durch eine Begrenzung des Kündigungsrechts und von Mieterhöhungen verbessert werden.[242] Hiernach sollte der Vermieter

---

[237] *Kofner, Stefan*, Wohnungsmarkt und Wohnungswirtschaft (2004), S. 168.

[238] *Ebenda*, sowie http://www.bundesarchiv.de/cocoon/barch/0000/k/k1949k/kap1_2/kap 2_12/para3_1.html?highlight=true&search=wohnungsbau&stemming=true&field=all#high lightedTerm (zuletzt aufgerufen am 7.2.2017).

[239] *Emmerich, Volker*, in: J. von Staudinger, Kommentar zum Bürgerlichen Gesetzbuch mit Einführungsgesetz und Nebengesetzen, Buch 2, Recht der Schuldverhältnisse, §§ 535–562d; HeizkostenV; BetrKV (Mietrecht 1), Neubearbeitung 2014, Vorbem zu § 535, Rn. 11.

[240] *Ebenda*.

[241] Gesetzesentwurf über Maßnahmen zur Verbesserung des Mietrechts und der Begrenzung des Mietanstiegs, BT-Drs. VI/1549.

[242] Schließlich wurde der Entwurf in zwei Gesetze aufgespalten: 1. WRKSchG (25.11.1971,

eine Zustimmung zu einer Mieterhöhung nur dann einfordern können, wenn „der bisherige Mietzins seit einem Jahr unverändert bestand und der angestrebte Mietzins die üblichen Entgelte in der Gemeinde für vergleichbare Räume nicht überstieg."[243]

Schließlich einigte man sich innerhalb der Koalition auf mehrere gesetzliche Neuregelungen, die die Höhe der Mieten jedenfalls indirekt begrenzten:

- Gesetz zur Verbesserung des Mietrechts und zur Begrenzung des Mietanstiegs sowie zur Regelung von Ingenieur- und Architektenleistungen" vom 4.11.1971,
- Gesetz über den Kündigungsschutz für Mietverhältnisse über Wohnraum vom 25.11.1971,
- Zweites Gesetz über den Kündigungsschutz für Mietverhältnisse über Wohnraum (Zweites Wohnraumkündigungsschutzgesetz – 2. WKSchG) und das Gesetz zur Regelung der Miethöhe (MHG) vom 18.12.1974.

Als flankierende Maßnahmen wurden das Vergleichsmietenkonzept, neue Kündigungsschutzvorschriften und das Verbot der Zweckentfremdung für Wohnraum eingeführt bzw. vertieft indem deren Anwendungsbereich nun auch auf den freifinanzierten Wohnungsbau ausgeweitet wurde, der bis dato bei Maßnahmen wie der Wohnungsbewirtschaftung und der Mietenbegrenzung ausgenommen war.

Im Rahmen dieser Gesetzesinitiative wurde auch der bis heute geltende Grundsatz im BGB verankert, dass „ein vertragstreuer Mieter nicht gekündigt werden [kann] [...], wenn der Vermieter kein besonderes berechtigtes Interesse an einer Vertragsbeendigung" [244] hat. Grundlage für Preisbindungen im Wohnungsmarkt waren ab dem Jahr 1974 vor allem das Wohnungsbindungsgesetz[245] und das Gesetz zur Regelung der Miethöhe.[246] Die Miethöhe bestimmte von nun an insbesondere die auf dem Gesetz zur Regelung der Miethöhe beruhenden Neubaumietenverordnung aus dem Jahr 1970 und die zweite Berechnungsverordnung aus dem Jahr 1975.

BGBl I 1839) und Mietrechtverbesserungsgesetz (4.11.1971, BGBl I 1745) – so Emmerich in J. von Staudinger, Kommentar zum Bürgerlichen Gesetzbuch mit Einführungsgesetz und Nebengesetzen, Buch 2, Recht der Schuldverhältnisse, §§ 535–562d; HeizkostenV; BetrKV (Mietrecht 1), Neubearbeitung 2014, Vorbem zu § 535, Rn. 11. Dies war auf Widerstand der CDU zurückzuführen.

[243] *Weitemeyer, Brigitte*, Die Reform des sozialen Mietrechts und die Finanzkrise (2011), S. 662.

[244] *Derleder, Peter*, Zur Geschichte und zu den Perspektiven des sozialen Mietrechts (2011), S. 95.

[245] WoBindG.

[246] Ausnahmen gelten für Bediensteten Wohnungen, § 87a, II. WoBauG und für andere öffentlich geförderte Wohnungen i. S. v. §§ 88, 88b II. WoBauG.

Mit der weiteren Ausweitung des sozialen Mietrechts in den 1970er Jahren mehrten sich auch kritische Stimmen. Schon 1971 stellte *Herzog* fest, das staatliche Interventionen in den letzten hundert Jahren eine unerhörte Intensivierung erfahren haben.[247] Das zunächst befristete Erste Wohnraumkündigungsschutzgesetz[248] wurde durch das Zweite Wohnraumkündigungsschutzgesetz[249] in Dauerrecht verwandelt und verfestigte die Idee der ortsüblichen Vergleichsmiete im deutschen Recht.[250] Vermieter waren der Meinung, dass insbesondere aufgrund der Anforderungen an die nach des § 3 Abs. 2 WKSchG erforderliche Begründung eines Mieterhöhungsverlangen, Mieterhöhungen von nun an praktisch nicht mehr durchsetzbar waren.[251] Konsequenterweise wendeten sich die betroffenen Vermieter nach für sie negativen zivilgerichtlichen Entscheidungen an das Bundesverfassungsgericht.[252] Das Bundesverfassungsgericht bestätigte die Verfassungsmäßigkeit dieser Regelungen,[253] „betonte jedoch zugleich die Notwendigkeit einer Verfahrensgestaltung, die das legitime Interesse des Vermieters an der Nutzung seines Eigentums ebenso berücksichtigt wie das Interesse des Mieters an einem Schutz gegen überhöhte Mietforderungen."[254]

Das im Zuge des Ersten Wohnraumkündigungsschutzgesetzes und mit der Abschaffung der Änderungskündigung etablierte Vergleichsmietensystem ist im Grunde noch heute maßgebend bei Mieterhöhungsverlangen in bestehenden Mietverhältnissen.[255] Der damals geltende § 3 Abs. 1 des 1. WKSchG regelte:

Bei einem Wohnraummietverhältnis kann der Vermieter vom Mieter die Zustimmung zu einer Mieterhöhung des Mietzinses verlangen, wenn der bisherige Mietzins seit einem Jahr unverändert fortbesteht und der angestrebte Mietzins die üblichen Entgelte, die in der Gemeinde oder

---

[247] *Herzog, Roman*, Allgemeine Staatslehre (1971), S. 109.

[248] Erstes Gesetz über den Kündigungsschutz für Mietverhältnisse über Wohnraum, Erstes Wohnraumkündigungsschutzgesetz v. 25.11.1971, BGBl. I S. 1839.

[249] Zweites Gesetz über den Kündigungsschutz für Mietverhältnisse über Wohnraum, Zweites Wohnraumkündigungsschutzgesetz v. 18.12.1974, BGBl I, S. 139.

[250] *Weitemeyer, Brigitte*, Die Reform des sozialen Mietrechts und die Finanzkrise (2011), S. 662 f.

[251] Beispielsweise entschied das Landgericht Mannheim, dass eine Mieterhöhung unwirksam sei, da sie nicht den Anforderungen von § 3 Abs. 2 WKSchG genüge, LG Mannheim, Urt. v. 25.1.1973 – 12 S 26/72, NJW 1973, S. 712–713.

[252] BVerfG, Beschl. v. 23.4.1974 – 1 BvR 6/74, 1 BvR 2270/73, BVerfGE 37, S. 132 ff. (juris).

[253] Siehe dazu Besprechung der Entscheidung des BVerfG unter Kapitel 2, III 1. Verfassungsmäßigkeit des Vergleichsmietensystems.

[254] Weitemeyer, Brigitte, Die Reform des sozialen Mietrechts und die Finanzkrise (2011), S. 662 f.

[255] Zu dem Regelungsmechanismus des Vergleichsmietensystems siehe unter Kapitel 2, III 1.

in vergleichbaren Gemeinden für die Vermietung von Räumen vergleichbarer Art, Größe, Ausstattung, Beschaffenheit und Lage gezahlt werden, nicht übersteigt.

Ebenfalls im Jahr 1974 ersuchte der Rechtsausschuss des Bundestags die Bundesregierung, „einen Gesetzentwurf vorzulegen, der das derzeit geltende, in zahlreichen Vorschriften zersplitterte Recht über die soziale Sicherung des Wohnens bereinigt und diese Vorschriften einheitlich und für die Betroffenen verständlich und übersichtlich zusammenfaßt"[256]. Dieser Aufforderung kam die Bundesregierung allerdings erst achtzehn Jahre später nach, als sie im Jahr 1992 eine Expertenkommission[257] einsetzte, die sich mit dieser Frage befassen sollte.

Bei der Wohnungspolitik ging es hingegen nicht „um möglichst hohe Zahlen neu errichteter Wohnungen, sondern vor allem auch um die Modernisierung"[258]. Der neue Fördergedanke umfasste nicht mehr ausschließlich den Neubau, sondern auch den Bestand und dessen Erhalt und Pflege. Die sozialliberale Bundesregierung führte die Modernisierungsförderung ein und erließ im Juli 1977 ein Gesetz über steuerliche Vergünstigungen bei der Herstellung oder Anschaffung bestimmter Wohngebäude. So schuf sie einen weiteren bestandsorientierten Anreiz für Investoren.[259] Im Land Berlin[260] erfolgte die Förderung des Wohnungsbaus ab 1972 beispielsweise „nicht mehr durch direkte Baukostenzuschüsse, sondern durch die Bereitstellung von zinsverbilligten Krediten, wobei der Beginn der Förderung an die Bezugsfertigkeit der Wohnungen geknüpft war".[261]

„Mit der Entscheidung des Gesetzgebers für einen dauerhaften Mieterschutz – und damit auch Mietpreisschutz – wurde endlich durch Inkraftsetzung des Gesetz zur Regelung der Miethöhe 1974 der Entwicklungsweg vom öffentlich-rechtlichen Mietpreisrecht der Zeit des Ersten Weltkrieges zum privatrechtlichen Mietpreisrecht abgeschlossen."[262]

---

[256] BT-Drs. 7/2629, S. 2.

[257] Siehe dazu unter Kapitel 1, IX. 1990er Jahre.

[258] *Derleder, Peter*, Zur Geschichte und zu den Perspektiven des sozialen Mietrechts (2011), S. 95.

[259] *Alisch, Monika/Dangschat, Jens S.*, Armut und soziale Integration, Strategien sozialer Stadtentwicklung und lokaler Nachhaltigkeit (1998), S. 74.

[260] Dazu vertiefend: Kapitel 1, Exkurs: Sozialer Wohnungsbau in Berlin vor XI.2.

[261] So *Bach, Anja*, Der Wegfall der Anschlussförderung im sozialen Wohnungsbau in Berlin und die Konsequenzen (2010), S. 17.

[262] *Hügemann, Ewald*, Die Geschichte des öffentlichen und privaten Mietpreisrechts vom Ersten Weltkrieg bis zum Gesetz zur Regelung der Miethöhe von 1974 (1996), S. 3.

VIII. 1980er Jahre – Abbau der Förderungen

> „Der Staat, der in der Wohnungsnot nach dem
> Kriege die politische Verantwortung für die Ver-
> besserung der Wohnungsversorgung breiter
> Schichten der Bevölkerung übernommen hat und
> seitdem in vielfältiger Weise und mit unter-
> schiedlicher Intensität in den Wohnungsmarkt
> eingreift, wird in Anbetracht dieser Entwicklung
> auf dem Mietwohnungsmarkt vor die Frage ge-
> stellt, ob die Wohnungspolitik den gegenüber der
> Nachkriegszeit veränderten Anforderungen ge-
> recht wird."[263]

Die 1980er Jahre[264] waren erneut durch eine steigende Nachfrage auf dem Wohnungsmarkt geprägt. Dies lag nicht nur an den geburtenstarken Jahrgängen in
den sechziger Jahren, die jetzt zunehmend eigenen Wohnraum für sich benötigten. Zahlreiche Spätaussiedler aus der ehemaligen Sowjetunion sowie wohnungs-
suchende Geflüchtete aus dem ehemaligen und im Zerfall befindlichen Jugosla-
wien verstärkten die ohnehin schon große Nachfrage. Insgesamt führte dies in den
alten Bundesländern zu einem Mangel an etwa 650.000 Wohnungen.[265] Zudem
befand sich der Wohnungsbestand in einem sehr schlechten Zustand.[266] Auch der
Mietwohnungsneubau konnte sich nicht wieder erholen. Vielmehr kam es zu „einem [erneuten] starken Rückgang des Mietwohnungsbaus, der wenigstens zum
Teil auf die Beschränkungen der Vermieterrechte [...] zurückgeführt wurde."[267]
„Die [neue] Bundesregierung entschloss sich [auch] deshalb zu einer partiel-
len Rückkehr zu marktwirtschaftlichen Prinzipien."[268] Am 20.12.1982 erließ der
Bundestag das Gesetz zur Erhöhung des Angebots an Mietwohnungen.[269] Darin
waren „deregulierende Eingriffe in den Kündigungsschutz und die Miethöhere-

---

[263] So wörtlich *Eucker-Herresthal, Waltraud*, Staatliche Eingriffe in den Mietwohnungsmarkt – Erfolgskontrolle und Reformvorschläge (1985), S. 2.

[264] Weiterführende Literatur zur Wohnungspolitik der 1980er Jahre: „Filter- oder Sickertheorie" – *Eckhoff, Johann*, Wohnungs- und Bodenmacht (1987), S. 8 f.; Zur Sickertheorie aus
wirtschaftswissenschaftlicher Sicht: *Krischausky, Dietmar/Mackscheidt, Klaus*, Wohnungsgemeinnützigkeit. Zwischen bedarfswirtschaftlicher Tradition und wohnungspolitischer Neuorientierung (1984), S. 25 f.

[265] So in einer Studie des DIW von 1990.

[266] *Jetter, Frank*, Nachhaltige Sozialpolitik gegen Armut in Lebenslagen (2004), S. 84.

[267] *Weitemeyer, Brigitte*, Die Reform des sozialen Mietrechts und die Finanzkrise (2011),
S. 663.

[268] *Ebenda.*

[269] Gesetz zur Erhöhung des Angebots an Mietwohnungen, BGBl. Nr. 54 v. 23.12.1982,
S. 1912.

gelung zugunsten der Vermieter [...] festgeschrieben."[270] Parallel führte das Gesetz erstmals eine Kappungsgrenze und die Möglichkeit zum Abschluss von Staffel- und Zeitmietverträgen ein.[271]

Letztlich wirkten auch in den achtziger Jahren verschiedene wohnungspolitische Instrumente in einem komplexen Fördersystem zusammen. Diese Instrumente lassen sich hinsichtlich der Förderempfänger in Finanzhilfen für Wohnungsanbieter und Wohnungsnachfrager unterteilen.[272] Auf der Angebotsseite sollten direkte und indirekte Subventionen helfen, regulierend auf den Mietwohnungsmarkt einzuwirken. Direkte Subventionen gab es in Form von Kapital- und Ertragssubventionen sowie Miet- und Lastenzuschüssen. Indirekte Förderungen bestanden vor allem in Bürgschaften sowie Steuer- und Gebührenvergünstigungen. Auf der Nachfrageseite standen vor allem das Wohngeld und die Bausparförderung für Mietmodernisierungen im Mittelpunkt, die gemeinsam mit den Sonderabschreibungen für Wohngebäude und den gewährten Lastenzuschüssen[273] die Konjunktur auf dem Wohnungsbau- und Mietwohnungsmarkt förderten.

Der Schwerpunkt der wohnungsbaupolitischen Maßnahmen lag in den 1980er Jahren allerdings in der Förderung des sozialen Wohnungsbaus.[274] Dieser hatte aufgrund der bestehenden Fehlallokationen einige Kritiker. „Steigt das Einkommen eines Sozialmieters [...] entwickelt er sich zum Fehlbeleger. Da [...] die Mietverträge für Sozialwohnungen [keine] [...] Möglichkeit vorsehen, aufgrund einer Überschreitung der gesetzlichen Einkommensgrenzen die Kündigung auszusprechen, gibt es einen permanenten „Bodensatz" von Fehlbelegern im Sozialwohnungsbestand."[275] Dem wollte der Gesetzgeber mit einer durch das Gesetz über den Abbau der Fehlsubventionierung im Wohnungswesen[276] eingeführten

---

[270] *Alisch, Monika/Dangschat, Jens S.*, Armut und soziale Integration, Strategien sozialer Stadtentwicklung und lokaler Nachhaltigkeit (1998), S. 75.

[271] *Weitemeyer, Brigitte*, Die Reform des sozialen Mietrechts und die Finanzkrise (2011), S. 663.

[272] Hierzu vertiefend *Hecht, Michael*, Subventionsformen in der Wohnungswirtschaft (1978), S. 93; sowie die allgemeine Übersicht über Förderungen in *Vesper, Dieter*, Staatliche Einflussnahme auf die Baunachfrage (1981), S. 24.

[273] Sonderabschreibungen für Wohngebäude und die Gewährung von Lastenzuschüssen werden auch zur Nachfrageseite gerechnet, obwohl die Zahlung nicht direkt an den Mieter fließt. Allerdings fließt sie an Haushalte, die Wohnungseigentum bilden wollen oder bereits Eigentümer ihrer Wohnung sind. Es ist nicht unstrittig, wie diese Maßnahmen zu kategorisieren sind. Nach *Hecht* wirkt sich diese Förderung, dieser Eingriff eher angebots- als nachfragefördernd aus.

[274] *Jetter, Frank*, Nachhaltige Sozialpolitik gegen Armut in Lebenslagen (2004), S. 84.

[275] *Keil, Kerstin*, Sozialer Mietwohnungsbau in der Krise (1996), S. 15 f.

[276] Gesetz über den Abbau der Fehlsubventionierung im Wohnungswesen v. 13.9.2001 (BGBl. I S. 2414).

sogenannten Fehlbelegungsabgabe entgegenwirken. Wenn das Einkommen des Mieters einer öffentlich geförderten Wohnung eine festgelegte Einkommensgrenze überstieg und somit die Förderkriterien nicht (mehr) vorlagen, konnten dieser die Wohnung weiterhin behalten, wenn er eine Ausgleichszahlung an die Gemeinde entrichtete.[277] So sollte die so genannte Fehlbelegungsabgabe helfen, „ungerechtfertigt zufließende[...] Mietvorteile abzuschöpfen"[278]. Ferner sollte sie als Anreiz dienen, „Fehlbeleger zum Auszug aus der Sozialwohnung in eine frei finanzierte Wohnung zu bewegen, die im Übrigen auch ihren mit dem Einkommen vermutlich gestiegenen Wohnansprüchen besser [entsprach]"[279]. Die künstliche Verteuerung von Sozialwohnungen für besser situierte Bevölkerungsteile brachte grundsätzlich den gewünschten Erfolg, indem der geförderte Wohnraum geräumt und die Sozialwohnungen wieder von weniger gut situierten Bevölkerungsteilen genutzt werden konnten. Die unmittelbare Folge dieses Erfolges war allerdings die damit einhergehende Förderung von sozial instabilen Strukturen in den betroffenen Wohngebäuden bzw. -anlagen.

Daneben rückte auch die mit der staatlichen Eigenheimzulage[280] angeregte Wohnungseigentumsbildung in den Fokus. Trotz oder gerade wegen dieser zahlreichen Förderungen warf *Eucker-Herresthal* im Jahr 1985 die Frage auf, „ob die Wohnungspolitik den gegenüber der Nachkriegszeit veränderten Anforderungen gerecht" würde.[281]

Im Jahr 1989 folgte ein neues Wohnungsbauförderprogramm, das den sog. Dritten Förderweg weiter etablierte. Ziel dieses Förderprogramms war in erster Linie die Förderung des Geschosswohnungsbaus. Das Ziel sollte vor allem durch steuerliche Subventionen in Form von Sonderabschreibungen erreicht werden. Die Politik hatte die Hoffnung, dass hierdurch innerhalb von drei Jahren eine Millionen neue Wohnungen errichtet würden.[282]

Kritiker warfen dem Gesetzgeber vor, dass die Investoren bei der Errichtung von Wohnungen nunmehr verstärkt auf die Erzielung von Steuervorteilen und nicht mehr auf die Bedienung einer Wohnungsnachfrage und die Aussicht auf eine langfristige Vermietung achteten.[283]

---

[277] *Ebenda.*

[278] *Keil, Kerstin*, Sozialer Mietwohnungsbau in der Krise (1996), S. 26.

[279] *Ebenda*, Sozialer Mietwohnungsbau in der Krise (1996), S. 27.

[280] Zum 1.1.2006 ist sie ersatzlos ausgelaufen.

[281] *Eucker-Herresthal, Waltraud*, Staatliche Eingriffe in den Mietwohnungsmarkt – Erfolgskontrolle und Reformvorschläge (1985), S. 2 sowie zusammenfassend *Biedenkopf, Kurt H./Miegel, Meinhard*, Wohnungsbau am Wendepunkt (1979), S. 125 ff.

[282] So DIW Wochenbericht 3/90, S. 27.

[283] *Alisch, Monika/Dangschat, Jens S.*, Armut und soziale Integration, Strategien sozialer Stadtentwicklung und lokaler Nachhaltigkeit (1998), S. 75 ff.

Mittelbare Auswirkungen auf den Wohnungsmarkt hatte ferner das Steuerreformgesetz im Jahr 1990, das die Überführung von preisgebundenen Wohnungen der gemeinnützigen Wohnungsunternehmen in den freien, privaten Wohnungsmarkt veranlasste.[284] Bis dahin waren alle Wohnungsunternehmen, die gemeinnützig im Sinne des Gesetzes über die Gemeinnützigkeit im Wohnungswesen waren, von der Körperschaftsteuer befreit.[285] Ab 1990 wurde die Steuerbefreiung auf Vermietungsgenossenschaften eingeschränkt.[286] Hiervon waren im Jahr 1990 rund 1.800 Unternehmen betroffen, bei denen es sich zu zwei Dritteln um Genossenschaften handelte.[287]

Exkurs: Wohnungspolitik in der DDR

Auf dem Gebiet der ehemaligen Deutschen Demokratischen Republik (DDR) war nach dem Zweiten Weltkrieg auch ein erheblicher Anteil des Wohnungsbestandes zerstört.[288] Zwar kam der Wohnungsbau nach Kriegsende auch in Ostdeutschland wieder in Gang; er bildete mit einer Wohnungsbauquote von unter zwei je 1.000 Einwohner, was ca. 30.000 neuen Wohneinheiten pro Jahr entsprach, unter den Industrienationen aber das Schlusslicht.[289] Zudem führte die Wohnungspolitik der DDR zu einer zunehmenden Verschlechterung der Lage.[290]

Seit Anfang der 1970er Jahre sah es die DDR als ihre wesentliche Aufgabe an, der breiten Bevölkerung günstigen Wohnraum zur Verfügung zu stellen. Dabei

---

[284] Vertiefend zur gemeinnützigen Wohnungswirtschaft von den Ursprüngen Mitte des 20. Jahrhunderts bis zur Aufhebung mit dem Steuerreformgesetz 1990 nur *Jenkis, Helmut*, Die gemeinnützige Wohnungswirtschaft im Widerstreit der Interessen und Meinungen (2000) sowie ders., Die gemeinnützige Wohnungswirtschaft zwischen Markt und Sozialbindung Band 1 und Band 2 (1985).

[285] Dazu und zu der Entstehung und Entwicklung des WGG und der Genossenschaften: *Kulosa, Egmont*, Verfassungsrechtliche Grenzen steuerlicher Lenkung am Beispiel der Wohnungsgenossenschaften (2000), S. 133 ff.

[286] *Ebenda*, S. 140.

[287] *Ebenda*, S. 133 mwN.

[288] Mit teils unterschiedlichen Angaben von bis zu 50 % des Wohnungsbestandes in den Städten, *Scheer, Udo*, Die sozialistische Planwirtschaft der DDR (2010), S. 8 abrufbar unter: https://www.kas.de/c/document_library/get_file?uuid=639b6727-193c-f945-2e88-1e96fe30db72&groupId=252038 (zuletzt aufgerufen am 4.12.2020) oder etwa *Rink, Dieter*, Wohnen (2020), der 14 % mit Verweis auf *Buck, Hannsjörg*, Mit hohem Anspruch gescheitert – Die Wohnungspolitik der DDR (2004) anführt, abrufbar unter: https://www.bpb.de/geschichte/deutsche-einheit/lange-wege-der-deutschen-einheit/47280/wohnen#:~:text=DDR%3A%20Persistenter%20Wohnungsmangel%20und%20Scheitern,Wohnungen%20waren%201946%20noch%20ca.&text=eine%20DDR%2DMark%20pro%20Quadratmeter%20festgelegt (zuletzt aufgerufen am 4.12.2020).

[289] *Tesch, Joachim*, Der Wohnungsbau in der DDR 1971–1990 (2001), S. 5 f.

[290] *Schmidt, Manfred*, Sozialpolitik der DDR (2004), S. 95.

orientierte sich die Wohnungspolitik „an den [Vorgaben] von Friedrich Engels in seiner [im Jahr] 1872 veröffentlichten Schrift 'Zur Wohnungsfrage'".[291] Danach durfte die Wohnung keine Ware sein[292] und sollte so wie Grund und Boden „vergesellschaftet werden."[293] Ziel war die „Ausdehnung der sozialistischen Planwirtschaft auf das Wohnungswesen"[294] als deren Bestandteil der Staat die Wohnungs"wirtschaft" lenkte.[295] „In verschiedenen Wellen wurde [...] das Privateigentum an [...] Grund und Boden im Wesentlichen beseitigt. [...] sowohl in der ersten DDR-Verfassung als auch im Privatrecht normierte bzw. akzeptierte man das sozialistische Eigentum der staatlichen Genossenschaften und das Eigentum der staatlichen Organisationen."[296] In Übereinstimmung mit der sozialistischen Ideologie entzog der Staat das Gut „Wohnraum" so dem privaten Markt und stellte es dem Bürger im Rahmen seiner Fürsorgepflicht als „Sozialleistung" zur Verfügung. Die Mieten wurden auf einem extrem niedrigen Niveau verwaltet.[297] Weder das Mietverhältnis noch der Mietzins waren frei vereinbar. Nicht Privatautonomie, sondern Kontrahierungszwang prägte den Markt, da Mietverträge nur nach vorheriger Zuweisung durch das zuständige Organ abgeschlossen werden durften und dies nach Zuweisung auch mussten.[298] Die weit unter „den Erhaltungskosten liegenden Mieten führten [...] faktisch [zur] Enteignung des privaten, nicht selbstgenutzten Wohnungseigentums."[299]

Ritter erläutert, dass es neben den „schwerwiegenden quantitativen und qualitativen Mängeln im Wohnungsbestand auch an Neubauwohnungen fehlte. Ferner stellt er fest, dass sich diese Tendenz auch nicht durch die nach dem Wechsel an der Staatsspitze von Walter Ulbricht zu Erich Honecker einsetzende Förderung des Wohnungswesens und -neubaus änderte.[300] Als SED-Parteichef erklärte Er-

---

[291] *Jenkis, Helmut,* Mit hohem Anspruch gescheitert – Die Wohnungspolitik der DDR (2004), S. 6.

[292] Dazu ausführlicher *Schmidt, Manfred,* Sozialpolitik der DDR (2004), S. 39.

[293] *Jenkis, Helmut,* Mit hohem Anspruch gescheitert – Die Wohnungspolitik der DDR (2004), S. 6.

[294] *Weiß, Dominik,* Stadtumbau – Preise – Investitionen (2011), S. 20.

[295] *Michels, Winfried/Mester, Klaus-Hendrik/Beermann, Frank,* Wohnungsmarkt – Wohneigentum – Kostengünstiges Bauen (2006), S. 4.

[296] *Schröder, Rainer,* Geschichte des DDR-Rechts (2004), S. 407.

[297] Eine kleine – jedenfalls annähernd markwirtschaftliche – Differenzierung gab es. Denn die Mieten wurden in je nach Baujahr des Hauses in eine von drei Stufen klassifiziert, an der sich der starre Mietzins orientierte: Dies entsprach 0,35 Mark/qm; 0,80 Mark/qm und 1,25 Mark/qm, Einführung des Vergleichsmietensystems in Ostdeutschland (1997), abrufbar unter: http://library.fes.de/fulltext/fo-wirtschaft/00354002.htm (zuletzt aufgerufen am 4.12.2020).

[298] *Hügemann, Ewald,* Die Geschichte des öffentlichen und privaten Mietpreisrechts vom Ersten Weltkrieg bis zum Gesetz zur Regelung der Miethöhe von 1974 (1996), S. 296 f.

[299] *Ritter, Gerhard A.,* Thesen zur Sozialpolitik der DDR (2005), S. 23.

[300] *Ebenda,* S. 29.

ich Honecker die Wohnungspolitik zu „einem Hauptanliegen der DDR-Sozialpolitik".[301] Entsprechend machten industriell gefertigte Großwohnsiedlungen seit den 1970er Jahren den Schwerpunkt des Wohnungsbaus aus.[302] Bedingt durch den hierfür erforderlichen nicht unerheblichen Platzbedarf entstanden verbreitet sogenannte Satellitenstädte, zumeist am Stadtrand (z. B. Berlin Hellersdorf oder Berlin Marzahn).

Die „Qualität der meist in der kostensparenden, aber eintönigen Plattenbauweise, aus vorfabrizierten Materialien und oft in tristen Trabantenstädten errichteten Wohnungen [war jedoch] vielfach unbefriedigend."[303] Dies wurde noch dadurch verstärkt, dass die Wohnungen ausschließlich „nach zentralistischen Planvorstellungen errichtet" wurden.[304]

Darüber hinaus wurden im Rahmen des „Staatswohnungsbaus" der DDR erforderliche Instandsetzungs- und Instandhaltungsmaßnahmen weitestgehend – vermutlich in erster Linie aufgrund mangelnder Ressourcen („Mangelwirtschaft") – außer Acht gelassen. Aufgrund des nicht kostendeckenden Mietniveaus verschlechterte sich die Situation bei den Bestandsbauten noch weiter. Altbauten „wurden [...] so vernachlässigt, dass im Jahre 1990 rund 420.000 nicht mehr bewohnbar waren"[305] und ganze Stadtviertel verfielen.[306] In der Literatur findet sich in kritischer Anspielung auf den Zustand der Wohnungen die Abwandlung des ersten Satzes der Nationalhymne der DDR: „Einverstanden mit Ruinen und der Zukunft zugewandt".[307]

Zum anderen führte das geringe Mietniveau zu der absurden Situation einer weit verbreiteten „Unterbelegung" und einer sozial ungerechten Verteilung des vorhandenen Wohnraums. Die Bürger hatten aufgrund der günstigen Mieten keine Veranlassung mit der Ware „Wohnraum" sparsam umzugehen. So blieben Eltern beim Auszug der Kinder häufig in viel zu großen Wohnungen wohnen und Paare behielten jeweils ihre eigene Wohnung und entzogen sie auf diese Art dem Miet"markt". Angesichts dieser Missstände überrascht es nicht, dass das Bedürfnis nach ausreichendem bzw. qualitativ höherwertigem Wohnraum auch

---

[301] *Schmidt, Manfred,* Der Deutsche Sozialstaat, Geschichte und Gegenwart (2012), S. 54; im Ergebnis so auch *Buck, Hannsjörg,* Mit hohem Anspruch gescheitert – Die Wohnungspolitik der DDR (2004), S. 330.

[302] *Weiß, Dominik,* Stadtumbau – Preise – Investitionen (2011), S. 21.

[303] *Ritter, Gerhard A.,* Thesen zur Sozialpolitik der DDR (2005), S. 23.

[304] Wohnungswirtschaftlicher Strukturwandel in den neuen Bundesländern, Bericht der Kommission, im Auftrag des Bundesministeriums für Verkehr, Bau- und Wohnungswesen, Berlin 2000, abrufbar unter: https://docplayer.org/26190796-Wohnungswirtschaftlicher-struk turwandel-in-den-neuen-bundeslaendern.html (zuletzt aufgerufen am 4.12.2020).

[305] *Ebenda.*

[306] *Schmidt, Manfred,* Der Deutsche Sozialstaat, Geschichte und Gegenwart (2012), S. 54.

[307] *Ebenda.*

die Montagsdemonstrationen in Leipzig beeinflusst hat.[308] Nach der Wiedervereinigung regelte der Einigungsvertrag die schrittweise Anpassung des ostdeut-
schen Wohnungsmietmarktes an die diesbezüglichen Regelungen des damaligen Westdeutschlands, wozu insbesondere auch das Vergleichsmietensystem
gehörte.[309]

IX. 1990er Jahre

Statistisch betrachtet stellte sich die Wohnungssituation in den 1990er Jahren gut
dar. Die Neubauzahlen stiegen. Mitte der 1990er Jahre kamen auf 1000 Bürger
etwa 439 Wohnungen[310]. Der statistisch ermittelte Wohnungsbestand lag insgesamt bei 35.954.000 Wohnungen. Dies entsprach einer Zunahme um 10 Prozent
innerhalb von zehn Jahren. In dieser Zeit erhöhte sich auch die verfügbare Wohnfläche pro Nutzer um knapp 1,5 qm auf 38 qm.[311] Allerdings geriet „der Wohnungsmarkt der Bundesrepublik Deutschland [aufgrund der verstärkten Binnen-
und Zuwanderung zu Beginn der 1990er Jahre] noch einmal in dramatisches
Fahrwasser"[312]. Die Zuwanderungen und der starke Anstieg der Realeinkommen
sowie die vermehrten Haushaltsgründungen geburtenstarker Jahrgänge ließen
die Wohnungsnachfrage fortwährend steigen.[313]

Es bestand parteiübergreifende Einigkeit, dass es (auch) Aufgabe des Staates
sei, der Wohnungslosigkeit entgegenzuwirken. Der „Wechsel von deregulieren-
den und reregulierenden politischen Entscheidungen [setzte sich] fort"[314]. Das
4. Mietrechtsänderungsgesetz vom 21.7.1993[315] wirkte sich vor allem auf die
Miethöhe aus, indem es die Kappungsgrenze für vor dem Jahr 1981 erbaute
Wohnungen senkte. Innerhalb eines Zeitraums von drei Jahren durften Vermieter

---

[308] *Meinhof, Renate*, Anfang vom Untergang, sueddeutsche.de v. 17.5.2020, abrufbar unter:
https://www.sueddeutsche.de/politik/montagsdemos-20-jahrestag-anfang-vom-untergang-
1.50973 (zuletzt aufgerufen am 4.12.2020).

[309] Vgl. Einführung des Vergleichsmietensystems in Ostdeutschland (1997), abrufbar unter:
http://library.fes.de/fulltext/fo-wirtschaft/00354002.htm (zuletzt aufgerufen am 4.12.2020).

[310] In den Jahren 1986/1987 waren es nur 423 Wohnungen für 1000 Menschen – so *Beckstein, Günther*, Reformbedarf und Reformfähigkeit im sozialen Wohnungsbau, Erhöhte Effizienz und mehr soziale Ausrichtung (1998), S. 3.

[311] Diese Zahlen gelten für das damalige Westdeutschland, vgl. *Beckstein* aaO.

[312] *Derleder, Peter*, Zur Geschichte und zu den Perspektiven des sozialen Mietrechts (2011),
S. 95.

[313] Entwurf eines Vierten Gesetzes zur Änderung mietrechtlicher Vorschriften (Viertes
Mietrechtsänderungsgesetz), BT-Drs. 12/3254, S. 1.

[314] *Alisch, Monika/Dangschat, Jens S.*, Armut und soziale Integration, Strategien sozialer
Stadtentwicklung und lokaler Nachhaltigkeit (1998), S. 78.

[315] BGBl I 1257.

die Miete nur noch um 20 % statt der bisherigen 30 % erhöhen.[316] Gleichzeitig verlängerte der Gesetzgeber den Kündigungsschutz bei Eigenbedarfskündigungen in den neuen Bundesländern. In Gebieten mit besonderem Wohnungsmangel durfte hiernach erst nach fünf Jahren und nicht mehr schon nach drei Jahren wegen Eigenbedarf gekündigt werden.[317] Zudem wurde das Entgelt für die Vermittlung einer Wohnung auf höchstens zwei Monatsmieten beschränkt.

Die Wohnungspolitik versuchte, die Neubautätigkeit durch die Objektförderung zu steigern.[318] Der Soziale Wohnungsbau sollte hierbei nicht nur die Errichtung von Wohnraum im Allgemeinen, sondern gerade auch die Schaffung von Wohnraum „für bestimmte Personengruppen bei gleichzeitig geringen Mieten"[319] fördern und zugleich „städtebaulich ansprechende Strukturen"[320] schaffen. Nach verbreiteter Auffassung konnten nur von der Objektförderung ausreichend Anreize zu Wohnungsbauinvestitionen für einkommensschwächere Bevölkerungsteile am richtigen Ort ausgehen[321]. *Beckstein* führt ferner aus, warum eine Objektförderung gegenüber einer Subjektförderung vorzugswürdig sei: Eine Subjektförderung sei per se kostenintensiver und führe aufgrund der finanziell verstärkten Nachfragekraft zu steigenden Mieten. Sozial förderungswürdig und -bedürftig seien nicht nur finanziell schwächere Bevölkerungsteile, sondern beispielsweise auch kinderreichere Familien, so dass eine reine Subjektförderung insoweit nicht zielführend sei. Letztlich sei eine regionale Einflussnahme ausschließlich durch eine Objektförderung möglich.[322] Vor allem an der reinen Objektförderung gab es aber auch zunehmend Kritik. Sie führe zu starren Kosten und Fehlallokationen, wenn sich die Vermögenssituation der Bewohner verbessere und diese weiter den geförderten Wohnraum nutzten.[323] Auch wenn der soziale Wohnungsbau laut *Keil* über Jahrzehnte die tragende Säule der sozialpolitisch motivierten Wohnungspolitik gewesen sei, stoße er bei dem Versuch der

---

[316] Viertes Mietrechtsänderungsgesetz, BGBl I S. 1257; heute findet sich die entsprechende Regelung in § 558 Abs. 3 BGB; siehe mit weiteren Erläuterungen *Blank, Hubert*, Das Vierte Mietrechtsänderungsgesetz (1993), S. 514.

[317] Siehe im Einzelnen Entwurf eines Vierten Gesetzes zur Änderung mietrechtlicher Vorschriften, BT-Drs. 12/3254, S. 2.

[318] Zu den einzelnen Interventions-Kategorien siehe Ausführungen unter Kapitel 3, III. 1. Kategorisierung.

[319] *Beckstein, Günther,* Reformbedarf und Reformfähigkeit im sozialen Wohnungsbau, Erhöhte Effizienz und mehr soziale Ausrichtung (1998), S. 3 f.

[320] *Ebenda.*

[321] *Ebenda.*

[322] *Ebenda,* S. 4.

[323] *Keil, Kerstin,* Sozialer Mietwohnungsbau in der Krise (1996), S. 15 ff.; vertiefend zu den Auswirkungen der Förderung des sozialen Wohnungsbaus siehe unter Kapitel 3 III 2 b. Wirkungsweise des sozialen Wohnungsbaus.

Bewältigung der so genannten Neuen Wohnungsnot an seine finanziellen Grenzen.[324]

Auch deshalb verschob sich der Trend mit dem Zweiten Wohnungsbauförderungsgesetz im Jahr 1994 langsam zu einer verstärkt einkommensorientierten Förderung.[325] Zu der sog. Grundförderung für den Bauherrn, der im Gegenzug zu der Belegungsbindung und Höchstmiete regelmäßig zinsvergünstigte Darlehen erhielt, bekamen die Mieter individuelle und einkommensabhängige Zuschüsse pro Quadratmeter Wohnfläche. Um die „Treffsicherheit" zu erhöhen, wurden Förderfähigkeit und -höhe nun regelmäßig überprüft.[326] Die Kritiker stellte dies indessen nicht zufrieden. Diese mahnten, dass die Reformen „an den systemimmanenten Fehlern des Instruments vorbei[gehen würden]"[327].

Während in Berlin die 15-jährige Subventionierung des ersten Förderungswegs im Jahr 1992 endete, setzte die Bunderegierung im selben Jahr eine lang geplante Expertenkommission ein, „die das deutsche Mietrecht auf seine Reformbedürftigkeit überprüfen und Verbesserungsvorschläge vorlegen sollte."[328] Selbst ernanntes Ziel der Kommission war es, „Wege zur Verbesserung der wirtschaftlichen Effizienz im Wohnungswesen aufzuzeigen".[329] Ausweislich der Unterrichtung durch die Bundesregierung entwickelten die Experten verschiedene Vorschläge zur Überwindung administrativer Hemmnisse, Vorschläge zur Flexibilisierung der Miethöhe und unterbreitete eine Fülle von Detailvorschlägen, die mehr Gerechtigkeit und Klarheit in die Mietverträge bringen sollten.[330] Zu einem fruchtbaren Ergebnis führten die Bemühungen jedoch erst, als im Jahr 1996 eine Bund-Länder Arbeitsgruppe tagte und die ersten Reformüberlegungen aus dem Jahr 1998 schließlich zur Vorlage des Entwurfs eines Mietrechtsreformgesetzes führten, welches Anfang des 21. Jahrhunderts verabschiedete werden sollte.[331]

---

[324] *Keil, Kerstin*, Sozialer Mietwohnungsbau in der Krise (1996), S. 5.

[325] Diese Veränderung wurde zwar als „richtungsweisende Neukonzeption gefeiert [...] [, brachte aber auch] zahlreiche Probleme mit sich" – vgl. *ebenda*, S. 2 und 30 ff.

[326] Vgl. http://de.wikipedia.org/wiki/Einkommensorientierte_F%C3%B6rderung.

[327] So wiederum *Keil* selbst: *Keil, Kerstin*, Sozialer Mietwohnungsbau in der Krise (1996), S. 5.

[328] *Emmerich, Volker*, in: J. von Staudinger, Kommentar zum Bürgerlichen Gesetzbuch mit Einführungsgesetz und Nebengesetzen, Buch 2, Recht der Schuldverhältnisse, §§ 535–562d; HeizkostenV; BetrKV (Mietrecht 1), Neubearbeitung 2014, Vorbem zu § 535, Rn. 16 sowie *Bach, Anja*, Der Wegfall der Anschlussförderung im sozialen Wohnungsbau in Berlin und die Konsequenzen (2010), S. 13.

[329] Bericht der Expertenkommission Wohnungspolitik, BT-Drs. 13/159, S. 3.

[330] *Ebenda*, S. 3 ff.

[331] Gesetzesentwurf der Bundesregierung – Entwurf eines Gesetzes zur Neugliederung, Vereinfachung und Reform des Mietrechts (Mietrechtsreformgesetz), BT-Drs. 14/4553.

Ende der neunziger Jahre ging vor allem die bis dahin im Geschosswohnungsbau zu verzeichnende starke Bautätigkeit zurück. Die Konjunktur ließ nach, die Baupreise entwickelten sich nachteilig und Vermieter konnten kaum noch hohe Mieten, geschweige denn Mieterhöhungen, durchsetzen.[332]

X. Veränderungen zu Beginn des 21. Jahrhunderts

Das Ende der 1990er Jahre vorbereitete Mietrechtsreformgesetz[333] brachte im Jahr 2001 eine große Reform des Wohnraummietrechts. Hierdurch sollte das Mietrecht vereinfacht, neugegliedert und inhaltlich modernisiert werden.[334] Zum einen bedeutete dies, dass das bislang in unterschiedlichen Gesetzen geregelte Wohnraummietrecht von nun an ganzheitlich im Bürgerlichen Gesetzbuch geregelt sein würde.[335] Das Miethöhegesetz wurde aufgehoben und entsprechende Regelungen in das BGB aufgenommen. Weitere Änderungen aus dem Recht der Leistungsstörungen und der Verjährung wurden im Zuge der Umsetzung des Gesetz zur Modernisierung des Schuldrechts implementiert.[336]

Darüber hinaus führte § 558d BGB neben dem bereits bestehenden Mietspiegel zusätzlich einen qualifizierten Mietspiegel ein, wodurch die Bedeutung des Vergleichsmietenverfahrens weiter zunahm. Die Kappungsgrenze für Mieterhöhungen wurde einheitlich von 30 % auf 20 % innerhalb eines Zeitraums von drei Jahren gesenkt. Ferner wurde festgelegt, dass Mieterhöhungen weiterhin nur in den gesetzlich vorgeschriebenen Verfahren entweder bis zur ortsüblichen Vergleichsmiete (§ 558 BGB) oder aufgrund von Modernisierung (§ 559 BGB) oder bei Anstieg der Betriebskosten (§ 560 BGB) zulässig waren. Darüber hinaus können Mieter und Vermieter eine Staffel- oder Indexmiete (§ 557 lit. a und b BGB) vereinbaren.[337] Seit dieser Reform findet sich die Legaldefinition zur orts-

---

[332] *Beckstein, Günther,* Reformbedarf und Reformfähigkeit im sozialen Wohnungsbau, Erhöhte Effizienz und mehr soziale Ausrichtung (1998), S. 3.

[333] Gesetz zur Neugliederung, Vereinfachung und Reform des Mietrechts v. 19.6.2001, BGBl. I, 1149.

[334] Gesetzesentwurf der Bundesregierung – Entwurf eines Gesetzes zur Neugliederung, Vereinfachung und Reform des Mietrechts (Mietrechtsreformgesetz), BT-Drs. 14/4553, S. 1.

[335] *Grundmann, Birgit,* Mietrechtsreformgesetz – Einführung, neues Recht, Materialien, Einf. XVI.

[336] Entwurf eines Gesetzes zur Modernisierung des Schuldrechts, BT-Drs. 14/6040; Das Gesetz zur Modernisierung des Schuldrechts trat am 1.1.2002 in Kraft; so zusammenfassend *Steiner, Helga,* Das neue Mietrecht (2002), S. 9 und ff. mit dezidierten Ausführungen zu den dann geltenden Vorschriften.

[337] So zusammenfassend *Weitemeyer, Brigitte,* Die Reform des sozialen Mietrechts und die Finanzkrise (2011), S. 664, sowie ausführlich im Gesetzesentwurf der Bundesregierung – Ent-

üblichen Vergleichsmiete als Ausgangspunkt des Vergleichsmietensystems in § 558 Abs. 2 S. 1 BGB:

Die ortsübliche Vergleichsmiete wird gebildet aus den üblichen Entgelten, die in der Gemeinde oder einer vergleichbaren Gemeinde für Wohnraum vergleichbarer Art, Größe, Ausstattung, Beschaffenheit und Lage einschließlich der energetischen Ausstattung und Beschaffenheit in den letzten [sechs] Jahren vereinbart [...] worden ist.

Im September 2001 löste das Gesetz zur Reform des Wohnungsbaurechts[338] auch das Wohnungsbaugesetz ab.[339] Somit wurde im Jahre 2001 nicht nur das private Mietrecht neu geregelt, sondern auch die Wohnraumförderung.[340] Das Gesetz zur Reform des Wohnungsbaurechts umfasste insbesondere das Gesetz über die soziale Wohnraumförderung[341] und das Wohnungsbindungsgesetz.[342]

Insbesondere folgende Ansätze spiegelten sich in den allgemeinen Zielen der Reformen:

– „Neubestimmung der Zielgruppe der Förderung,
– Bestandsorientierung der Förderung,
– Schaffung eines flexiblen und effizienten Förderinstrumentariums,
– Stärkung des kosten- und flächensparenden Bauens,
– Beitrag zur Verwirklichung der Ziele der „Sozialen Stadt" sowie
– durchgreifende Rechtsvereinfachung und Entbürokratisierung."[343]

Wohnungspolitik stand im „Zeichen entspannter Märkte"[344] und wandte sich „neben [...] traditionellen Politikbereichen wie dem sozialen Mietrecht oder der Wohnungseigentumsförderung [...] neuen[n] Handlungsfeldern [...] wie [der] Gestaltung des Strukturwandels schrumpfender Mietwohnungsmärkte [...] [und der] Etablierung von Marktprozessen zur Unterstützung von ökologischen Zielen des Wohnungsbaus"[345] zu. Ausweislich des im Jahr 2001 vorgelegten Entwurfes eines Gesetz zur Reform des Wohnungsbaurechts[346] war der Hintergrund

---

wurf eines Gesetzes zur Neugliederung, Vereinfachung und Reform des Mietrechts (Mietrechtsreformgesetz), BT-Drs. 14/4553.

[338] Gesetz zur Reform des Wohnungsbaurechts – 13.9.2001 (BGBl. I. S. 2376).

[339] Siehe für weiterführende Informationen zu den Hintergründen: *Emmerich, Volker,* Forum – Mietrechtsreform 2000 (2000), S. 1051 ff.

[340] *Artz, Markus/Börstinghaus, Ulf,* 10 Jahre Mietrechtsreformgesetz – Eine Bilanz – (2011), S. V Vorwort.

[341] Wohnraumförderungsgesetz v. 13.9.2001 (BGBl. I S. 2376) in der Fassung v, 20.11.2019 (BGBl. I S. 1626) (WoFG).

[342] Wohnungsbindungsgesetz in der Fassung der Bekanntmachung v. 13.9.2001 (BGBl. I S. 2404), zuletzt geändert durch Artikel 87 der Verordnung v. 31.10.2006 (BGBl. I S. 2407).

[343] Entwurf eines Gesetzes zur Reform des Wohnungsbaurechts, BT-Drs. 14/5538, S. 1 f.

[344] *Lüers, Hartwig,* Perspektiven der Wohnungspolitik des Bundes (2001), S. 13.

[345] *Ebenda,* S. 4.

[346] Entwurf eines Gesetzes zur Reform des Wohnungsbaurechts, BT-Drs. 14/5538, S. 1 ff.

auch der „konzeptionelle Versuch [...], die Verantwortung der Wohnungspolitik von einer generellen Versorgung breiter Schichten der Bevölkerung auf den Personenkreis einzugrenzen, dem es nicht gelingt, sich aus eigener Kraft angemessenen Wohnraum zu verschaffen."[347] So mussten die Fördergegenstände des sozialen Wohnungsbaus neu bestimmt werden, da die Politik die Herausforderung nicht mehr in einem Mengenproblem, sondern in der Versorgung von Haushalten mit Zugangsproblemen zum Markt sah.[348] Die Unterstützung dieser Haushalte sah man als originäre Aufgabe des Sozialstaates an und zur „Erfüllung dieser Aufgabe ist der soziale Wohnungsbau, der zu einer sozialen Wohnraumförderung weiter zu entwickeln ist, neben dem Wohngeld unverzichtbar. Denn auch eine funktionierende Wohnungsmarktwirtschaft kann trotz wirksamer sozialer Rahmenbedingungen vor allem in Form des Wohngeldes nicht überall und rechtzeitig eine ausreichende Wohnraumversorgung für jedermann gewährleisten, da häufig nicht nur mangelnde Zahlungsfähigkeit der wohnungssuchenden Haushalte, sondern auch andere – persönliche – Merkmale den Zugang zum Wohnungsmarkt erschweren."[349] Wesentliche inhaltliche Weichenstellungen für das private Mietrecht enthielt das Änderungsgesetz aber nicht.[350]

Der Trend, die Wohnungspolitik nicht mehr als allgemeine gesellschaftliche Verpflichtung anzusehen, sondern als Teil der Sozialpolitik, spiegelte sich auch in der der Umbenennung des Bundesministeriums für Verkehr, Bau- und Wohnungswesen (BMVBW) zum Bundesministerium für Verkehr, Bau und Stadtentwicklung (BMVBS) im Jahr 2005 wider. Zudem verschoben sich die Prioritäten vom Wohnungsbau hin zur Stadtentwicklung. Der Fokus der Wohnungspolitik sollte zukünftig weniger in der allgemeinen Förderung der Absicherung sozial schwacher Bevölkerungsteile durch eine breite Angebotsförderung liegen. Ziel der Wohnungspolitik war es nun, mit Hilfe von Transferzahlungen und Belegungsbindungen eine zielgenaue soziale Absicherung des Einzelnen zu erreichen.[351] Der soziale Wohnungsbau sollte zu einer sozialen Wohnraumförderung weiterentwickelt werden. Dabei stand das Instrument der Objektförderung im Fokus. Durch die unmittelbare Versorgungsfunktion sollte diese Art der Förderung sowohl den Anforderungen der Wohnungsmärkte als auch denen der Sozialpolitik gerecht werden.[352]

---

[347] *Eekhoff, Johann*, Wohnungspolitik (2002), Vorwort zur 2. Auflage.

[348] Begründung zum Entwurf eines Gesetzes zur Reform des Wohnungsbaurechts, BT-Drs. 14/5538, S. 1 ff.

[349] Ebenda, S. 33.

[350] *Derleder, Peter*, Zur Geschichte und zu den Perspektiven des sozialen Mietrechts (2011), S. 93.

[351] So im Ergebnis auch *Eekhoff, Johann,* Wohnungspolitik (2002), Vorwort zur 2. Auflage.

[352] *Söfker, Wilhelm*, Zum Gesetz über die Reform des Wohnungsbaurechts (2002), S. 291.

Die Föderalismusreform im Jahr 2006 erklärte die Wohnungsbauförderung schließlich ab dem 1.9.2006 zur ausschließlichen Ländersache.[353] Die bis dahin in Art. 74 Abs. 1 Nr. 18 GG a. F. geregelte konkurrierende Gesetzgebungskompetenz für das Wohnungswesen wurde erheblich eingeschränkt und besteht seit dem nur noch für die Regelungen zum Wohngeldrecht, Altschuldenhilferecht, Wohnungsbauprämienrecht, Bergarbeiterwohnungsbaurecht und Bergmannssiedlungsrecht. Die übrigen Bereiche des Wohnungswesens und damit vor allem das Recht der sozialen Wohnraumförderung, aber auch der Abbau von Fehlsubventionierung im Wohnungswesen, das Wohnungsbindungsrecht, das Zweckentfremdungsrecht im Wohnungswesen sowie das Wohnungsgenossenschaftsvermögensrecht fallen hingegen ab dem 1.9.2006 in die ausschließliche Gesetzgebungskompetenz der Länder.[354] Nach der Übergangsvorschrift in Art. 125c Abs. 2 Satz 1 GG konnten die Länder die im Zusammenhang mit der sozialen Wohnraumförderung geschaffenen bundeseinheitlichen Regelungen, insbesondere das Wohnraumförderungsgesetz, ab dem 1.1.2007 durch Landesrecht ersetzten. Alle Bundesländer haben hierzu mittlerweile Regelungen getroffen und teils eigene Wohnraumförderungsgesetze erlassen[355], teils aber auch nur Einzelheiten angepasst, wie beispielsweise die Einkommensgrenzen des § 9 Abs. 2 Wohnraumförderungsgesetz.[356]

Parallel zu der bis dahin bestehenden konkurrierenden Gesetzgebungskompetenz im Wohnungswesen ermöglichte Art. 104a Abs. 4 GG a. F. dem Bund, den Ländern Finanzhilfen für besonders bedeutsame Investitionen zu gewähren, die insbesondere zur Förderung des wirtschaftlichen Wachstums erforderlich waren. Auf dieser Basis erfolgten u. a. auch Zahlungen des Bundes an die Länder zur Finanzierung des sozialen Wohnungsbaus.[357] Auch diese Regelung ist im Zuge der Föderalismusreform entfallen. Nach Art. 104b Abs. 1 S. 1 GG n. F. sind Finanzhilfen jetzt nur noch zulässig, wenn der Bund die Gesetzgebungskompetenz innehat. Dies schließt Finanzhilfen im Bereich der ausschließlichen Gesetzgebungskompetenz der Länder, wie nunmehr im Bereich der sozialen Wohnraum-

---

[353] So steht es im 52. Gesetz zur Änderung des Grundgesetzes v. 28.8.2006 (BGBl I, 2034): Im Jahr 2000 war nur die Baulanderschließung Sache der Kommunen. Ansonsten war bis dahin in fast allen Bereich der Bund federführend tätig, so *van Suntum, Ulrich*, Neue Rollenverteilung in der Wohnungspolitik – Optimierung der staatlichen Aufgabenteilung (2001), S. 16.

[354] BT-Drs. 16/813, S. 13.

[355] Beispielsweise das Gesetz über die Wohnraumförderung in Bayern (Bayerisches Wohnraumförderungsgesetz – BayWoFG) v. 10.4.2007 (GVBl S. 260).

[356] Beispielsweise in der Verordnung über die Abweichung von den Einkommensgrenzen des § 9 Absatz 2 des Wohnraumförderungsgesetzes des Landes Berlin v. 3.12.2013 (GVBl. S. 895).

[357] *Maunz, Theodor*, in: Maunz, Theodor/Dürig, Günter, Grundgesetz-Kommentar (2016), Art. 104a, Rn. 51.

förderung, aus.[358] Der Bund hat nun weder die Hoheit über die Inhalte noch über die finanzielle Steuerung.[359]

Zur Kompensation der bis dahin vom Bund zur Verfügung gestellten Finanzmittel u. a. zur sozialen Wohnraumförderung sieht Art. 143c Abs. 1 GG ab dem 1.1.2007 bis zum 31.12.2019 eine jährliche Ausgleichszahlung des Bundes an die Länder vor. Bei Inkrafttreten der Föderalismusreform im Jahr 2006 war zunächst eine jährliche Kompensation für die ausbleibende Finanzhilfe zur Förderung des Wohnungsbaus von 518,2 Mio. Euro vorgesehen.[360] Diese Finanzmittel waren zweckgebunden und durften ausschließlich für investive Maßnahmen der Wohnraumförderung verwendet werden.[361]

XI. Neuere und neueste Interventionen

Eine vertiefte Befassung mit den neueren und neuesten Regulierungsansätzen des Mietwohnungsmarktes muss einer gesonderten Auseinandersetzung überlassen bleiben. Eine detaillierte Bewertung der aktuellen Entwicklungen würde den Rahmen dieser Arbeit sprengen. Allerdings soll nachfolgend jedenfalls ein kurzer Überblick über die neueren und neuesten Entwicklungen mit Vertiefungshinweisen für den interessierten Leser gegeben werden.

Neben den Regelungen auf nationaler Ebene werden immer mehr regionale Maßnahmen initiiert.

1. Ausgewählte regionale Maßnahmen

a. Wohnraumförderung in München

Im Raum München hat sich seit dem Jahr 1997 das sog. „Münchener Modell" der Wohnungsförderung etabliert. Kern dieses Modells ist die Förderung der Errichtung von günstigen Miet- und/oder Eigentumswohnungen durch die Vergabe von städtischen Baugrundstücken zu einem subventionierten Preis verbunden mit einer Belegungsbindung. Dadurch sollen vor allem der Neubau gesteigert

---

[358] *Radtke, Henning*, in: Beck'scher Online-Kommentar Grundgesetz, Epping/Hillgruber, 29. Edition, Stand: 1.6.2016, Art. 104b, Rn. 5.

[359] Sinngemäß *van Suntum, Ulrich*, Neue Rollenverteilung in der Wohnungspolitik – Optimierung der staatlichen Aufgabenteilung (2001), S. 16.

[360] Entwurf eines Gesetzes zur Änderung des Grundgesetzes, BT-Drs. 16/813, S. 22.

[361] BT-Drs. 17/6280, S. 7 f., aufgrund der aktuellen Entwicklungen wurden die Haushaltsmittel für den sozialen Wohnungsbau erneut aufgestockt, siehe dazu sogleich unter Kapitel 1 XI Neuere und neueste Interventionen.

und die sozialen Strukturen gesichert werden.[362] Bis heute setzt die Stadt München diese Förderung um. Im November 2016 wurde zuletzt das Programm Wohnen in München VI verabschiedet. Die Förderung richtet sich an Haushalte mit unteren und mittleren Einkommen und Familien mit Kindern.[363]

Die Ausgestaltung lässt sich unter folgenden vier Punkten zusammenfassen[364]:
- (Städtisches) Bauland wird zu einem festen, in der Regel unter dem Marktpreis liegenden Kaufpreis an einen Bauträger oder einer Genossenschaft veräußert.
- Die Stadt erlaubt dem Bauherrn die Inanspruchnahme zinsgünstiger Darlehen.
- Im Gegenzug verpflichtet sich der Bauherr die neu errichteten Wohnungen für 40 Jahre (seit dem Jahr 2014, vorher galt eine Bindungsfrist von 25 Jahren) die Wohnungen nur an „berechtigte" Mieter zu vermieten und nicht ohne die Zustimmung der Stadt München an Dritte zu verkaufen.
- Der Bauherr verpflichtet sich zur Einhaltung bestimmter ökologischer Kriterien und Wohnflächenobergrenzen.

b. Konzeptvergabe in Hamburg

Auch die Stadt Hamburg versucht seit einigen Jahren der fortlaufend steigenden Nachfrage nach Wohnraum mit neuen Konzepten entgegen zu treten. Grundsätzlich bedient sich die Stadt Hamburg hierbei, wie andere Gebietskörperschaften auch, verschiedener Instrumente.

So soll der Neubau von Wohnungen durch ein vereinfachtes, längstens sechs Monate dauerndes Baugenehmigungsverfahren gefördert werden. Darüber hinaus intensiviert die Stadt – ebenso wie beispielsweise das Land Berlin – die Zusammenarbeit mit den städtischen Wohnungsbaugesellschaften. Ziel ist es, jährlich 10.000 neue Wohnungen zu genehmigen, von denen 30 Prozent geförderte Wohnungen mit Mietpreis- und Belegungsbindungen zugunsten von Haushalten mit mittlerem und geringem Einkommen sein sollen.[365] Tatsächlich erhöhte sich

---

[362] Dies verspricht sich die Stadt auch durch dadurch entstehende Sicherungseffekte, https://www.muenchen.de/rathaus/Stadtverwaltung/Referat-fuer-Stadtplanung-und-Bauordnung/Wohnungsbau/Muenchen-Modell-Mietwohnungen.html (zuletzt aufgerufen am 4.12.2020).

[363] https://www.ris-muenchen.de/RII/RII/DOK/SITZUNGSVORLAGE/4239338.pdf (zuletzt aufgerufen am 24.10.2020).

[364] Dazu und für weitere Informationen siehe https://www.muenchen.de/rathaus/dam/jcr:d5701d44-cc28-4124-a817-50c685e1363c/2020_MM-Miete_Infoblatt_Stand_15092020.pdf (zuletzt aufgerufen am 24.10.2020).

[365] https://www.hamburg.de/wohnungsbau-hamburg/6872240/vertrag-fuer-hamburg-wohnungsneubau/ (zuletzt aufgerufen am 24.10.2020).

die Zahl der erteilten Baugenehmigungen in Hamburg von knapp 7.000 im Jahr 2011 auf über 10.000 Baugenehmigungen jährlich seit dem Jahr 2013.[366]

Die Stadt Hamburg macht den Investoren nach eigenen Angaben enge Vorgaben und versucht die Akteure soweit es geht zu kontrollieren. Dies erscheint vor allem im Rahmen der Konzeptvergabe als Verfahren bei dem Verkauf städtischer Grundstücke plausibel, während sich bei privaten Grundstücken die Einflussnahme auf die Schaffung von Baurecht erschöpfen dürfte.

An dieser Stelle soll kurz auf die flexiblere Vergabe von städtischen Grundstücken im Wege der sog. Konzeptausschreibung bei dem Verkauf städtischen Baulandes eingegangen werden: Seit dem Jahr 2011 findet bei ausgewählten Veräußerungsverfahren von städtischen Grundstücken im Geschosswohnungsbau eine Konzeptausschreibung und -vergabe statt.[367] Während die Veräußerung städtischer Liegenschaften zuvor im Höchstpreisverfahren durchgeführt wurde und allein der Preis ausschlaggebend dafür war, an wen das Grundstück vergeben wurde, werden im Rahmen der Konzeptvergabe nunmehr individuelle Kriterien definiert.[368] Diese Kriterien werden zu 70 % an wohnungs- und sozialpolitischen sowie energetischen Zielen und städtebaulichen Kriterien ausgerichtet. Anhand einer sich daraus ergebenden und im Vorfeld festgelegten Bewertungsmatrix, bei der der Kaufpreis als Faktor nur noch 30 % ausmacht, wird ermittelt, welcher Käufer den Zuschlag erhält.[369]

Bereits im Jahr 2012 wurden im Geschosswohnungsbau gar keine Höchstgebotsverfahren mehr durchgeführt. Ausweislich der Angaben des Hamburger Senates handelte es sich bei rund 43 % aller neu gebauten Wohnungen (mit insgesamt etwa 1000 Wohneinheiten) um derart geförderte Wohnungen.[370] Es bleibt abzuwarten, wie nachhaltig diese Vergabepraxis ist.

c. Berliner Mietenbündnis und Milieuschutz

Im September 2012 hat der Berliner Senat mit den sechs landeseigenen Wohnungsbaugesellschaften das sog. „Bündnis für soziale Wohnungspolitik und bezahlbare Mieten (Berliner Mietenbündnis)" abgeschlossen.[371] In dem Berliner

---

[366] *Ebenda.*

[367] *Ebenda.*

[368] So die Bürgerschaft der Freien und Hansestadt Hamburg, 20/11032 v. 27.2.2014, S. 1 ff., abrufbar unter: https://www.buergerschaft-hh.de/parldok/vorgang/40215 (zuletzt aufgerufen am 4.12.2020).

[369] http://www.hamburg.de/contentblob/3327214/data/dokumentation-der-vierten-fachge spraeche-wohnungsbau.pdf, S. 33 ff. (zuletzt aufgerufen am 4.12.2020).

[370] Antwort des Senates auf die Schriftliche Kleine Anfrage des Abgeordneten Dirk Kienscherf (SPD) v. 21.11.12, Drucksache 20/5914, S. 1 f.

[371] Pressemitteilung des Landes Berlin v. 4.9.2012, abrufbar unter: http://www.stadtentwick

Mietenbündnis[372] haben sich die städtischen Wohnungsbaugesellschaften – neben ihrer Verpflichtung zum verstärkten Wohnungsneubau – im Hinblick auf die jetzt und zukünftig in ihrem Bestand vorhandenen Wohnungen unter anderem zur Einhaltung folgender Vorgaben verpflichtet[373]:

– Mietsteigerungen sind in einem Zeitraum von vier Jahren maximal in Höhe von 15 % und höchstens bis zum Berliner Mietspiegel zulässig,
– die Modernisierungsumlage wird auf einen jährlichen Betrag von maximal 9 % der aufgewandten Kosten begrenzt und
– bei Wiedervermietungen wird innerhalb des Berliner S-Bahnrings (bzw. Stadtkerns) jede zweite bzw. im restlichen Berlin jede dritte Wohnung zur ortsüblichen Vergleichsmiete an Haushalte mit Wohnungsberechtigungsschein vermietet.

Wesentliche Vorgaben sind inzwischen durch das Berliner Wohnraumversorgungsgesetz[374] gesetzlich normiert.

Die städtebauliche Entwicklung wird zudem seit einigen Jahren verstärkt durch Milieuschutzverordnungen gesteuert. Bei einer sogenannten Milieuschutzverordnung[375] handelt es sich um eine Erhaltungssatzung im Sinne von § 172 Abs. 1 Satz 1 Nr. 2 BauGB, die einen Genehmigungsvorbehalt für den Rückbau, die Änderung und die Nutzungsänderung baulicher Anlagen begründet. Ziel einer solchen Milieuschutzsatzung bzw. Erhaltungssatzung ist es, den Bestand der Umgebung für die in einem intakten Gebiet wohnenden Menschen zu sichern und so die Bevölkerungsstruktur in einem bestimmten Ortsteil vor unerwünschten Veränderungen zu schützen.[376] Eine Gemeinde kann eine Milieuschutzsatzung „für ein Gebiet mit jeder Art von Wohnbevölkerung erlassen [...], soweit deren Zusammensetzung aus besonderen städtebaulichen Gründen erhalten werden soll."[377] In den meisten Fällen geht es dabei auch um den Schutz einkom-

---

lung.berlin.de/aktuell/pressebox/archiv_volltext.shtml?arch_1209/nachricht4770.html (zuletzt aufgerufen am 4.12.2020).

[372] Bericht über ein „Bündnis für soziale Wohnungspolitik und bezahlbare Mieten", Abgeordnetenhaus Berlin, Drs. 17/0505 v. 6.9.2012.

[373] Siehe unter http://www.stadtentwicklung.berlin.de/wohnen/wohnungsbau/de/mieten buendnis/.

[374] Gesetz über die Neuausrichtung der sozialen Wohnraumversorgung in Berlin (Berliner Wohnraumversorgungsgesetz – WoVG Berlin), Gesetz- und Verordnungsblatt für Berlin, 72. Jh. Nr. 25, 5.12.15, S. 422 ff.

[375] In den Stadtstaaten wird die Vorschrift anders als in den in den Flächenstaaten als Verordnung und nicht als Satzung erlassen.

[376] BVerfG, Beschl. v. 26.1.1987 – 1 BvR 969/83, NVwZ 1987, S. 879, so dass BVerfG in seiner Entscheidung zur Vereinbarkeit einer Erhaltungssatzung mit Art. 14 I 1 GG.

[377] BVerwG, Urt. v. 18.6.1997 – 4 C 2/97 (München), 1. Leitsatz, NVwZ 1998, S. 503.; Nach § 172 Abs. 1 S. 4 BauGB sind die Landesregierungen ermächtigt, durch Rechtsverord-

mensschwächerer Bevölkerungsteile, dies allerding nur mittelbar, da der eigentliche Schutz eben nicht dem individuellen Mieter, sondern der Erhaltung der einer vorhandenen Gebiets- und Bevölkerungsstruktur dient.[378]

Die Milieuschutzsatzung geht davon aus, dass bauliche Veränderungen an einer Wohnung stets zu einer Verbesserung des Wohnungsstandards und damit unmittelbar zu Mieterhöhungen führen. Kommt es in einem begrenzten örtlichen Bereich zu einer Reihe von baulichen Verbesserungen des Wohnungsstandards, führt dies letztlich zu einer Anhebung des allgemeinen Mietniveaus in dem betroffenen Bereich, so dass sich die dort lebende Bevölkerung die jeweiligen Wohnungen nicht mehr leisten und den Wohnraum (dort) nicht mehr nachfragen könnte.[379] Die Milieuschutzsatzung versucht dem entgegenzuwirken, indem sie bestimmte bauliche Veränderungen des Wohnungsbestands durch den Eigentümer untersagt. So könnte die Behörde dem Eigentümer zum Beispiel die Baugenehmigung für den Einbau eines zweites Bades oder einer Gästetoilette oder den Anbau eines zweiten Balkons[380] nach § 172 Abs. 4 BauGB verweigern, wenn „die Baumaßnahme […] generell, insbesondere auch im Hinblick auf ihre Vorbildwirkung, geeignet ist, die Zusammensetzung der Wohnbevölkerung zu verändern."[381]

Weitergehend hat das Land Berlin mit dem Gesetz über das Verbot der Zweckentfremdung von Wohnraum vom 29.11.2013[382] und der darauf beruhenden Verordnung über das Verbot der Zweckentfremdung von Wohnraum vom 4.3.2014[383]

---

nung mit einer Geltungsdauer von höchstens fünf Jahren zu bestimmen, dass die Begründung von Wohnungseigentum und Teileigentum (gem. § 1 WEG) an Gebäuden, die ganz oder teilweise Wohnzwecken zu dienen bestimmt sind, einer Genehmigung bedarf. Zudem steht der Gemeinde „im Geltungsbereich einer Erhaltungssatzung ein gesetzliches Vorkaufsrecht beim Kauf von Grundstücken zu; § 24 Abs. 1 S. 1 Nr. 4 BauGB, so wörtlich *Mitschang, Stephan,* in: Battis, Ulrich/Krautzberger, Michael/Löhr, Rolf-Peter, BauGB (2014), § 172, Rn. 11 und 62.

[378] Hierzu und zu der Frage der Ausweitung auf auch andere Wohnstrukturen Ausführungen von *Schröer, Thomas/Kullick, Christian,* Milieuschutz – auch für Besserverdienende? (2011), S. 404 f.

[379] BVerwG, Urt. v. 18.6.1997 – 4 C 2/97 (München), 1. Leitsatz, NVwZ 1998, S. 503.

[380] *Loy, Thomas,* Kein Luxus im Milieu, tagesspiegel.de v. 1.4.2014, abrufbar unter: http://www.tagesspiegel.de/berlin/mieten-in-pankow-kein-luxus-im-milieu/9695394.html (zuletzt aufgerufen am 4.12.2020).

[381] BVerwG, Urt. v. 18.6.1997 – 4 C 2/97 (München), NVwZ 1998, S. 503; weiterführend Übersicht zu Erhaltungssatzungen und Verordnungen i. S. d. § 172 Abs. 1 S. 4 BauGB, DNotI Arbeitshilfe, abrufbar unter: https://www.dnoti.de/fileadmin/user_upload/Arbeitshilfen/Immobilienrecht/Uebersicht_Erhaltungssatzung_2019_01_17.pdf (zuletzt aufgerufen am 24.10.2020).

[382] Zweckentfremdungsverbot-Gesetz – ZwVbG, GVBl. 2013, S. 626; zuletzt geändert durch Zweite Änderung der Ausführungsvorschriften über das Verbot der Zweckentfremdung von Wohnraum (2. Änderung AV – ZwVbG).

[383] Zweckentfremdungsverbot-Verordnung – ZwVbVO, GVBl. 2014, 73.

im gesamten Stadtgebiet einen seit dem Jahr 2014 geltenden grundsätzlichen Genehmigungsvorbehalt für die Zweckentfremdung von Wohnraum eingeführt. Hiernach erfordert jede beabsichtigte Nutzung von Wohnraum als Ferienwohnung oder für gewerbliche oder berufliche Zwecke eine behördliche Genehmigung. Gleiches gilt, wenn der Wohnraum länger als sechs Monate leer steht, der Wohnraum baulich so verändert wird, dass dieser nicht mehr für Wohnzwecke genutzt werden kann oder Wohnraum gänzlich beseitigt werden soll.

Mit Urteil vom 8.6.2016 hatte das Verwaltungsgericht Berlin das Zweckentfremdungsverbot hinsichtlich der Nutzung von Wohnraum zur gewerblichen Vermietung von Ferienwohnungen für verfassungsgemäß erklärt.[384] Das Gericht verneint sowohl eine Verletzung von Art. 12 Abs. 1 GG als auch von Art. 14 Abs. 1 GG sowie von Art. 3 Abs. 1 GG. Insbesondere sei das Verbot gerechtfertigt, um der unzureichenden Versorgung der Bevölkerung mit Wohnraum entgegenzuwirken.[385] Mit Beschlüssen vom 6.4.2017 hat das Oberverwaltungsgericht Berlin-Brandenburg mehrere dort anhängigen Berufungsverfahren ausgesetzt und dem Bundesverfassungsgericht zur Entscheidung vorgelegt.[386] Dabei geht es jeweils um die Frage, ob die Regelungen des Zweckentfremdungsverbotes unverhältnismäßig in die Grundrechte der Vermieter als Eigentümer eingreife, wenn sie nicht nur den Bestand von Wohnraum schützen, sondern auch eine vor dem 1.5.2014 begonnene Vermietung von Räumen als Ferienwohnung dem Zweckentfremdungsverbot unterstellen.[387]

Mit dem Gesetz zur Neuregelung gesetzlicher Vorschriften zur Mietenbegrenzung vom 11.2.2020[388] haben der Berliner Senat und das Abgeordnetenhaus schließlich einen stadtweiten Mietendeckel eingeführt. Am 23.2.2020 trat das Gesetz in Kraft. Es regelt einen grundsätzlichen Mietstopp für den Zeitraum von fünf Jahren. Zur Überprüfung der Verfassungsmäßigkeit sind Verfahren und Anträge sowohl beim Bundesverfassungsgericht sowie beim Berliner Verfassungsgerichtshof anhängig.

Exkurs: Sozialer Mietwohnungsbau in Berlin

Das Land Berlin ist für die Untersuchung staatlicher Interventionen in den Mietwohnungsmarkt nicht nur aufgrund der aktuellen wohnungspolitischen Umstän-

---

[384] VG Berlin, Urt. v. 8.6.2016 – 6 K 103.16.

[385] Nach Auffassung des Verwaltungsgericht Berlin gelte das hingegen nicht für die nur zeitweise Vermietung von Zweitwohnungen für Ferienzwecke, da bei Zweitwohnungen kein Wohnraumverlust entstehe (vgl. VG Berlin, Urt. v. 9.8.2016 – VG 6 K 91.16, VG 6 K 151.16 und VG 6 K 153.16).

[386] OVG Berlin-Brandenburg, 6.4.2017 – 5 B 14.16, u. a.; BVerfG – 1 BvL 2/17 (anhängig).

[387] *Ebenda.*

[388] Gesetz- und Verordnungsblatt für Berlin 76. Jahrgang Nr. 6, 22.2.2020.

de, sondern auch aufgrund früherer Entwicklungen interessant. So sorgte insbesondere die Einstellung der Förderung des sozialen Wohnungsbaus bundesweit für Schlagzeilen.

Wie im gesamten Bundesgebiet gab es Anfang der 1970er Jahre auch im Land Berlin einen erheblichen Wohnungsmangel. Um den Wohnungsbau zu fördern, hat das Land Berlin ein aus Steuermitteln finanziertes umfangreiches und komplexes Förderprogramm beschlossen. Ziel dieses Förderprogramms war die Schaffung von verbilligtem Wohnraum durch private Bauherren. Diese sollten die Wohnungen zu einem verbilligten Mietzins – Unterkostenmiete – einer festgelegten Klientel von Sozialmietern anbieten. Im Gegenzug erhielten die Eigentümer zinsverbilligte Darlehen und sog. Aufwendungshilfen von der Wohnungsbaukreditanstalt Berlin. Der Umfang der Aufwendungshilfe ergab sich aus der Differenz zwischen der sich aus den Kapital- und Bewirtschaftungskosten der Bauherren ermittelnden Kostenmiete und der vom Land Berlin gewollten „sozialverträglichen" Unterkostenmiete.

Der vom Mieter zu tragende Anteil an den Kapital- und Bewirtschaftungskosten erhöhte sich jährlich, so dass die öffentliche Förderung in Form der Aufwendungsbeihilfe, die zu zwei Dritteln als verlorener Zuschuss und zu einem Drittel als Darlehen zu außerordentlich günstigen Konditionen gewährt wurde, sank.

Das erste Förderungsprogramm wurde im Jahr 1972 mit einer Laufzeit von 15 Jahren vergeben. Da – aufgrund der hohen Baukosten – aber auch im Jahr 1987 trotz der jährlichen Steigerungen des von den Mietern zu tragenden Anteils an den Kapital- und Bewirtschaftungskosten die „Sozialmieten" noch immer weit entfernt von den Kostenmieten waren, gewährte das Land Berlin regelmäßig eine sogenannte Anschlussförderung.[389]

Für viele überraschend war es dann, dass das Land Berlin die Grund- und v. a. auch die Anschlussförderung im Jahr 2003 ersatzlos einstellte. Begründet wurde dieser Einschnitt allgemein damit, dass sich der Wohnungsmarkt entspannt habe und eine Förderung von bezahlbarem Wohnraum nicht mehr erforderlich sei. Parallel wurde die finanzielle Lage des Landes Berlin immer angespannter. Das Land Berlin hatte im Jahr 2003 bereits Schulden in Höhe von mehr als 50 Milliarden Euro[390]. Eine Fortführung der Anschlussförderung hätte rund 25.000 Woh-

---

[389] Richtlinie über die Anschlussförderung von Sozialwohnungen der Wohnungsbauprogramme 1972 bis 1976 (AnschlussförderungRL 1988), Amtsblatt für Berlin, 38. Jahrgang, Nr. 26, 3.6.1988. Die Förderung für die Jahrgänge nach 1976 wurde durch entsprechende Richtlinien geregelt.

[390] Vgl. Entwicklung der Schulden des Landes Berlin 2003 bis 2009, https://www.statistik-berlin-brandenburg.de/Publikationen/Stat_Berichte/2010/SB_L3-1_j01-09_BE.pdf (zuletzt aufgerufen am 4.12.2020).

nungen betroffen und weitere Kosten in Höhe von 2,5 Milliarden Euro verursacht.[391]

Mit Beschluss vom 4.2.2003[392] beendete der Berliner Senat daher die Anschlussförderung für alle Förderjahrgänge ab dem Jahr 1986/1987. Als Folge kam es teilweise zu nicht unerheblichen Mietsteigerungen. Nach der Beendigung der Anschlussförderung entfiel die Sozialbindung der Miete und die Vermieter waren berechtigt, von den Mietern die volle Kostenmiete zu verlangen.[393] Aufgrund hoher Baukosten betrug die Kostenmiete in der Regel zwischen 10 und 15 Euro je Quadratmeter,[394] während die Sozialmiete deutlich darunter lag.[395]

Mithilfe von flankierenden Maßnahmen, wie der „Gewährung von Mietausgleich sowie Umzugskostenbeihilfen"[396] versuchte das Land Berlin sicherzustellen, dass die betroffenen Sozialmieter unter dieser Kürzung nicht leiden würden. Mit Urteil vom 11.5.2006 bestätigte das Bundesverwaltungsgericht die Rechtmäßigkeit der Einstellung der Anschlussförderung.[397]

2. Das Mietrechtsänderungsgesetz 2013

Im Dezember 2012 erließ der Bundestag das Gesetz über die energetische Modernisierung von vermietetem Wohnraum und über die vereinfachte Durchsetzung von Räumungstiteln.[398] Das Gesetz trat am 1.5.2013 in Kraft.[399]

---

[391] Endbericht der Expertenkommission zur Anschlussförderung im öffentlich geförderten Wohnungsbau im Land Berlin (Kurzfassung) v. 27.1.2003, S. 2, veröffentlicht unter http://www.stadtentwicklung.berlin.de/wohnen/anschlussfoerderung/empi072klp.pdf (zuletzt aufgerufen am 4.12.2020).

[392] http://www.berlin.de/sen/justiz/gerichte/vg/presse/archiv/20030325.11532.html. (zuletzt aufgerufen am 4.12.2020).

[393] §§ 8a Abs. 3, 15 Abs. 2 WoBindG.

[394] Endbericht der Expertenkommission zur Anschlussförderung im öffentlich geförderten Wohnungsbau im Land Berlin (Kurzfassung) v. 27.1.2003, S. 5, veröffentlicht unter http://www.stadtentwicklung.berlin.de/wohnen/anschlussfoerderung/empi072klp.pdf. (zuletzt aufgerufen am 4.12.2020).

[395] Die Vergleichsmiete für die betroffenen Wohnungen lag zwischen 6 und 7 Euro je Quadratmeter (vgl. nach dem Endbericht der Expertenkommission zur Anschlussförderung im öffentlich geförderten Wohnungsbau im Land Berlin (Kurzfassung) v. 27.1.2003, S. 5, veröffentlicht unter http://www.stadtentwicklung.berlin.de/wohnen/anschlussfoerderung/empi072klp.pdf). (zuletzt aufgerufen am 4.12.2020).

[396] *Kloepfer, Michael*, Rechtsprobleme der Versagung der Anschlussförderung im Berliner Sozialen Wohnungsbau (2005), S. 4.

[397] BVerwG, Urt. v. 11.5.2006 – G 5 C 10.05, NVwZ 2006, S. 1184.

[398] Mietrechtsänderungsgesetz (MietRÄndG) v. 13.12.2012, BGBl. I S. 434.

[399] Außer § 556c BGB n. F.

Wesentlicher Inhalt war zunächst die Ausweitung der dem Mieter obliegenden Duldungspflicht bei energetischen Modernisierungsmaßnahmen. In diesem Zusammenhang stand auch die erstmalige Festlegung verbindlicher Voraussetzungen und Folgen eines vom Vermieter veranlassten Wärmecontractings.[400] Daneben enthielt das Gesetz Erleichterungen zugunsten des Vermieters bei der Durchsetzung von Räumungsansprüchen.[401]

Ferner erlaubt das Gesetz den Landesregierungen nach § 558 Abs. 3 S. 2 und 3 BGB für Gemeinden oder Gemeindeteile die Kappungsgrenze für zulässige Mieterhöhungen innerhalb eines Zeitraumes von drei Jahren und jeweils längstens für die Dauer von fünf Jahren per Rechtsverordnung von 20 % auf 15 % zu senken. Voraussetzung ist insbesondere, dass in den betroffenen Gebieten „die ausreichende Versorgung der Bevölkerung mit Mietwohnungen zu angemessenen Bedingungen besonders gefährdet ist". Von der Ermächtigung zum Erlass einer entsprechenden Verordnung haben bereits mehrere Bundesländer wie zum Beispiel Bayern, Berlin, Hamburg, Hessen, Nordrhein-Westfalen und Schleswig-Holstein Gebrauch gemacht.[402]

3. Neueste Entwicklungen

Spätestens seit dem Bundestagswahlkampf Ende des Jahre 2013 stehen die Mietpreisregulierung und die Wiederbelebung des sozialen Wohnungsbaus auch auf Bundesebene wieder auf der politischen Tagesordnung.[403]

Angesichts der großen Bedeutung hat die Thematik sowohl im Jahr 2013, als auch im Jahr 2018 Eingang in den jeweiligen Koalitionsvertrag der Regierungsparteien gefunden.[404] Hinsichtlich der Mietpreise einigten sich die Regierungs-

---

[400] Gewerbliche Wärmelieferung durch Dritte.

[401] Vgl. im Einzelnen hierzu sowie zu den Regelungen zum Wärmecontracting Entwurf eines Gesetzes über die energetische Modernisierung von vermietetem Wohnraum und über die vereinfachte Durchsetzung von Räumungstiteln (Mietrechtsänderungsgesetz – MietRÄndG), BT-Drs. 17/10485.

[402] *Börstinghaus, Ulf,* in: Schmidt-Futterer, Mietrecht, 11. Auflage 2013, § 558 BGB, Rn. 182b. Die Wirksamkeit der jeweiligen Verordnung ist jeweils im Rahmen des auf Zustimmung der Mieterhöhung gerichteten Rechtsstreits selbstständig zu prüfen: Mit Urt. v. 4.11.2015 – VIII ZR 217/14 bestätigte der BGH die Wirksamkeit der Kappungsgrenzen-Verordnung des Landes Berlin v. 7.5.2013 (GVBl. S. 128). Denn die dem umfassenden Gebrauch der Ermächtigungsgrundlage zugrundeliegende Prognoseentscheidung habe den eingeräumten politischen Beurteilungs- und Gestaltungsspielraum nicht überschritten.

[403] Statt vieler: *Schäfer, Christoph,* Mitten im Brennpunkt, faz.net v. 15.3.2013, abrufbar unter: http://www.faz.net/aktuell/wirtschaft/sozialer-wohnungsbau-mitten-im-brennpunkt-121 16142.html (zuletzt aufgerufen am 4.12.2020).

[404] Koalitionsvertrag für die 18. Legislaturperiode mit dem Titel „Deutschlands Zukunft gestalten" v. 14.12.2013, abrufbar unter: https://www.cdu.de/sites/default/files/media/doku

parteien schon im Jahr 2013 auf eine Begrenzung der Miethöhe. „Damit Wohnraum insbesondere in Städten mit angespannten Wohnungsmärkten bezahlbar bleibt, [...] [sollte] den Ländern für die Dauer von fünf Jahren die Möglichkeit eingeräumt werden, in Gebieten mit nachgewiesenen angespannten Wohnungsmärkten bei Wiedervermietung von Wohnraum die Mieterhöhungsmöglichkeiten auf maximal 10 Prozent über der ortsüblichen Vergleichsmiete zu beschränken",[405] wobei „Erstvermietungen in Neubauten und Anschlussvermietungen nach umfassenden Modernisierungen"[406] davon nicht betroffen sein sollten.

Entsprechende erste Vorschläge fanden sich in einem Gesetzentwurf des Bundesministeriums der Justiz und für Verbraucherschutz vom 18.3.2014, wonach in § 556d ff. BGB den Mietpreis begrenzende Vorschriften eingefügt werden sollten.[407] Am 23.9.2014 teilte die Regierungskoalition mit, dass sie in dieser sogenannten Mietpreisbremse ein „Instrument [sieht], mit dem in angespannten Wohnungsmärkten massive Preissprünge bei der Wiedervermietung von Wohnraum vermieden werden sollen."[408] Mit dem Gesetz zur Dämpfung des Mietanstiegs auf angespannten Wohnungsmärkten und zur Stärkung des Bestellerprinzips bei der Wohnungsvermittlung führte der Bund dann eine solche Mietpreisbremse ein.[409] Das Gesetz trat am 1.6.2015 in Kraft.

Danach waren die Länder ermächtigt, per Verordnung einzelne Gebiete festzulegen, in denen bei Neuvermietungen nur noch eine Miete vereinbart werden darf, die die ortsübliche Vergleichsmiete um maximal zehn Prozent übersteigt.[410] Die Festlegung der betroffenen Gebiete darf für maximal fünf Jahre erfolgen. Und seit Einführung der Regelung sind Neubauten und Erstvermietungen nach umfangreichen Modernisierungen nach § 556f BGB ausdrücklich vom Geltungsbereich der Mietpreisbremse ausgenommen. Die Begrenzung gilt außerdem dann nicht, wenn auch schon die bisherige Miete oberhalb des Mietspiegel-

---

mente/koalitionsvertrag.pdf, sowie Koalitionsvertrag für die 19. Legislaturperiode v. 12.3.2018, abrufbar unter: https://www.bundesregierung.de/resource/blob/975226/847984/5b8bc23590d4 cb2892b31c987ad672b7/2018-03-14-koalitionsvertrag-data.pdf?download=1 (zuletzt aufgerufen am 24.10.2020).

[405] *Ebenda*, S. 82.

[406] *Ebenda*, S. 115.

[407] So Referentenentwurf Bundesministerium der Justiz und für Verbraucherschutz, Entwurf eines Gesetzes zur Dämpfung des Mietanstiegs auf angespannten Wohnungsmärkten und zur Stärkung des Bestellerprinzips bei der Wohnungsvermittlung (Mietrechtsnovellierungsgesetz – MietNovG), Stand: 25.11.2014.

[408] Schriftliche Fragen mit den in der Woche v. 4.8.2014 eingegangenen Antworten der Bundesregierung, BT-Drs. 18/2309, S. 25.

[409] Siehe Gesetzesentwurf der Bundesregierung (BT-Drs. 18/3121) und Stellungnahme des Bundesrats (BR-Drs. 447/14) zum Mietrechtsnovellisierungsgesetz.

[410] Mit weiterführenden Erläuterungen, *Horst, Hans Reinold*, MietNovG I: Praxisfragen zur „Mietpreisbremse" im freifinanzierten Wohnungsbau, NZM 2015, S. 393 ff.

niveaus liegt. Eine zuvor zulässig vereinbarte Miete darf schließlich auch weiterhin vereinbart werden.

Ersten Erhebungen zufolge schienen die Regelungen ihre gewünschte Wirkung allerdings zu verfehlen. So lagen die Mieten z. B. in Berlin nach einer Untersuchung des Instituts Regiokontext im Auftrag des Berliner Mietervereins ein Jahr nach deren Inkrafttreten im Schnitt um 31 Prozent höher als zulässig. Hintergrund war offenbar, dass zu wenige Mieter gegen überhöhte Mietpreise nach Abschluss des Mietvertrages vorgehen.[411] Auch das Deutsche Institut für Wirtschaftsforschung kam in einer Studie zu dem Schluss, dass die Neuregelung ihr Ziel verfehlt. Vielmehr bestünden Hinweise, dass die Mietpreisbremse den Preisanstieg in Teilen sogar beschleunigt habe, da kurz vor deren Einführung die Mieten erhöht worden seien.[412]

Die Bundesregierung erwog daher, die Vorgaben zu verschärfen und zum Beispiel den Vermieter bei Abschluss eines Mietvertrages zur Angabe der Vormiete zu verpflichten. Im Wesentlichen dürfte die Mietpreisbremse ihre Wirkung allerdings dadurch verfehlt haben, dass der Mieter von dem Vermieter eine nicht geschuldete Miete erst ab dem Zeitpunkt zurückverlangen konnte, ab dem er den Verstoß gegen diese Regelung förmlich gerügt hatte. Hierdurch ging der Vermieter jedenfalls mit einem Verstoß gegen die Mietpreisbremse nur teilweise ein wirtschaftliches Risiko ein. Die hiergegen geäußerten Bedenken des Bundesrats hatte die Bundesregierung mit der Begründung abgelehnt, dass es „im Sinne der Rechtssicherheit und des Rechtsfriedens verhindert werden [müsse], dass weit zurückliegende Sachverhalte nachträglich aufgeklärt werden müssen und die zulässige Miethöhe gegebenenfalls auch nach Beendigung des Vertrags zum Streitpunkt wird."[413]

Schließlich hielten die Regierungsparteien im Jahr 2018 im Koalitionsvertrag fest, dass das Instrument der Mietpreisbremse frühzeitig bis Ende des Jahres 2018 überprüft werden und eine gesetzliche Auskunftspflicht des Vermieters bezüglich der Vormiete mehr Transparenz schaffen solle.[414] Diese Änderungen wurden zum 1.1.2019 umgesetzt.[415] Im Februar 2020 hat der Bundestag schließlich die Verlängerung und weitere Verschärfung der Mietpreisbremse um weitere

---

[411] Mietpreisbremse zeigt in Berlin kaum Wirkung, Frankfurter Allgemeine Zeitung, 18.5. 2016, Nr. 114, S. 17.

[412] Neue Zweifel an der Mietpreisbremse, Frankfurter Allgemeine Zeitung, 2.6.2016, Nr. 126, S. 17.

[413] BT-Drs. 18/3250, S. 2.

[414] Koalitionsvertrag für die 19. Legislaturperiode v. 12.3.2018, S. 112.

[415] Gesetz zur Ergänzung der Regelungen über die zulässige Miethöhe bei Mietbeginn und zur Anpassung der Regelungen über die Modernisierung der Mietsache (Mietrechtsanpassungsgesetz – MietAnpG) v. 18.12.2018, BGBL. 2018 I Nr. 48.

fünf Jahre beschlossen.[416] Insbesondere sollte der Anspruch eines Mieters gegen den Vermieter auf Rückzahlung von zu viel gezahlter Miete gestärkt werden, indem ein solcher Anspruch grundsätzlich nicht erst ab Zugang einer Rüge fällig wird.

Eine weitere Änderung brachte das Gesetz zur Dämpfung des Mietanstiegs auf angespannten Wohnungsmärkten und zur Stärkung des sog. Bestellerprinzips bei der Wohnungsvermittlung, welches im Jahr 2016 erstmals das Bestellerprinzip im Maklerrecht kodifizierte, wonach Maklerkosten bei Wohnungsvermietungen zukünftig nur noch vom Eigentümer und nicht mehr vom Mieter zu tragen sind.[417] Mit Beschluss vom 29.6.2016[418] hat das Bundesverfassungsgericht festgestellt, dass das damit geltende, bußgeldbewehrte[419] Bestellerprinzip für rechtmäßig und der einhergehende Eingriff in die Berufsfreiheit der Immobilienmakler gerechtfertigt sei.[420]

Im Rahmen des Wohngipfels am 21.9.2018 haben Bund, Ländern und Kommunen zudem ein umfassendes Maßnahmenpaket vereinbart. Das übergeordnete Ziel, in der laufenden Legislaturperiode, den Neubau von 1,5 Millionen Wohnungen zu ermöglichen[421], soll mit verschiedenen Maßnahmen erreicht werden, die in dem Ergebnispapier unter die drei Kategorien (i) investive Impulse für den Wohnungsbau, (ii) Bezahlbarkeit des Wohnens sichern und (iii) Baukostensenkung und Fachkräftesicherung subsumiert werden.[422] Insbesondere wird der

---

[416] Gesetzes zur Verlängerung und Verbesserung der Regelungen über die zulässige Miethöhe bei Mietbeginn, im so verabschiedeten Entwurf BT Drs. 19/15824.

[417] Gesetz zur Dämpfung des Mietanstiegs auf angespannten Wohnungsmärkten und zur Stärkung des Bestellerprinzips bei der Wohnungsvermittlung v. 21.4.2015 – MietNovG, BT-Drs. 18/3121. (Mietrechtsnovellierungsgesetz – MietNovG); ausführlich zum Regelungsumfang siehe *Blankenagel, Alexander/Schröder, Rainer/Spoerr, Wolfgang*, Verfassungsmäßigkeit des Instituts und der Ausgestaltung der sog. Mietpreisbremse auf Grundlage des MietNovGE (2014), S. 2 ff.

[418] BVerfG, Beschl. v. 29.6.2016 – 1 BvR 1015/15, NZM 2016, S. 685 ff.

[419] Bußgeldtatbestand § 8 Abs. 1 Nr. 1 WoVermittG, der durch Art. 3 Nr. 5 MietNovG neu eingeführt wurde.

[420] Erhebliche verfassungsrechtliche Bedenken äußerte *Hufen* schon aufgrund des Referentenentwurfes v., 18.3.2014, *Hufen, Friedhelm*, Das geplante „Bestellerprinzip" im Recht der Wohnungsvermittlung auf dem Prüfstand des Verfassungsrechts, NZM 2014, S. 663 ff., ebenfalls kritisch *Leuschner, Lars*, Die „Mietpreisbremse" – Unzweckmäßig und verfassungsrechtlich höchst bedenklich, NJW 2014, S. 1929 ff. sowie *Derleder, Peter*, Richterliche Kontrolle von Landesverordnungen zur „Mietpreisbremse", NZM 2015, S. 413 ff. und *Schultz, Michael*, Irrtum Mietpreisbremse, ZRP 2014, S. 37 ff.

[421] Im Jahr 2019 sind nach Angaben der Bundesregierung bspw. 293.000 Wohnungen erbaut worden, BT Drs. 19/21247.

[422] Ergebnisse des Wohngipfels am 21.9.2018 im Bundeskanzleramt, abrufbar unter: https://www.bmi.bund.de/SharedDocs/downloads/DE/veroeffentlichungen/2018/ergebnisse-wohngipfel.pdf?__blob=publicationFile&v=6 (zuletzt aufgerufen am 24.10.2020).

Bund den Ländern weiterhin beachtliche Finanzhilfen für den sozialen Wohnungsbau zur Verfügung stellen. Nachdem der Bund die bis Ende des Jahres 2019 an die Länder zu zahlenden Kompensationsmittel aus dem Bundeshaushalt auf über eine Milliarde Euro jährlich verdoppelt hatte[423], sollten im Zeitraum von 2018 bis 2021 mindestens weitere 5 Milliarden Euro zur Verfügung gestellt werden,[424] um gemeinsam mit den Mitteln von Ländern und Kommunen über 100.000 zusätzliche Sozialwohnungen zu schaffen.

Am 18.10.2019 hat der Bundestag das Gesetz zur Stärkung des Wohngeldes beschlossen. Danach werden die Parameter zur Berechnung des Wohngeldanspruch angepasst, um sowohl die Anzahl der Begünstigten zu vergrößern, als auch die Höhe des Wohngelds an die Entwicklung von Wohnraummieten anzupassen sowie die nominalen Entwicklung der Einkommen in Höhe der Inflation zu berücksichtigen.[425]

XII. Resümee Kapitel 1

Im Laufe des letzten Jahrhunderts entwickelte der Staat hinsichtlich des Mietwohnungsmarktes eine anhaltende Interventionskultur.

Schon zu Beginn des zwanzigsten Jahrhunderts war die Wohnsituation für eine breite Bevölkerungsschicht angespannt. Im Zuge der Industrialisierung und des rapiden Aufschwungs kamen die Menschen in Massen in die Städte. Während des Ersten Weltkrieges kam die Neubautätigkeit praktisch gänzlich zum Erliegen.[426] Die finanzielle Belastung der Mieter nach Kriegsende im Jahr 1918 war hoch. Zwangswirtschaftliche Maßnahmen und intensive Förderungen sollten dem Markt verhelfen, sich zu entspannen. Kündigungsschutzbestimmungen waren dabei wesentliches Mittel, um den wirtschaftlich schwächeren Mieter zu schützen.[427]

Erneut war der Markt nach dem Zweiten Weltkrieg durch eine akute Wohnungsnot geprägt. Eine „Vielzahl staatlicher Fördermaßnahmen und Regulierun-

---

[423] Gesetz über die Feststellung eines Zweiten Nachtrags zum Bundeshaushaltsplan für das Haushaltsjahr 2015 (Zweites Nachtragshaushaltsgesetz 2015), BT-Drs. 18/6588.

[424] Und auch für das Jahr 2019 wurden die Kompensationsmittel um 500 Millionen Euro auf insgesamt 1,5 Milliarden Euro aufgestockt.

[425] Entwurf eines Gesetzes zur Stärkung des Wohngeldes (Wohngeldstärkungsgesetz – WoGStärkG), BT Drs. 19/10816.

[426] *Fuhrmann, Bernd/Meteling, Wencke/Rajky, Barbara/Weipter, Matthias*, Geschichte des Wohnens – vom Mittelalter bis heute (2008), S. 130.

[427] *Fischer, Robert*, Vertragsfreiheit und Sozialbindung, DRiZ 74, S. 209 (211).

gen beeinflusst[en]'[428] den Wohnungsmarkt. Ca. 20 %[429] des Wohnraums war zerstört und Millionen Geflüchtete und Vertriebene kamen nach Deutschland.[430] Für mehr als fünf Millionen der 15 Millionen Haushalte fehlten Wohnungen. Zwangswirtschaftliche Maßnahmen sollten dem entgegenwirken.

Nachdem die erste Hälfte des Jahrhunderts von der Wohnraumbewirtschaftung geprägt war, wurde diese schrittweise wiedereingestellt als die Kriegsfolgen behoben bzw. aufgefangen werden konnten. Mit Beginn der zweiten Hälfte des 20. Jahrhunderts vertiefte der Staat Regelungen für ein soziales Mietrecht, tangiert von wohnungsbaupolitischen Fördermaßnahmen. In den 1950er Jahren unternahm der Staat Anstrengungen, insbesondere im Bereich des Wohnungsbaus, um das Bauvolumen zu steigern. Nachdem sich Anfang der 1960er Jahre das Angebot an Wohnraum verbessert hatte wurden die Regelungen gelockert und der Wohnungsmarkt wurde wieder schrittweise in die Marktwirtschaft überführt. Auch in den sechziger und siebziger Jahren blieb es bei einem hohen Bauvolumen in Höhe von jeweils etwa fünf Millionen Wohnungen während in den achtziger Jahren nur noch 3,3 Millionen neue Wohnungen hinzukamen. Es folgte die stete Verknappung preiswerter Mietwohnungen in Ballungsräumen. Während der Wohnungsbau in den 1990er Jahren wieder anzog, ist die Neubautätigkeit heute wieder rückläufig.

Eingriffe in die Gestaltungsfreiheit von Mietverträgen wie die Regelungen zum Kündigungsschutz und zur Bestimmung der gerechten Miete sind wiederkehrende und teilweise nicht mehr wegzudenkende Instrumente, derer sich der Staat zur Regulierung von Angebot und Nachfrage bedient. Die meisten Interventionen hatten ihren Ursprung in tagespolitischen Problemstellungen. Insofern erscheinen diese Maßnahmen jede für sich schlüssig und konsequent. Ein übergeordnetes und ganzheitliches Konzept, welches die bestehenden Regelungen miteinbezieht, wenn neue Interventionen geplant werden, ist jedoch nicht ersichtlich. *Oestmann* illustriert diese Entwicklung, wenn er die Wohnungsmiete ein Experimentierfeld staatlicher Sozialgestaltung und Wirtschaftsplanung nennt.[431]

Dem Betrachter erscheint das historisch gewachsene Regelungskonvolut geradezu undurchsichtig. Die historische Betrachtung bestätig den Eindruck und die

---

[428] *Siebert, Horst*, Einführung in die Volkswirtschaftslehre (2000), S. 141 f.

[429] *Kirchner, Joachim*, Wohnraumversorgung für Unterstützung bedürftiger Haushalte. Deutsche Wohnungspolitik im europäischen Vergleich (2006), S. 97.

[430] Nach Angaben der Bundeszentrale für politische Bildung waren es bis 1950 knapp 12,5 Mio. Flüchtlinge und Vertriebene, die nach West- und Ostdeutschland kamen; so unter: http://www.bpb.de/gesellschaft/migration/dossier-migration/56359/nach-dem-2-weltkrieg (zuletzt aufgerufen am 4.12.2020); lt. Derleder waren es 14 Mio. Vertriebene, vgl. *Derleder, Peter*, Zur Geschichte und zu den Perspektiven des sozialen Mietrechts (2011), S. 94.

[431] *Oestmann, Peter*, in: Historisch-kritischer Kommentar zum BGB, Historisch-kritischer Kommentar zum BGB, Band III: Schuldrecht. Besonderer Teil. 1. Teilband, § 535–580a, Rn. 6.

Kritik. Wohnungspolitische Interventionsmaßnahmen scheinen immer erst als Reaktion und nicht zur Gestaltung der Entwicklungen des Mietwohnungsmarktes zu erfolgen. Wenig verwunderlich ist es, dass es auch keinen politischen Diskurs zu einem grundsätzlichen Konzept hinsichtlich der Versorgung der Bevölkerung mit Wohnraum gibt. Die Diskussionen beschränken sich regelmäßig auf die Zielsetzung und Wirkungsweise von Regulierungen zur Wiederherstellung eines bereits aus dem Gleichgewicht geratenen Marktgefüges.

Kapitel 2

Das wohnungspolitische Leistungsprofil der Staatstätigkeit

> „Wer den Staat ‚bei der Arbeit' beschreiben will,
> begibt sich in ein Dilemma: Er muss den ‚My-
> thos des Staates' entzaubern, ohne den Staat auf
> diese Weise ganz hinwegzudefinieren."[1]

Dieses Kapitel beschäftigt sich mit den rechtlichen Grundlagen und Grenzen des dem Staat zur Verfügung stehenden Werkzeugkastens zur Steuerung des Mietwohnungsmarktes. Ergibt sich aus der Bundes- oder den Landesverfassungen womöglich eine staatliche Verpflichtung zur Gewährung einer Wohnungsgrundsicherung oder – allgemeiner – zu einer sozialen Wohnungspolitik? Welche Pflichten und Aufgaben beeinflussen das staatliche Handeln und welche Gestaltungsspielräume verbleiben ihm angesichts der (verfassungs-)rechtlichen Grenzen?

I. Leistungsansprüche auf Wohnraum – Gibt es eine Handlungspflicht?

In der heutigen Gesellschaft kommt der eigenen Wohnung und der damit einhergehenden Privatsphäre eine hohe soziokulturelle Bedeutung zu. Die Wohnung als privaten Rückzugsort zu haben, gehört zu den existenziellen Bedürfnissen des Menschen.[2] Unterstellt man nun, der Staat sei grundsätzlich für das „Wohlergehen der Gesellschaft" (mit)verantwortlich,[3] könnte dies auch das Bedürfnis nach Wohnraum umfassen. Gibt es also einen objektiven sozialstaatlichen Verfassungsauftrag zur Schaffung und Bereitstellung von Wohnraum, aus dem sich womöglich auch ein einklagbarer Individualanspruch des Einzelnen auf Schaffung von Wohnraum ableiten ließe?

---

[1] *Voigt, Rüdiger*, Der kooperative Staat: Auf der Suche nach einem neuen Steuerungsmodus (1995), S. 77.

[2] BVerfG, Beschl. v. 26.5.1993 – 1 BvR 208/93, Rn. 21 (juris).

[3] *Kloepfer, Michael*, Staatsrecht kompakt (2012), S. 63, Rn. 175.

Bei der Beantwortung dieser Frage ist zunächst kurz auf die Verfassungsgeschichte der Bundesrepublik Deutschland einzugehen und die Entwicklung der Grundrechte als subjektive Teilhaberecht zu verdeutlichen. Sodann sind die jeweils in Betracht kommenden Grundrechte zu prüfen.

1. Entstehungsgeschichte des Grundgesetzes

Die „geistesgeschichtliche[...] Entwicklung der Grundrechtsidee [so]wie [die] [...] geschichtlichen Vorgänge"[4] zeigen die primäre Funktion der Grundrechte als Abwehrrechte. Sie sollen „die Freiheitssphäre des Einzelnen vor Eingriffen der öffentlichen Gewalt [...] sichern".[5] Forderungen nach einer Berücksichtigung sozialer Leistungsrechte hat es zwar schon im Jahr 1848 im Rahmen der Erarbeitung der Paulskirchenverfassung gegeben, allerdings konnten sich diese nicht durchsetzen. Auch die im Jahr 1871 verabschiedete Reichsverfassung enthielt keine sozialen Grundrechte.[6]

Im Zuge der fortschreitenden Industrialisierung gewannen die staatlichen Versorgungssysteme zunehmend an Bedeutung. Während „[i]n der ersten Phase industrieller Entwicklung in Preußen [noch] die sozialpolitischen Aktivitäten unter dem Primat liberaler Wirtschaftspolitik [standen]",[7] folgte unter Otto von Bismarck – insbesondere zur Befriedung der Arbeiterschaft – eine „Phase deutscher Sozialpolitik".[8] So führte Bismarck in den 1880er Jahren die Sozialversicherungsgesetzgebung zunächst mit der Krankenversicherung und der Unfallversicherung sowie mit der Invaliditäts- und Altersversicherung ein.[9]

Seit der Jahrhundertwende, insbesondere zu Beginn der Weimarer Republik, fand auch der Gesetzespositivismus immer mehr Anhänger.[10] Die „bürgerlich-staatsbürgerliche Republik [...] [sollte] allen Bürgern [...] dienen".[11] So kam es, dass die Weimarer Reichsverfassung vom 11.8.1919 erstmals subjektive

---

[4] BVerfG, Urt. v. 15.1.1958 – 1 BvR 400/57, NJW 1958, S. 257.

[5] _Ebenda._

[6] _Karpen, Ulrich_, Die verfassungsrechtliche Grundordnung des Staates – Grundzüge der Verfassungstheorie und Politischen Philosophie (1987), S. 439.

[7] _Neumann, Lothar/Schaper, Klaus_, Die Sozialordnung der Bundesrepublik Deutschland (2010), S. 27.

[8] _Ebenda._

[9] _Ebenda_, S. 28; weiterführend zur Grundlegung des Sozialstaates, sowie _Willoweit, Dietmar_, Deutsche Verfassungsgeschichte (2013), S. 305 f. und _Stolleis, Michael_, Quellen zur Geschichte des Sozialrechts (1976), S. 33 ff.

[10] _Karpen, Ulrich_, Die verfassungsrechtliche Grundordnung des Staates – Grundzüge der Verfassungstheorie und Politischen Philosophie (1987), S. 440.

[11] _Ebenda._

Teilhaberechte zugunsten des einzelnen Staatsbürgers dokumentierte.[12] Aus der Weimarer Reichsverfassung ließen sich Pflichten zur Gewährung umfangreicher Sozialleistungen ableiten. Entsprechende sozialrechtliche Regelungen finden sich mit zum Teil abweichenden Formulierungen noch heute in einigen Landesverfassungen.[13]

Im Grundgesetz vom 23.5.1949 hingegen finden sich keine ausdrücklichen Regelungen zur Gewährung bestimmter staatlicher Leistungen. Insbesondere enthält das Grundgesetz keinen ausdrücklichen subjektiven Anspruch auf Zurverfügungstellung von (angemessenem) Wohnraum. Dies erstaunt, da das „Recht auf einen Lebensstandard, der [...] Gesundheit und Wohl gewährleistet, einschließlich [...] [einer] Wohnung"[14] in der Allgemeinen Erklärung der Menschenrechte der Vereinten Nationen vom 10.12.1948 enthalten war. Auch in einem frühen Entwurf des Grundgesetzes war noch eine ähnliche Formulierung enthalten. Der Ausschuss für Grundsatzfragen des Parlamentarischen Rates[15] schlug vor, eine Bestimmung über das Recht auf ein Mindestmaß an Nahrung, Kleidung und Wohnung in das Grundgesetz aufzunehmen. Die Verfasser des Grundgesetzes bemühten sich hingegen möglichst keine leeren Programmsätze, sondern nur verbindliche Verpflichtungen für die Staatsgewalt zu formulieren und verzichteten daher fast ausnahmslos[16] auf „die Aufnahme von sozialen Grundrechten sowie Normierungen über die Wirtschafts- und Gesellschaftsordnung".[17] Sie beschränkten sich darauf, ein Recht auf Leben und körperliche Unversehrtheit zu statuieren.[18]

---

[12] *Stober, Rolf,* Grundrechtsschutz der Wirtschaftstätigkeit (1989), S. 2 f.; *ders.,* Quellen zur Geschichte des Wirtschaftsverwaltungsrechts (1986), S. 22 f.

[13] Die Verfassungen der Länder Bayern, Bremen und Berlin traten vor Erlass des Bonner Grundgesetzes in Kraft und bauten auf der zuvor geltenden Weimarer Reichsverfassung auf. Im Detail siehe Kapitel 2, I. 4. Programmatische Wohnraumgrundrechte in den Landesverfassungen.

[14] A/RES/217, UN-Doc. 217/A-(III), Art. 25 Nr. 1, abrufbar unter: http://www.ohchr.org/ EN/UDHR/Pages/Language.aspx?LangID=ger (zuletzt aufgerufen am 4.12.2020).

[15] Der Ausschuss für Grundsatzfragen konstituierte sich am 15.9.1948. In insgesamt 36 Sitzungen berieten die Mitglieder bis zum 27.1.1949 über die Präambel und die völkerrechtlichen Verhältnisse des Bundes, die Aufgabenverteilung zwischen Bund und Ländern sowie die Grundrechte. Im Zentrum der Diskussion stand die Formulierung der Präambel, die Gestaltung der Bundesflagge und die Ländergrenzen, vgl. unter: http://www.parlamentarischerrat.de/orga nisation_898_organisation=43.html (zuletzt aufgerufen am 4.12.2020).

[16] Art. 9 Abs. 3, Art. 14 Abs. 2 und Art. 15 GG.

[17] *Kröger, Klaus,* Die Entstehung des Grundgesetzes (1989), S. 1321; vgl. dazu auch weiterführend *Herzog, Roman,* Allgemeine Staatslehre (1971), S. 386.

[18] Teils wörtlich BVerfGE 1, S. 97 (104 f.), BVerfG, Beschl. v. 19.12.1951 – 1 BvR 220/51, Rn. 33.

Hauptziel war es, die strukturellen Schwächen der Weimarer Verfassung zu vermeiden. Hierzu sollte der dem Grundgesetz in den Art. 1 bis 19 vorangestellte verbindliche Grundrechtskatalog als unmittelbar geltendes und die Staatsgewalt bindendes Recht[19] sowie v. a. die in Art. 79 Abs. 3 GG verankerte sog. Ewigkeitsgarantie dienen. Durch die „Voranstellung des Grundrechtsabschnitts [betonten die Macher des Grundgesetzes] den Vorrang des Menschen und seiner Würde gegenüber der Macht des Staates".[20]

Auch wenn das Grundgesetz somit auf die Einführung von ausdrücklichen, grundrechtlich gesicherten Leistungsansprüchen verzichtete, sollte es dennoch eine starke soziale Komponente erhalten. Daher einigten sich die Verfasser des Grundgesetzes schließlich, trotz „schier unüberwindliche[r] weltanschauliche[r] Differenzen",[21] auf die Schaffung eines sozialen Rechtsstaats,[22] dessen Wesen *Carlo Schmid* wie folgt beschrieb:

„Der Hauptausschuß schlägt Ihnen den Namen ‚Bundesrepublik Deutschland' vor. In diesem Namen kommt zum Ausdruck, daß ein Gemeinwesen bundesstaatlichen Charakters geschaffen werden soll, dessen Wesensgehalt das demokratische und soziale Pathos der republikanischen Tradition bestimmt: nämlich einmal der Satz, daß alle Staatsgewalt vom Volke ausgeht, weiter die Begrenzung der Staatsgewalt durch die verfassungsmäßig festgelegten Rechte der Einzelperson, die Gleichheit aller vor dem Gesetz und der Mut zu den sozialen Konsequenzen, die sich aus dem Postulat der Demokratie ergeben."[23]

Der Sozialstaat wurde im Grundgesetz bewusst als Staatsziel definiert und nicht etwa als Grundrecht ausgestaltet.

Aus der Entstehungsgeschichte des Grundgesetzes ergeben sich keinerlei Anhaltspunkte dafür, dass im Grundgesetz soziale Leistungsrechte, etwa auf die Gewährung von Wohnraum, verankert sind.[24]

2. Leistungsansprüche aus Abwehrrechten

Angesichts der Bedeutung des Gutes Wohnraum für den einzelnen Menschen ist es wenig überraschend, dass mitunter dennoch angenommen wird, der Staat habe eine echte Handlungspflicht hinsichtlich der Versorgung der Bevölkerung mit

---

[19] Art. 1 Abs. 3 GG.

[20] BVerfG, Urt. v. 15.1.1958 – 1 BvR 400/57, NJW 1958, S. 257.

[21] *Kröger, Klaus,* Die Entstehung des Grundgesetzes (1989), S. 1321.

[22] *Ebenda* mit Verweis auf *Heller, Hermann*, Rechtsstaat oder Diktatur (1930), S. 26 – wonach ein sozialer Rechtsstaat nach mündlicher Überlieferung im Parlamentarischen Rat von Carlo Schmidt (SPD) vorgeschlagen worden sein soll.

[23] Äußerung von *Carlo Schmid* im parlamentarischen Rat, Parlamentarischer Rat, Stenographische Berichte über Plenarsitzungen, Bonn 1948/49, S. 172.

[24] Im Ergebnis ebenso *Stober, Rolf,* Grundrechtsschutz der Wirtschaftstätigkeit (1989), S. 5 und grundlegend *Häberle, Peter*, Grundrechte im Leistungsstaat (1972), S. 112 ff.

Wohnraum. Vertreten wird sogar, dass der einzelne Bürger einen (durchsetzbaren) subjektiven Anspruch auf Zurverfügungstellung von angemessenem Wohnraum gegen den Staat haben könnte.[25] Richtigerweise ergibt sich aus dem Grundgesetz aber weder eine solche staatliche Handlungspflicht, noch lassen sich daraus subjektive Ansprüche auf eine Versorgung mit Wohnraum ableiten.

Im Zusammenhang mit der Frage, ob sich wohnungspolitische Handlungspflichten aus den Grundrechten ergeben können, soll kurz auf den Ursprung der Grundrechte als Abwehrrechte eingegangen werden.

Es besteht Einigkeit, dass Grundrechte im Kern als Abwehrrechte[26] des einzelnen Bürgers gegen den Staat konzipiert sind (Status negativus)[27] und „die Freiheitssphäre des Einzelnen vor Eingriffen der öffentlichen Gewalt"[28] sichern sollen. Darüber hinaus ist der Staat mitunter verpflichtet, den Einzelnen gegen Eingriffe Dritter in ihre Grundrechte zu schützen (Drittwirkung der Grundrechte[29]) oder sogar Leistungen zu gewähren. Die rechtsdogmatische Begründung und die Einzelheiten solcher Leistungspflichten des Staates sind umstritten. Sie beschränken sich aber stets auf Extrem- oder Einzelfälle. So stellte das Bundesverfassungsgericht z. B. im Zusammenhang mit der Studienplatzvergabe fest:

„Je stärker der moderne Staat sich der sozialen Sicherung und kulturellen Förderung der Bürger zuwendet, desto mehr tritt im Verhältnis zwischen Bürger und Staat neben das ursprüngliche Postulat grundrechtlicher Freiheitssicherung vor dem Staat die komplementäre Forderung nach grundrechtlicher Verbürgung der Teilhabe an staatlichen Leistungen."[30]

Im Ergebnis begründen die Freiheitsrechte selbst somit keinesfalls[31] eine allgemeine Handlungspflicht des Staates gegenüber dem einzelnen Bürger bei der Bereitstellung von Wohnraum. Begründet wird dies zumeist mit Hinweis auf die in diesem Kapitel bereits dargestellte historische Entwicklung und den Widerspruch zu den dogmatischen Grundlagen[32] der Grundrechte als Abwehrrechte.

---

[25] So beispielsweise *Gerlach, Johann Wilhelm*, Recht auf Wohnraum und Hausbesetzung, Der Spiegel 19/1981 v. 4.5.1981.

[26] Gewährleistung verfassungsrechtlich eingeräumten/garantierten Freiräume, vgl. BVerfGE 7, S. 377 ff. (Apothekenentscheidung).

[27] Nach der Einteilung von *Jellinek, Georg*, System der subjektiven öffentlichen Rechte (1905), S. 94 ff.

[28] Vgl. BVerfGE 7, S. 198 (204 f.).

[29] Die Terminologie ist hier uneinheitlich – teils schon status positivus genannt, wenn es um den Schutz ggü. Dritten geht, teils status positivus als Synonym für Leistungsrechte.

[30] BVerfG, Urt. v. 18.7.1972 – 1 BvL 32/70 und 25/71 in NJW 1972, S. 1561–1571, S. 1564 (Numerus Clausus Entscheidung) – gleichzeitig aber mit Hinweis auf die Grenze der tatsächlichen Leistungsfähigkeit.

[31] Es kann daher dahinstehen, ob die Verfassung den Staat überhaupt zu (konkretem) Handeln verpflichten kann und Grundrechte nur die Freiheit oder auch die Teilhabe des einzelnen Bürgers sichern.

[32] Die Diskussion um den dogmatischen Widerspruch von Freiheitsrechten und sozialen

Ferner sprechen der Gewaltenteilungsgrundsatz und der Vorbehalt der finanziellen Leistungsfähigkeit des Staates gegen eine solche weite Auslegung der Grundrechte.

3. Die einzelnen Grundrechte

Nichts Anderes als soeben dargestellt ergibt sich bei einer Betrachtung der einzelnen Grundrechte, aus denen sich im Ergebnis kein grundsätzlicher individueller Leistungsanspruch des Bürgers gegen den Staat auf die Bereitstellung von Wohnraum herleiten lässt.

a. Art. 13 GG

Art. 13 GG schützt unmittelbar nur den Bereich der eigenen Wohnung vor staatlichen Eingriffen. Aus Art. 13 GG lassen sich keine Teilhabe- oder Leistungsrechte des Einzelnen gegen den Staat ableiten. Insbesondere gewährt Art. 13 GG kein Recht auf staatliche Gewährung einer bestimmten Wohnungsqualität oder sogar angemessenen Wohnraum im Allgemeinen.[33] Der Schutzbereich des Art. 13 GG ist „mit Blick auf [die] [....] Menschenwürde"[34] des Einzelnen der vorhandene Wohnraum und die dadurch geschaffene Privatsphäre als ein „unantastbarer Bereich privater Lebensgestaltung".[35] Das Grundrecht enthält hingegen keine Institutsgarantie.[36] Geschützt ist daher auch nicht etwa die Wohnung selbst,[37] sondern ausschließlich deren Privatheit.[38] Somit begründet Art. 13 keine

---

Grundrechten führt zurück auf einen die 1950er Jahre bestimmenden wissenschaftlichen Diskurs um die Vereinbarkeit von Sozialstaat und Rechtsstaat – so *Steinmeier, Frank*, Grundrecht auf Wohnraum – Leerformel oder verfassungspolitische Perspektive? (1991), S. 41. Das in Art. 20 Abs. 1 GG normierte Sozialstaatprinzip sei mit dem Rechtsstaatsprinzip per se nicht vereinbar. Da es sich bei dem Sozialstaatsprinzip letztlich um einen unbestimmten Rechtsbegriff handele, sei dessen Bedeutung von der jeweiligen Legislative abhängig. Wenn man also nicht das Sozialstaatsprinzip als weniger bindend und nachrangig verstehen würde, würde dessen Unbestimmtheit auch die anderen Schutzbereiche und somit die Abwehrfunktion der Freiheitsrechte in Frage stellen. Letztlich handelt es sich aber um einen konstitutiven Verfassungsgrundsatz und ist mit Art. 79 Abs. 3 GG von der Ewigkeitsgarantie umfasst. Dieser Streit ist somit überholt.

[33] Im Ergebnis auch OLG Nürnberg in NJW-RR 1990, S. 908–909, S. 909. Siehe auch BVerfGE 7, S. 198 (238), Lüth-Urteil, mit vertiefenden Literaturhinweisen.

[34] BVerfG, „Nichtigkeit der Vorschriften zur Online-Durchsuchung im Verfassungsschutzgesetz Nordrhein-Westfalen" in NJW 2008, S. 822, Rn. 191.

[35] BVerfGE 32, S. 54, Rn. 18, Entscheidung BVerfG 1. Senat, 13.10.1971, 1 BvR 280/66, „Schnellreinigung, Betriebsbetretungsrecht".

[36] *Papier, Hans-Jürgen*, in: Maunz, Theodor/Dürig, Günter, GG (2016), Art. 13, Rn. 7.

[37] Dazu auch LSG Bayern, B. v. 19.3.2013 – L 16 AS 61/AS Band 61, S. 13 B ER, Rn. 30 (juris).

[38] BVerfG, Beschl. v. 26.5.1993 – 1 BvR 208/93 in NJW 1993, S. 2037.

objektiv-rechtliche Verpflichtung des Staates zur Schaffung angemessenen Wohnraums oder etwa zur Normierung eines sozialen Mietrechts.[39] Es handelt sich um ein Abwehrrecht, ein sog. „negatorisches Grundrecht".[40]

b. Art. 6 GG

Art. 6 GG schützt zunächst die Institution der Ehe und der Familie als Abwehrrecht gegen staatliche Eingriffe. Auch aus Art. 6 GG ergibt sich keine Pflicht des Staates zur Bereitstellung von (angemessenem) Wohnraum. Zwar ist anerkannt, dass der Staat aus Art. 6 GG allgemein verpflichtet ist, Ehe und Familie durch geeignete Maßnahmen zu fördern.[41] Bei der Umsetzung und der Ausgestaltung geeigneter Maßnahmen ist der Staat allerdings frei. Angesichts dieses Gestaltungsspielraums verbietet sich die Annahme eines konkreten subjektiven Anspruchs für den Einzelnen, so dass sich auch aus Art. 6 GG keine „konkrete[n] Ansprüche auf bestimmte staatliche Leistungen"[42] ableiten lassen. Etwas Anderes ergibt sich auch nicht etwa aus Art. 6 in Verbindung mit dem in Art. 20 GG verankerten Sozialstaatsprinzip. „Zwar [besteht hiernach zum Beispiel] die allgemeine Pflicht des Staates zu einem Familienlastenausgleich [...], [...] aber die Entscheidung darüber, in welchem Umfang und in welcher Weise ein solcher sozialer Ausgleich vorzunehmen ist",[43] obliegt allein dem Staat als Adressat der grundrechtlichen Aufgabenzuweisung.

c. Art. 14 GG

Auch aus Art. 14 GG ergibt sich kein subjektives Recht des Einzelnen auf Gewährung von angemessenem Wohnraum. Grundsätzlich wäre es zwar denkbar, dass sich aus dem Schutzbereich von Art. 14 GG Handlungspflichten des Staates zum Schutz von Wohnraum ergeben. Dies liegt insbesondere in der Besonderheit begründet, dass Art. 14 GG in dem Verhältnis von Vermieter und Mieter eine besondere Stellung einnimmt. Denn der grundrechtliche Schutzbereich von Art. 14 GG umfasst sowohl das Eigentumsrecht des Vermieters als auch das Besitzrecht des Mieters. Das sich hieraus ergebende Spannungsverhältnis wird nachfolgend im Zusammenhang mit der Darstellung der Wirkungen wirtschaftspolitischer Interventionen noch näher beleuchtet.[44]

---

[39] *Papier, Hans-Jürgen,* in: Maunz, Theodor/Dürig, Günter, GG (2016), Art. 13, Rn. 7.

[40] *Ebenda.*

[41] BVerfG, Beschl. v. 29.5.1990 – 1 BvL 20/84 u. a. in NJW 1990, S. 2869 (2870).

[42] *Ebenda.*

[43] *Ebenda.*

[44] Siehe unter Kapitel 2, III. Das Spannungsverhältnis zwischen sozialstaatlicher Verpflichtung und Eigentumsschutz.

d. Art. 2 Abs. 2 S. 1 GG

Art. 2 Abs. 2 S. 1 GG schützt die körperliche Unversehrtheit des Menschen, räumt dem Einzelnen aber kein subjektives Recht auf eine angemessene Versorgung durch den Staat mit Wohnraum ein. Auch Art. 2 Abs. 2 S. 1 GG gewährt damit kein „Recht auf Zuteilung bestimmter, das allgemeine Maß öffentlicher Fürsorge übersteigende[...]"[45] Maßnahmen.

e. Art. 1 Abs. 1 GG

Einen individuell einklagbaren Anspruch auf legislatives Tätigwerden zum Schutz von Mietern ergibt sich auch nicht aus Art. 1 Abs. 1 GG.

Zwar hat der Einzelne bei unfreiwilliger[46] Obdachlosigkeit, die er nicht selbst abwenden kann (Vorrang zur Selbsthilfe), einen Anspruch auf Einweisung in eine Notunterkunft. Dies umfasst allerdings keine dauerhafte Lösung, sondern hilft lediglich kurzfristige zeitliche Lücken der Wohnungslosigkeit zu überbrücken:[47] Aufgabe der Polizei ist es, Störungen der öffentlichen Sicherheit zu beseitigen und Gefahren zu verhindern bzw. zu beseitigen.[48] Die öffentliche Sicherheit umfasst subjektive Rechte und Rechtsgüter des einzelnen und somit auch die Menschenwürde, die bei drohender bzw. bestehender unfreiwilliger Obdachlosigkeit gefährdet ist. Deshalb ist die zuständige Gefahrenabwehrbehörde verpflichtet, die Störung bzw. Gefahr zu beseitigen. Dies ist der Fall, wenn sie die obdachlose Person in eine Notunterkunft einweist.

Eine solche Einweisung verschafft aber immer nur die Möglichkeit der vorübergehenden Nutzung.[49] Eine Dauerwohnung wäre anders als eine Obdachlosenunterkunft nicht mehr vom Gefahrenabwehrrecht gedeckt.[50] Somit dient die polizeirechtliche Einweisung in eine Notunterkunft nicht einer wohnungsmäßi-

---

[45] BVerfGE 1, S. 97 (104 f.), BVerfG, Urt. v. 19.12.1951 – 1 BvR 220/51, Rn. 33, die sich auf Rentenleistungen beziehende Argumentation ist insofern übertragbar.

[46] Freiwillige Obdachlosigkeit ist Ausdruck der von Art. 2 Abs. 1 GG geschützten allgemeinen Handlungsfreiheit, vgl. dazu VGH Mannheim, Beschl. v. 2.11.1994 – 1 S 2439/94, NVwZ-RR 1995, S. 326, wonach durch die mit der Einweisungsverfügung einhergehende Zurverfügungstellung einer menschenwürdigen Unterkunft formell die Obdachlosigkeit entfällt, unabhängig davon, ob der oder die Obdachlose die Unterkunft auch bezieht.

[47] OVG Bremen, Beschl. v. 7.2.2013 – 1 B 1/13, NVwZ-RR 2013, S. 361.

[48] VGH Mannheim, Beschl. v. 5.3.1996 – 1 S 470/96, NVwZ-RR 1996, S. 439, 1. Leitsatz.

[49] *Ruder, Karl-Heinz*, NVwZ 2012, Die polizei- und ordnungsrechtliche Unterbringung von Obdachlosen, S. 1286.

[50] OVG Berlin-Brandenburg, Beschl. v. 11.4.2016 – OVG 1 S 1/16; 1 M 2/16, KommJur 2016, S. 275 sowie VG Augsburg, Beschl. v. 12.1.2015 – Aktenzeichen Au 7 E 14.1792 (abgerufen auf beck-online).

gen Versorgung.[51] Daher brauchen auch die an eine Normalwohnung zu stellenden Anforderungen bezüglich Lage, Größe, Einrichtung und sonstiger Verhältnisse nicht erfüllt zu sein.[52] Insofern müssen obdachlose Personen eine weitgehende Einschränkung ihrer Wohnansprüche hinnehmen.[53]

Jedenfalls aber ist das sog. Obdachlosenpolizeirecht gegenüber dem Sozialrecht nachrangig. Anders als das Sozialrecht ist das Polizeirecht rein reaktiv zur Behebung akuter Obdachlosigkeit. Differenzierte gesetzliche Regelungen zur Beseitigung wirtschaftlicher Notlagen enthält das Sozialgesetzbuch.[54]

Exkurs: Die Absicherung des Existenzminimums

Nach Auffassung des Bundesverfassungsgerichts leitet sich aus dem in Art. 1 Abs. 1 GG verankerten Gebot, dass die Menschenwürde unantastbar ist, ein unbedingter Anspruch auf die Gewährleistung eines menschenwürdigen Existenzminimums ab.[55] Im Zusammenspiel mit dem Sozialstaatsgebot aus Artikel 20 Abs. 1 GG ergibt sich „der dynamisierende Auftrag an den Gesetzgeber, [das menschenwürdige Existenzminimum] auch tatsächlich zu sichern".[56] Jeder Bürger hat daher einen echten „Leistungsanspruch" gegen den Staat, der „ein Mindestmaß an Teilhabe am gesellschaftlichen, kulturellen und politischen Leben"[57] sichert.

---

[51] VG Düsseldorf Beschl. v. 21.2.2011 – 23 L 24/11, BeckRS 2011, 55592 (abgerufen auf beck-online).

[52] *Ruder, Karl-Heinz*, Grundsätze der polizei- und ordnungsrechtlichen Unterbringung von (unfreiwillig) obdachlosen Menschen unter besonderer Berücksichtigung obdachloser Unionsbürger, Rechtsgutachten aus Anlass der Bundestagung der BAG Wohnungslosenhilfe e. V. in Berlin v. 9.–11.11.2015 „Solidarität statt Konkurrenz – entschlossen handeln gegen Wohnungslosigkeit und Armut", S. 44, abrufbar unter: http://www.bagw.de/de/themen/notversorgung/gutacht.html (zuletzt aufgerufen am 8.2.2017); ebenso VG Düsseldorf Beschl. v. 21.2.2011 – 23 L 24/11, BeckRS 2011, 55592 (abgerufen auf beck-online) sowie VG Augsburg, Beschl. v. 12.1.2015 – Aktenzeichen Au 7 E 14.1792 (abgerufen auf beck-online).

[53] So VGH München Beschl. v. 10.10.2008 – 4 CE 08.2647, BeckRS 2008, 28501 (abgerufen auf beck-online), mit der Einschränkung, dass die Grenze zumutbarer Einschränkungen freilich dort liegt, wo die Anforderungen an eine menschenwürdige, das Grundrecht auf körperliche Unversehrtheit achtende Unterbringung nicht mehr eingehalten sind.

[54] OVG Bremen, Beschl. v. 7.2.2013 – 1 B 1/13, NVwZ-RR 2013, S. 361.

[55] BVerfG, Urt. v. 9.2.2010 – 1 BvL 3/09 und 1 BvL 4/09, JuS 2010, S. 844 ff. (Hartz IV-Urteil), sowie bestätigend BVerfG, Beschl. v. 23.7.2014 – 1 BvL 10/12, 1 BvL 12/12, 1 BvR 1691/13, NJW 2014, S. 3425 ff.

[56] *Baer, Susanne*, Das Soziale und die Grundrechte (2014), S. 3.

[57] *Ebenda.*

(i) Entwicklung in der Rechtsprechung

Während das Bundesverfassungsgericht im Jahr 1951 einen Anspruch auf Gewährleistung eines Existenzminimums noch verneint hat,[58] erkennt es ein solches Grundrecht mittlerweile an und bestätigt seine diesbezügliche Rechtsprechung regelmäßig.[59]

Im Einklang mit der lange Zeit vorherrschenden Lehre entsprach es der ständigen Rechtsprechung des Bundesverfassungsgerichts, dass Art. 1 Abs. 1 GG die Würde des Menschen nur negativ gegen Angriffen des Staates abschirmen sollte.[60] Selbst wenn der Staat durch Art. 1 S. 2 GG verpflichtet wäre die Achtung und den Schutz der Menschenwürde zu schützen, sei jedenfalls nicht etwa der Schutz vor materieller Not gemeint. Ziel des Art. 1 GG sei es vielmehr, die Menschenwürde gegen Angriffe durch andere, wie z.B. durch Erniedrigung, Brandmarkung, Verfolgung zu schützen.[61]

Im Jahr 1974 stellte das Bundesverfassungsgericht fest, dass die „staatliche Gemeinschaft [...] jedenfalls die Mindestvoraussetzungen für ein menschenwürdiges Dasein sichern"[62] müsse, wozu insbesondere die Einräumung eines materiellen Existenzminimums gehöre. Mit seinen späteren Entscheidungen konkretisierte das Bundesverfassungsgericht den Umfang und die Reichweite des staatlichen Existenzminimums, indem es feststellte, dass der Staat „verpflichtet [sei] [...], dem mittellosen Bürger [...] Mindestvoraussetzungen [für ein menschenwürdiges Dasein] erforderlichenfalls durch Sozialleistungen zu sichern".[63] Zur Begründung führte das Bundesverfassungsgericht aus, dass „mit dem Fortfall der materiellen Grundlagen eines menschenwürdigen Daseins [...] auch die Menschenwürde selbst verloren"[64] gehe. In der Entscheidung stellte das Bundesverfassungsgericht fest, dass das durch Art. 1 Abs. 1 GG i.V.m. Art. 20 Abs. 1 GG garantierte Existenzminimum dem einzelnen Bürger verbleiben müsse und folglich nicht besteuert werden dürfe.

„Ebenso wie der Staat nach diesen Verfassungsnormen verpflichtet ist, dem mittellosen Bürger diese Mindestvoraussetzungen erforderlichenfalls durch Sozialleistungen zu sichern (...), darf

---

[58] BVerfG, Beschl. v. 19.12.1951 – 1 BvR 220/51, NJW 1952, S. 297 ff.

[59] BVerfG, Beschl. v. 18.6.1975 – 1 BvL 4/74 in NJW 1975, S. 1691 ff.; so auch st. Rspr. BVerfGE 113, S. 88 (108 f.) – In dem sog. Hartz IV-Urteil sprach das BVerfG dann explizit von einem „Grundrecht auf Gewährleistung eines menschenwürdigen Existenzminimums".

[60] BVerfG, Beschl. v. 19.12.1951 – 1 BvR 220/51, NJW 1952, S. 297 (298).

[61] *Ebenda.*

[62] BVerfG, Beschl. v. 18.6.1975 – 1 BvL 4/74, NJW 1975, S. 1691 (1692).

[63] BVerfG, Beschl. v. 29.5.1990 – 1 BvL 20/84, NJW 1990, S. 2869 (2871).

[64] *Stober, Rolf*, Grundrechtsschutz der Wirtschaftstätigkeit (1989), S. 29 f. Weiter schreibt er: „Deshalb ist die Menschenwürde als solche getroffen, wenn der Mensch gezwungen ist, ökonomisch unter Lebendbedingungen zu existieren, die ihn zum Objekt erniedrigen".

er dem Bürger das selbst erzielte Einkommen bis zu diesem Betrag – der im folgenden als Existenzminimum bezeichnet wird – nicht entziehen."[65]

Damit stellte das Bundesverfassungsgericht fest, dass der Staat den Bürger bis zum Existenzminimum „aufgrund seiner verfassungsrechtlichen Verpflichtung aus dem Sozialstaatsgebot selbst unterstützen"[66] müsse, wenn diesem ansonsten weniger Mittel, als zur Erfüllung der „Mindestvoraussetzungen für ein menschenwürdiges Dasein"[67] erforderlich, zur Verfügung stehen.

„Art. 1 Abs. 1 GG setzt [somit] voraus, daß sich der Mensch in einer wirtschaftlichen Lage befindet, in der er die persönlichkeitsessentiellen Außenweltgüter beschaffen kann."[68] Für den Fall, dass der Einzelne dies nicht kann, sei der Staat verpflichtet ein System der sozialen Absicherung zu etablieren und es sozialpolitisch zu gestalten.[69] So urteilte das Bundesverfassungsgericht als es im Jahr 2001 Gelegenheit hatte sich im Rahmen eines Urteils zur Verfassungsmäßigkeit der privaten Pflegeversicherung mit dieser Dimension der Menschenwürde zu beschäftigen.

Im Jahr 2010 hat das Bundesverfassungsgericht seine damalige Auffassung ausdrücklich bestätigt und die Reichweite hierbei wie folgt konkretisiert:

„Der unmittelbar verfassungsrechtliche Leistungsanspruch auf Gewährleistung eines menschenwürdigen Existenzminimums […] gewährleistet das gesamte Existenzminimum durch eine einheitliche grundrechtliche Garantie, die sowohl die physische Existenz des Menschen, also Nahrung, Kleidung, Hausrat, Unterkunft, Heizung, Hygiene und Gesundheit…, als auch die Sicherung der Möglichkeit zur Pflege zwischenmenschlicher Beziehungen und zu einem Mindestmaß an Teilhabe am gesellschaftlichen, kulturellen und politischen Leben umfasst, denn der Mensch als Person existiert notwendig in sozialen Bezügen"[70].

Art. 1 Abs. 1 GG ist damit nicht nur ein Abwehrrecht gegen Eingriffe des Staates, sondern verpflichtet den Staat ausdrücklich, die Menschenwürde auch aktiv zu schützen.[71] Mit dieser objektiven Verpflichtung korrespondiert ein „Leistungsanspruch des Grundrechtsträgers."[72] Daher sind jedem „Hilfebedürftigen diejenigen materiellen Voraussetzungen zu[gesichert], die für seine physische Existenz und für ein Mindestmaß an Teilhabe am gesellschaftlichen, kulturellen und

---

[65] BVerfG, Beschl. v. 29.5.1990 – 1 BvL 20/84, NJW 1990, S. 2869 (2871).

[66] *Ebenda.*

[67] *Ebenda*, S. 2872.

[68] *Stober, Rolf,* Grundrechtsschutz der Wirtschaftstätigkeit (1989), S. 29 f.

[69] BVerfG, Urt. v. 3.4.2001 – 1 BvR 2014/95 in NJW 2001, S. 1709 (1711).

[70] BVerfG, Urt. v. 9.2.2010 – 1 BvL 3/09 und 1 BvL 4/09, JuS 2010, S. 844 ff. (Hartz IV-Urteil).

[71] Siehe oben unter Kapitel 2, I., Exkurs vor 4. Die Absicherung des Existenzminimums.

[72] Vgl. BVerfG, Urt. 9.2.2010 – 1 BvL 1/09, 1 BvL 3/09 und 1 BvL 4/09, JuS 2010, S. 844 (846).

politischen Leben unerlässlich sind."[73] Insofern verpflichtet die Menschenwürde den Staat zur materiellen Existenzsicherung im sozialen und wirtschaftlichen Bereich.[74]

Aber auch hierbei steht dem Gesetzgeber wiederum ein Gestaltungsspielraum zu.[75] Aus dem aus Art. 1 GG abgeleiteten Recht auf Gewährleistung eines menschenwürdigen Existenzminimums folgt nur ein Anspruch dem Grunde und nicht der Höhe nach. „Denn das Existenzminimum ist keine mathematisch feste Größe, sondern kontextabhängig."[76]

Eine konkrete Verpflichtung gibt es also dahingehend, dass der Staat das menschenwürdige Existenzminimum absichern muss. Diese Verpflichtung umfasst die Mindestvoraussetzungen, zum Beispiel durch die Gewährung von Sozialleistungen zu sichern und es umfasst auch das Bereitstellen einer Unterkunft als materielle Grundlage eines menschenwürdigen Daseins. Ein solcher Anspruch besteht dem Grunde und nicht der Höhe nach. Das Grundgesetz selbst gibt insofern keinen exakt bezifferten Anspruch vor.[77] Der Staat ist somit verpflichtet, regulative Vorkehrungen zu treffen, die das menschenwürdige Existenzminimum sichern und soziale Sicherungen zu schaffen, so dass grundsätzlich niemand gänzlich ohne Wohnraum, obdachlos, sein muss. Diese Verpflichtung erfüllt er insbesondere bei der Ausgestaltung sozialrechtlicher Regelungen.

(ii) Einfachgesetzliche Absicherung nach dem SGB II und XII

Ein einfachgesetzlicher Anspruch auf Gewährleistung einer Unterkunft ergibt sich aus dem Sozialgesetzbuch (SGB). Das Arbeitslosengeld nach dem SGB II und die Sozialhilfe („Hartz IV") nach dem SGB XII enthalten jeweils die sog. „Hilfe zum Lebensunterhalt", um mit einer Grundsicherung, das soziale Existenzminimum sicherzustellen.[78] Unter anderem übernimmt der Staat nach § 22 Abs. 1 S. 1 SGB II und § § 27a Abs. 1 S. 1 SGB XII Leistungen für Unterkunft und Heizung (Wohnkosten) in Höhe der tatsächlichen Aufwendungen, soweit

---

[73] BVerfG, Urt. 9.2.2010 – 1 BvL 1/09, 1 BvL 3/09 und 1 BvL 4/09, JuS 2010, S. 844 (844).

[74] Dazu ausführlicher sowie zu der vorgeschalteten Frage der Einklagbarkeit von Art. 1 Abs. 1 GG siehe *Geddert-Steinacher, Tatjana,* Menschenwürde als Verfassungsbegriff: Aspekte der Rechtsprechung des Bundesverfassungsgerichts zu Art. 1 Abs. 1 Grundgesetz (1990), S. 172 f.

[75] So heißt es im Leitsatz Nr. 2 des Hartz IV-Urteils, BVerfG, Urt. 9.2.2010 – 1 BvL 1/09, 1 BvL 3/09 und 1 BvL 4/09, JuS 2010, S. (844) 844.

[76] *Unruh, Peter,* Kant – Menschenwürde – Sozialstaat (2007), S. 149, siehe auch *Neumann, Volker*, Menschenwürde und Existenzminimum (1995), S. 426 ff.

[77] BVerfG, Beschl. v. 23.7.2014 – 1 BvL 10/12, 1 BvL 12/12, 1 BvR 1691/13, NJW 2014, S. 3425 (3427) mwN.

[78] Bericht über die Höhe des steuerfrei zu stellenden Existenzminimums von Erwachsenen und Kindern für das Jahr 2014 (Neunter Existenzminimumbericht), BT-Drs. 17/11425, S. 2.

diese angemessen sind. Dabei beurteilt sich die „Angemessenheit der Kosten der Unterkunft [...] einerseits nach den individuellen Verhältnissen des Einzelfalls, insbesondere nach der Anzahl der Familienangehörigen, ihrem Alter, Geschlecht und Gesundheitszustand, sowie andererseits nach der Zahl der vorhandenen Räume, dem örtlichen Mietniveau und den Möglichkeiten auf dem örtlichen Wohnungsmarkt."[79] „Nach der Rechtsprechung des Bundessozialgerichts sind die Kosten für eine Unterkunft angemessen, wenn von dem Leistungsberechtigten sachliche Gründe vorgetragen werden und es ihm „konkret nicht möglich oder nicht zumutbar ist, durch Anmietung einer als angemessen eingestuften Wohnung [...] oder auf andere Weise die Aufwendungen zu senken"[80].

Am 23.7.2014 entschied das Bundesverfassungsgericht, dass die Leistungen zur Sicherung des Lebensunterhalts nach dem Zweiten Buch des Sozialgesetzbuchs der Sicherung des Existenzminimums genügen:[81]

„Der Gesetzgeber hat die zur Sicherung einer menschenwürdigen Existenz erforderlichen Leistungen durch gesetzliche Ansprüche gesichert. Es ist nicht zu erkennen, dass er relevante Bedarfsarten übersehen hätte. Die zu überprüfenden Regelungen normieren ein System von Leistungsansprüchen, das – ohne vom Grundgesetz als einzig mögliches vorgegeben zu sein – grundsätzlich keine substantiellen Defizite enthält."[82]

Darüber hinaus gibt es Regelungen, die einer Gefährdung des Existenzminimums entgegenwirken sollen. Gemäß 2. Abschnitt Ziff. IV Nr. 1 der Anordnung über die Mitteilungspflichten in Zivilsachen[83] sind die Amtsgerichte verpflichtet, eingehende Klagen auf Räumung von Wohnraum bei Zahlungsverzug des Mieters den für die Entgegennahme zuständigen örtlichen Behörden (Sozial- oder Bezirksämter) mitzuteilen, vgl. § 22 Abs. IX SGB II, § 36 Abs. 2 SGB XII.

Nach § 22 Abs. VIII SGB II und § 36 Abs. 1 SGB XII können die Schulden des Mieters vom Staat übernommen werden. Verpflichtet sich ein kommunaler Träger die Ansprüche des Vermieters zu befriedigen, führt dies zur Unwirksamkeit der Kündigung, vgl. § 569 Abs. 3 Nr. 2 Satz 1 BGB.

---

[79] *Ebenda*, S. 3 f., siehe dort auch weitere Informationen und einzelne Berechnungen.

[80] So SG Aachen, Urt. v. 21.10.2014 – S 11 AS 25/14 – Rn. 27 m. w. N. (juris). Siehe dort auch vertiefende Ausführungen zu dem Stufenkonzept der Ermittlung und dessen Überprüfung.

[81] BVerfG, Beschl. v. 23.7.2014 – 1 BvL 10/12, 1 BvL 12/12, 1 BvR 1691/13 (juris); das SG Berlin hatte die seit Januar 2011 geltenden Regelbedarfe für nicht mehr verfassungskonform gehalten, während das Bundessozialgericht in einer Sprungrevision die Verfassungsmäßigkeit bejahte wogegen sich die zur Entscheidung vorliegende Verfassungsbeschwerde richtete.

[82] BVerfG, Beschl. v. 23.7.2014 – 1 BvL 10/12, 1 BvL 12/12, 1 BvR 1691/13, Rn. 90 (juris).

[83] Neufassung der Anordnung über die Mitteilung in Zivilsachen v. 15.9.2014 (BAnz AT 29.9.2014 B1).

4. Programmatische Wohnraumgrundrechte
in den Landesverfassungen

In den Landesverfassungen einzelner Bundesländer finden sich zum Teil über den Inhalt des Grundgesetzes hinausgehende Formulierungen im Zusammenhang mit der Gewährung von Wohnraum. Allerdings ergeben sich hieraus trotz der zum Teil deutlich konkreteren Formulierungen im Ergebnis keine den Bürgern über die einfachgesetzlich eingeräumten Rechte hinausgehenden Ansprüche.

Beispielsweise heißt es in Art. 28 Abs. 1 der Verfassung von Berlin (VvB):

„Jeder Mensch hat das Recht auf angemessenen Wohnraum. Das Land fördert die Schaffung und Erhaltung von angemessenem Wohnraum, insbesondere für Menschen mit geringem Einkommen, sowie die Bildung von Wohnungseigentum."

Auch wenn der Berliner Verfassungshof feststellt, dass „Aus diesem Grundrecht [...] ein Anspruch auf eigenverantwortliche Lebensgestaltung und damit ein Recht auf Belassung eines Existenzminimums ebenso wie ein Anspruch auf menschenwürdige Unterkunft"[84] folgt, lässt er im Ergebnis offen, ob aus Art. 28 VvB unter extremen Umständen ein subjektives Klagerecht abgeleitet werden könnte und wie sich dies dann gegenüber Bundesrecht verhalten würde. Das Land Berlin ist danach (nur) verpflichtet, „im Rahmen staatlicher Einflußnahme und unter Berücksichtigung anderer staatlicher Aufgaben und Pflichten [alles] Mögliche zu tun, für Schaffung und Erhaltung von Wohnraum zu sorgen".[85] „Art. 28 Abs. 1 Satz 1 VvB [ist] eine Staatszielbestimmung".[86] Keinesfalls kann man daher aus Art. 28 Abs. 1 VvB einen Anspruch auf eine spezifische Wohnung herleiten. Wenn überhaupt könne ein subjektives Recht vor Obdachlosigkeit schützen. Keinesfalls begründe Art. 28 VvB „ein allgemeines Behaltensrecht für eine bestimmte bezogene Wohnung noch – jenseits der Obdachlosigkeit – einen sonstigen Anspruch eines einzelnen Bürgers".[87]

Auch aus Art. 22 VvB ergibt sich nichts Anderes. Dort heißt es:

„Das Land ist verpflichtet, im Rahmen seiner Kräfte die soziale Sicherung zu verwirklichen. Soziale Sicherung soll eine menschenwürdige und eigenverantwortliche Lebensgestaltung ermöglichen."

---

[84] So Verfassungsgerichtshof des Landes Berlin, Beschl. v. 22.5.1996 – 34/96, BeckRS 1996, 13975, Rn. 11.

[85] Wiederum Verfassungsgerichtshof des Landes Berlin, Beschl. v. 22.5.1996 – 34/96, BeckRS 1996, 13975, Rn. 8.

[86] Verfassungsgerichtshof des Landes Berlin, Beschl. v. 29.8.2003, Aktenzeichen: 16/03, Rn. 30.

[87] Ebenda, st. Rspr. des Verfassungsgerichtshofs des Landes Berlin, vgl. auch statt vieler BerlVerfGH, Beschl. v. 24.8.2000 – 73/99, BeckRS 2000, 17705 mwN.

Zwar ist das Land Berlin hiernach verpflichtet, eine soziale Sicherung für die Bürger zu verwirklichen, indessen lässt sich hieraus gleichfalls kein „subjektives Recht einzelner Bürger auf bestimmte staatliche Leistungen"[88] ableiten. Vielmehr hat es der „Verfassungsgesetzgeber [...] – entsprechend der Empfehlung der Enquete-Kommission „Verfassungs- und Parlamentsreform – in ihrem Schlußbericht vom 18.5.1994[89] – bewußt abgelehnt, einen Anspruch auf eine soziale Grundsicherung in die Verfassung aufzunehmen. Er hat sich vielmehr insoweit für die Aufnahme lediglich eines Staatsziels entschieden. Dieses Staatsziel entfaltet ebenso wie das in Art. 20 Abs. l und Art. 28 Abs. 1 S. 1 GG verankerte Sozialstaatsprinzip seine Wirkung namentlich bei der Anwendung und Auslegung subjektiver öffentlicher Rechte."[90]

In der Verfassung des Freistaates Bayern findet sich eine ähnliche Formulierung wie in der Verfassung von Berlin. Art. 106 der Verfassung des Freistaates Bayern lautet:[91]

(1) Jeder Bewohner Bayerns hat Anspruch auf eine angemessene Wohnung.
(2) Die Förderung des Baues billiger Volkswohnungen ist Aufgabe des Staates und der Gemeinden.
(3) Die Wohnung ist für jedermann eine Freistätte und unverletzlich.

Auch die Verfassung des Landes Bremen enthält eine solch deutliche Formulierung, ohne dass hiermit allerdings weitergehende Ansprüche der Bürger verbunden sind.[92]

Etwas unverbindlicher ist die Verfassung des Landes Brandenburg. Dort heißt es in Art. 47 Abs. 1:

Das Land ist verpflichtet, im Rahmen seiner Kräfte für die Verwirklichung des Rechts auf eine angemessene Wohnung zu sorgen, insbesondere durch Förderung von Wohneigentum, durch Maßnahmen des sozialen Wohnungsbaus, durch Mieterschutz und Mietzuschüsse.

---

[88] Verfassungsgerichtshof des Landes Berlin, Beschluss v. 22.5.1996 – 34/96, BeckRS 1996, 13975, Rn. 9.

[89] Abgeordnetenhaus-Drucksache 12/4376, S. 29 f. und 43.

[90] Verfassungsgerichtshof des Landes Berlin, Beschluss v. 22.5.1996 – 34/96, BeckRS 1996, 13975, Rn. 9 (abgerufen auf beck-online) mit Verweis auf Stellungnahme des Senats von Berlin v. 23.1.1995 in Abgeordnetenhaus-Drucksache 12/5224 S. 4 sowie BVerwG, Urt. v. 24.6.1954 – BVerwG V C 78/54, BVerwGE 1, S. 159 (161 f.) und BVerfG, Beschl. v. 12.12.1973 – 1 BvL 19/72, BVerfGE 36, S. 237 (249).

[91] In der Fassung der Bekanntmachung v. 15.12.1998.

[92] Art. 14 Bremische Landesverfassung: Jeder Bewohner der Freien Hansestadt Bremen hat Anspruch auf eine angemessene Wohnung. Es ist Aufgabe des Staates und der Gemeinden, die Verwirklichung dieses Anspruchs zu fördern.

Im Ergebnis enthalten damit auch die Landesverfassungen keine subjektiv einklagbaren Rechte zugunsten der Bürger.[93] Den Landesverfassungen ist vielmehr
ein ausschließlich programmatischer Charakter zuzuschreiben.[94] Im Rahmen
dieser Arbeit nicht weiter betrachtet wird die Frage, inwieweit die Landesverfassungen den Bürgern im Bereich der Wohnungspolitik überhaupt weitergehende
Rechte als der Bund einräumen dürften.[95]

II. Wirtschaftspolitischer Gestaltungsspielraum

Unter Kap 2 I. wurde dargestellt, dass der Staat im Zusammenhang mit der Sicherung des Existenzminimums grundsätzlich verpflichtet ist, angemessene Vorkehrungen zur Vermeidung von Wohnungslosigkeit zu treffen. Im Übrigen hat
der Staat in der Wohnungspolitik einen weiten Gestaltungsspielraum, ob und
gegebenenfalls in welcher Form er regulierend in den Wohnungsmarkt eingreift.
Die mögliche Bandbreite staatlichen wohnungspolitischen Handelns reicht damit – jedenfalls theoretisch – von der Einführung einer zentralisierten Wohnungszwangswirtschaft bis hin zur vollständigen und umfassenden Marktlibera-
lisierung.[96]

1. Interventionsgeschichte: Vom liberalen zum sozialen Rechtsstaat

Dass der Staat tatsächlich durch sein Handeln aktiv in das gesellschaftliche Geschehen eingreift, war schon lange vor Inkrafttreten des Grundgesetzes im Jahr

---

[93] So auch Verfassungsgerichtshof des Landes Berlin, Beschl. v. 22.5.1996 – 34/96, Beck-
RS 1996, 13975, Rn. 8.

[94] Teilweise folgt dies schon daraus, dass einige Landesverfassungen sich an der programmatischen Ausrichtung der Verfassung der Weimarer Republik und dessen Art. 155 WRV ori-
entiert haben. In der Weimarer Reichsverfassung hieß es, dass jedem Deutschen eine gesunde
Wohnung gesichert werden sollte; so zum Beispiel auch Verfassungsgerichtshof des Landes
Berlin, Entscheidungsdatum: 14.2.2005 – 186/04, Dokumenttyp: Beschluss, Rn. 14. Dazu ausführlicher unter Kapitel 1 II Weimarer Republik.

[95] Art. 142 GG – „Die Grundrechtshoheit der Länder ist ein originärer und wesentlicher
Bestandteil ihrer Verfassungshoheit." – dazu auch *Korioth, Stefan*, in: Maunz, Theodor/Dürig,
Günter, GG (2016) Art. 142, Rn. 1 ff.; sowie in der Tendenz auch BVerfGE 36, S. 342 (362,
367). Nach BVerfGE 96, S, 345 (363 ff.) ist es „den Ländern unbenommen, weitere Grundrechte aufzustellen und ihre Gewährleistung dem Bundesrecht gegenüber zu verstärken, insbesondere auf dem Gebiet der Gemeinschaftsordnung."

[96] Vertiefend zu dem vorgeschalteten Verteilungsproblem *Mairose, Ralf/Orgaß, Gerhard*,
Wohnungs- und Bodenpolitik in der Bundesrepublik Deutschland Kostenmiete – Städtebaurecht – Wohnungseigentum durch Mietkauf (1973), S. 5.

1949 verbreitete Praxis. Seit Anfang des 20. Jahrhunderts hat sich Deutschland faktisch zu einem Interventionsstaat entwickelt.[97]

Bereits im Zuge der Industrialisierung und der Arbeiterwanderung in die Städte[98] reagierte der Staat auf gesellschaftliche Entwicklungen mit ersten sozialpolitischen Maßnahmen.[99] Dennoch war das „Sozialstaatsprinzip" bis zur Verabschiedung des Grundgesetzes rein programmatischer Natur; die Bürger sollten und konnten hieraus keinerlei Ansprüche ableiten. Die Macher des Grundgesetzes waren die ersten, die dem Sozialstaatsprinzip einen verbindlichen normativen Charakter zusprachen. Hintergrund war der zunehmende Wunsch der politischen Akteure, aktiv und mit gestalterischem Anspruch, die gesellschaftliche Entwicklung in der Bundesrepublik Deutschland mit zu beeinflussen. So stellt *Walkenhaus* rückblickend fest, dass im Wohlfahrtsstaat des 20. Jahrhunderts vor allem die Leistungsaufgaben expandiert seien.[100] Tatsächlich war die Daseinsvorsorge im 20. Jahrhundert neben der Frage der „sozialen Gerechtigkeit" und der Verteilung der Kriegslasten eine der wichtigen Komponenten des „sozialen Rechtsstaats".[101]

Der Begriff der Daseinsvorsorge wurde in den 1930er Jahren wesentlich von *Forsthoff* geprägt.[102] *Forsthoff* schrieb dem Staat eine aktivere Aufgabe zu. So definierte er beispielsweise die Schaffung einer ausreichenden Infrastruktur als staatliche Aufgabe. Bis dahin nahm man „den jeweiligen Gesamtzustand der Gesellschaft [...] als etwas Gegebenes und Unabänderliches hin"[103]. „Während die Sozialpolitik zumindest im Kern darauf abzielt, Ungerechtigkeiten zu beseitigen, die die Gesellschaft selbst produziert hat [...] [zielt] Infrastrukturpolitik i.w.S. darauf [...], die Gesellschaft und insbesondere die Wirtschaft aktiv fortzuentwickeln"[104]. *Forsthoff* bezog die Infrastruktur in den staatlichen Aufgabenkata-

---

[97] *Grzeszick, Bernd*, in: Maunz, Theodor/Dürig, Günter, GG (2016), Art. 20, Rn. 6 ff.

[98] *Spoerr, Kathrin*, Recht und Revolution (2011), S. 103.

[99] Hierzu vertiefend *Ernst Huber, Rudolf*, Rechtsstaat und Sozialstaat (1968), S. 599 f. sowie *Stolleis, Michael*, Die Entstehung des Interventionsstaates und das öffentliche Recht (1989), S. 129 ff.

[100] *Walkenhaus, Ralf*, Entwicklungslinien moderner Staatlichkeit Konzeptualisierungsprobleme des Staatswandels (2006), S. 38; weiterführende Ausführungen bei *Neuner, Jörg*, Privatrecht und Sozialstaat (1999), S. 134 ff., der die Verfassungsprotokolle zu Art. 20 Abs. 1 GG auswertete.

[101] *Herzog, Roman/Grzeszick, Bernd*, in: Maunz, Theodor/Dürig, Günter, GG (2013), Art. 20, Rn. 10 ff.

[102] Zur Daseinsvorsorge ganz wesentlich *Forsthoff, Ernst*, Die Verwaltung als Leistungsträger (1938) sowie *ders.*, Rechtsfragen der leistenden Verwaltung (1959).

[103] *Herzog, Roman/Grzeszick, Bernd*, in: Maunz, Theodor/Dürig, Günter, GG (2013), Art. 20, Rn. 13 f.

[104] *Ebenda.*

log ein und fasste somit verschiedene Versorgungsleistungen der öffentlichen Hand unter dem Begriff Daseinsvorsorge zusammen.[105]

Nach dem heutigen Verständnis umfasst das in Art. 20 Abs. 1 GG verankerte Sozialstaatsprinzip sowohl die Daseinsvorsorge als auch die aktive Fortentwicklung von Wirtschaft und Gesellschaft.[106] Die heutige Sozial- und Infrastrukturpolitik erfordert dementsprechend hohe finanzielle Aufwendungen. Der Staat ist daher zur sogenannten Konjunkturvorsorge verpflichtet. Nur durch ein stetiges und nachhaltiges Wirtschaftswachstum ist der Staat in der Lage, die für die Daseinsvorsorge erforderlichen Aufwendungen nachhaltig zu finanzieren.

2. Wirtschaftspolitische Neutralität des Grundgesetzes

Faktisch liegt unserer heutigen Wirtschaftsordnung das Modell der sozialen Marktwirtschaft zugrunde. Hintergrund ist (jedenfalls auch) die aus dem Sozialstaatsgedanken resultierende Überzeugung, dass die Märkte ohne jegliche Regulierung nicht in der Lage sind, ein ausgeglichenes gesellschaftliches Miteinander zu gewährleisten.

Einigkeit besteht insofern, als dass der Staat grundsätzlich in der Lage sein muss, regulierend in den Markt einzugreifen.[107] Dem Gesetzgeber obliegt die Ordnung der Wirtschaft. Entsprechen kann und muss er Entscheidungen innerhalb der ihm durch das Grundgesetz gezogenen Grenzen treffen.[108]

Keine Einigkeit besteht hingegen darüber, wie und in welchem Umfang der Staat auch tatsächlich und konkret in den Markt eingreifen sollte. Denn welche politischen Maßnahmen der Einzelne im Detail für richtig hält, hängt wesentlich von dessen (wirtschafts-)politischer Einstellung ab.[109]

---

[105] *Forsthoff,* Ernst, Verwaltung als Leistungsträger (1938). Allgemein zum Wirtschaftsverwaltungsrecht siehe auch *Huber, Ernst Rudolf,* Wirtschaftsverwaltungsrecht Band 1 (1953) und Band 2 (1954).

[106] *Herzog, Roman/Grzeszick, Bernd,* in: Maunz, Theodor/Dürig, Günter, GG (2013), Art. 20, Rn. 13 f.

[107] Weiterführend zum Verhältnis von Vertragsfreiheit und Sozialbindung im gleichnamigen Aufsatz *Fischer, Robert,* Vertragsfreiheit und Sozialbindung (1974), S. 209–213, mit dem Hinweis, dass dies in der Praxis regelmäßig zu einer Einschränkung der Vertragsfreiheit führt.

[108] Papier, Hans-Jürgen, Grundgesetz und Wirtschaftsordnung (1994), § 18, Rn. 1.

[109] *Karl Schiller,* Bundeswirtschaftsminister 1966–1972, umschrieb die Aufgabe des Staates Ende der 1960er Jahre beispielsweise mit den oft zitierten Worten „so viel Markt wie möglich, so viel Staat wie nötig", so wörtlich zitiert von *Schlösser, Hans-Jürgen,* Aufgaben und Grenzen von Markt und Staat (2007), online abrufbar unter: http://www.bpb.de/izpb/8455/aufgaben-und-grenzen-von-markt-und-staat?p=all (zuletzt aufgerufen am 4.12.2020).

Daher haben auch die Macher des Grundgesetzes die „Frage des „Wirtschaftslebens" im Grundgesetz bewusst offen gelassen.[110] Auf einen sozialen Rechtsstaat als Staatszielbestimmung konnten sie sich trotz unterschiedlicher politischer Ansichten gerade nur aufgrund des weiten Auslegungsspielraums einigen,
da alle Beteiligten darin ihre eigene Anschauung wiederfinden konnten. Schließlich verändern sich mit der politischen Einstellung Inhalt und Umfang des So-
zialstaatsprinzips und somit auch die sich daraus ergebenden Verpflichtungen
des Staates.[111]

Dennoch waren „Der Status der grundgesetzlichen Sozialstaatsklausel sowie
Art und Umfang ihrer Geltung [...] zunächst unklar. In den Anfängen der Grund-
gesetzinterpretation ist sie teilweise noch als unverbindlicher Programmsatz ge-
deutet worden"[112]. Die Diskussion um eine Wirtschaftsverfassung[113] wurde in
den 1950er Jahren vor allem im Schrifttum geführt. Mit der so genannten Investitionshilfe-Entscheidung[114] bestätigte aber das Bundesverfassungsgericht die
wirtschafspolitische Neutralität des Grundgesetzes, die darin bestehe, „daß sich
der Verfassungsgeber nicht ausdrücklich für ein bestimmtes Wirtschaftssystem
entschieden hat. Dies ermöglicht dem Gesetzgeber die ihm jeweils sachgemäß
erscheinende Wirtschaftspolitik zu verfolgen, sofern er dabei das Grundgesetz
beachtet."[115] „Das Grundgesetz enthält keine unmittelbare Festlegung und Gewährleistung einer bestimmten Wirtschaftsordnung"[116].

„Inzwischen besteht Einigkeit darüber, dass Art. 20 Abs. 1, 28 Abs. 1 S. 1 GG
auch im Hinblick auf die Sozialstaatlichkeit bindende Verfassungsnormen
sind."[117] Die wirtschaftspolitische Entscheidung für eine „soziale Marktwirtschaft" spiegelt sich im Grundgesetz zwar wieder, ist aber nicht alternativlos.[118]
Das Sozialstaatsprinzip ist nicht mit der sozialen Marktwirtschaft gleichzusetzen. Art. 20 Abs. 1 GG enthält mit der „Wendung vom ‚sozialen Bundesstaat'
[lediglich] ein Bekenntnis"[119] zum Sozialstaat, das bei der Auslegung des Grund-

---

[110] *Storr, Stefan*, Der Staat als Unternehmer, S. 92 vgl. dazu auch die Ausführungen unter
Kapitel 2, I. 1. Entstehung des Grundgesetzes – verfassungsgeschichtliche Entwicklung.

[111] *Herzog, Roman/Grzeszick, Bernd* in *Maunz, Theodor/Dürig, Günter*, GG (2013), Art. 20,
Rn. 20.

[112] *Unruh, Peter*, Kant – Menschenwürde – Sozialstaat (2007), S. 148.

[113] Dazu weiterführend *Storr, Stefan*, Der Staat als Unternehmer, S. 92.

[114] Investitionshilfe Entscheidung, BVerfGE 4, S. 7 (17 f.).

[115] *Ebenda*.

[116] *Papier*, Hans-Jürgen, Grundgesetz und Wirtschaftsordnung (1994), § 18, Rn. 1.

[117] *Unruh, Peter*, Kant – Menschenwürde – Sozialstaat (2007), S. 148 mwN.

[118] *Schmoeckel, Mathias/Maetschke, Matthias*, Rechtsgeschichte der Wirtschaft (2016),
S. 315 ff. vertiefend zur Wirtschaftsordnung der Bundesrepublik und Bedeutung und Entwicklung der Sozialen Marktwirtschaft.

[119] BVerfGE 1, S, 97 (104 f.), BVerfG, Urt. v. 19.12.1951 – 1 BvR 220/51, Rn. 34 (juris).

gesetzes wie bei der Auslegung anderer Gesetze von entscheidender Bedeutung sein kann."[120]

In seinen wirtschaftspolitischen Entscheidungen ist der Gesetzgeber in den Grenzen des Grundgesetzes frei. Und das Grundgesetz setzt keine Grenzen durch die eine bestimmte Wirtschaftsordnung und Regelungsdichte von Interventionsmaßnahmen vorgegeben wäre. Somit ist der Staat auch in der konkreten Ausgestaltung seiner Wohnungspolitik frei.[121] Das „Grundgesetz [gibt] nur den Rahmen, nicht aber bestimmte Lösungen vor."[122] Nicht zuletzt weil das Sozialstaatsprinzip und die objektive Werteordnung auch viel zu unbestimmt wären (dazu sogleich), wollte man ihnen eine Pflicht zu bestimmten sozialen Reformen entnehmen.[123]

Im Ergebnis ist das Grundgesetz damit wirtschaftspolitisch neutral.[124] Es enthält „weder eine bestimmte Wirtschaftsverfassung noch liegt ihm ein Verfassungsauftrag zur Realisierung einer bestimmten Wirtschaftsverfassung zugrunde."[125] Auch wenn die Wohnungspolitik der letzten Jahrzehnte insbesondere durch die sozialen Marktwirtschaft geprägt worden ist, ist diese Politik auch vor dem Hintergrund des Grundgesetzes keinesfalls alternativlos[126] solange der Gesetzgeber bei der wirtschaftspolitischen Gesetzgebung stets die Schranken der Verhältnismäßigkeit und des Übermaßverbotes wahrt[127].

---

[120] *Ebenda.*

[121] BVerfG, Beschl. v. 18.6.1975 – 1 BvL 4/74 in NJW 1975, S. 1691–1693, S. 1692.

[122] BVerfGE 92, S. 26 (46).

[123] *Zippelius, Reinhold*, Deutsches Staatsrecht (2008), S. 134, Rn. 16.

[124] Dazu vertiefend BVerfGE 4, S. 7 (17 f.) – Investitionshilfe-Entscheidung sowie BVerfGE 7, S. 377 (400) – Apothekenurteil und BVerfGE 50, S. 290 (336 ff.) Mitbestimmung; kritisch *Herzog, Roman/Grzeszick, Bernd*, die den Grundsatz für überholt halten: Es handele sich bei der Marktwirtschaft durchaus um ein in der Verfassung verankertes Prinzip. Allerdings nicht um eine „vorbehaltlose Verfassungsnorm" so dass jede Durchbrechung unzulässig wäre, vgl. *Herzog, Roman/Grzeszick, Bernd*, in: Maunz, Theodor/Dürig, Günter, GG (2013), Art. 20 GG, Rn. 60 ff. mwN.

[125] *Stober, Rolf*, Grundrechtsschutz der Wirtschaftstätigkeit (1989), S. 1; zu dem gleichen Ergebnis kommt *Brückner*, der die verschiedenen Ansichten darstellt und die Entwicklung der Rechtsprechung des BVerfG skizziert: *Brückner, Martin Lars*, Sozialisierung in Deutschland (2012), S. 197 ff.

[126] Dazu weiterführend *Storr, Stefan*, Der Staat als Unternehmer: Öffentliche Unternehmen in der Freiheits- und Gleichheitsdogmatik des nationalen Rechts und des Gemeinschaftsrechts (2001), S. 92.

[127] *Papier, Hans-Jürgen*, Grundgesetz und Wirtschaftsordnung (1994), § 18, Rn. 79.

a. Ein Bekenntnis zum Sozialstaat

Das Sozialstaatsprinzip hat Direktivcharakter[128] und verpflichtet den Staat, „für einen Ausgleich der sozialen Gegensätze und damit für eine gerechte Sozialordnung zu sorgen"[129]. Dabei handelt es sich um „einen Gestaltungsauftrag an den Gesetzgeber"[130] mit einem weiten Gestaltungsspielraum:[131]

„Das Sozialstaatsprinzip stellt [...] dem Staat eine Aufgabe, sagt aber nichts darüber, wie diese Aufgabe im einzelnen zu verwirklichen ist – wäre es anders, dann würde das Prinzip mit dem Prinzip der Demokratie in Widerspruch geraten: Die demokratische Ordnung des Grundgesetzes würde als Ordnung eines freien politischen Prozesses entscheidend eingeschränkt und verkürzt, wenn der politischen Willensbildung eine so und nicht anders einzulösende verfassungsrechtliche Verpflichtung vorgegeben wäre"[132]

Danach ist der Staat „verfassungsrechtlich zu sozialer Aktivität, insbesondere dazu verpflichtet, sich um einen erträglichen Ausgleich der widerstreitenden Interessen und um die Herstellung erträglicher Lebensbedingungen für alle [...] zu bemühen."[133] In der konkreten Ausgestaltung selbst ist der Gesetzgeber aber frei.[134]

„Die Sozialstaatsklausel des Grundgesetzes gibt der Staatsgewalt nur ein allgemeines Ziel als verbindliche Handlungsmaxime vor; die Frage, wie dieses Ziel zu erreichen ist, beantwortet sie nicht."[135] Mit der Folge, dass sogar aktive Verstöße durch gesetzliche Regelungen nur beanstandet werden können, „wenn der Gesetzgeber maßgebliche Pflichten entweder überhaupt außer Acht gelassen oder ihnen offensichtlich nicht genügt hat."[136]

Aufgrund der „Weite und Unbestimmtheit [des Gestaltungsauftrags] läßt sich daraus regelmäßig kein Gebot entnehmen, [dem Einzelnen] soziale Leistungen in einem bestimmten Umfang [...] gewähren"[137] zu müssen. Zwingend vorgegeben ist lediglich, „daß der Staat die Mindestvoraussetzungen für ein menschen-

---

[128] *Unruh, Peter,* Kant – Menschenwürde – Sozialstaat (2007), S. 133–150.

[129] BVerfG, Urt. v. 18.7.1967 – 2 BvF 3-8, 139, 140, 334, 335/62 in NJW 1967, S. 1795 (1795).

[130] BVerfG, Beschl. v. 19.12.1978 – 1 BvR 335, 427, 811/76 in NJW 1979, S. 1151 (1158) sowie Vgl. BVerfG, Beschl. v. 3.4.1979 – 1 BvL 30/76 in NJW 1979, S. 1703 (1704).

[131] BVerfG, Beschl. v. 29.5.1990 – 1 BvL 20/84 u.a. in NJW 1990, S. 2869 (2870).

[132] BVerfG, Beschl. v. 13.1.1982 – 1 BvR 848/77 u.a. in NJW 1982, S. 1447 (1449).

[133] BVerfGE 1, S. 97 (104 f.).

[134] BVerfGE 100, S. 271 ff., dazu ausführlicher auch *Klöpfer, Michael,* Rechtsprobleme der Versagung der Anschlussförderung im Berliner Sozialen Wohnungsbau, Rechtsgutachten, S. 64, Rn. 76.

[135] *Unruh, Peter,* Kant – Menschenwürde – Sozialstaat (2007), S. 148 mwN. (z.B. BVerfGE 20, S. 180 (204).

[136] BVerfG, Beschl. v. 29.5.1990 – 1 BvL 20/84, NJW 1990, S. 2869 (2873).

[137] *Ebenda,* S. 2870.

würdiges Dasein seiner Bürger schafft."[138] Nur wenn der Gesetzgeber dies will-
kürlich unterlässt oder die „getroffenen Regelungen und Maßnahmen gänzlich
ungeeignet oder völlig unzulänglich sind, das gebotene Schutzziel zu erreichen,
oder erheblich dahinter zurückbleiben"[139], kann „dem Einzelnen hieraus ein mit
der Verfassungsbeschwerde verfolgbarer Anspruch erwachsen."[140] Insoweit
muss der Staat „einem Bedürftigen in Erfüllung des verfassungsrechtlich verankerten Sozialstaatsgebot […] helfen."[141] „Soweit es nicht um die genannten Mindestvoraussetzungen geht[,] steht es [somit] in der Entscheidung des Gesetzgebers, in welchem Umfang soziale Hilfe unter Berücksichtigung der vorhandenen
Mittel und anderer gleichrangiger Staatsaufgaben gewährt werden kann und
soll"[142]. Dies formuliert *Papier* plastisch, wenn er meint, das Sozialstaatsprinzip
verbürge kein „Wunschkonzert" an Ansprüchen.[143]

Auch weil sämtliche Leistungsrechte immer unter dem Vorbehalt des Möglichen und damit der finanziellen Leistungsfähigkeit des Staates stehen,[144] ist der
Staat nicht etwa verpflichtet, jährlich eine bestimmte Anzahl von neuen Wohnungen zu bauen oder den Bau zu fördern. Solange es sich nicht um die Absicherung
des Existenzminimums handelt, kann und muss der Staat im Einzelfall entscheiden „in welchem Umfang soziale Hilfe unter Berücksichtigung der vorhandenen
Mittel und anderer gleichrangiger Staatsausgaben gewährt werden kann und
soll."[145] Daneben findet „Der sozialstaatliche Gestaltungsspielraum […] eine
Grenze an den grundrechtlichen Rechtspositionen."[146]

---

[138] *Ebenda.*

[139] BVerfGE 92, S. 26 (46) mit Verweis auf BVerfGE 77, S. 170 (214 f.) mwN.

[140] BVerfGE 1, S. 97 (104 f.).

[141] BVerfG, Urt. v. 7.6.2005 – 1 BvR 1508/96, Rn. 6, A.I.2.

[142] BVerfG, Beschl. v. 29.5.1990 – 1 BvL 20/84 u.a. in NJW 1990, S. 2869 (2870); vgl.
auch *Baer, Susanne*, die zum Sozialstaatsprinzip zusammenfasst: „Das ist eben ein Prinzip,
kein Grundrecht. Es ist für sich genommen nicht individuell einklagbar und vermittelt keinen
Anspruch. Es steht unter dem Vorbehalt des Möglichen, ist ein Abwägungsgesichtspunkt, damit zwar nicht wertlos und auch nicht unverbindlich, aber jedenfalls nicht individualisiert, kein
eigenes Recht, keine durchsetzbare Forderung, nicht unhintergehbar." – *Baer, Susanne*, Das
Soziale und die Grundrechte (2014), S. 3.

[143] *Papier, Hans-Jürgen*, Die Würde des Menschen ist unantastbar (2007), S. 378.

[144] Statt vieler BVerfG, Urt. v. 18.7.1972 – 1 BvL 32/70 und 25/71, BVerfGE 33, S. 303
(333) sowie *Zippelius, Reinhold*, Deutsches Staatsrecht (2008), S. 135, Rn. 23.

[145] Vgl. BVerfG, Beschl. v. 18.6.1975 – 1 BvL 4/74 in NJW 1975, S. 1691–1693, S. 1692.

[146] *Zippelius, Reinhold*, Deutsches Staatsrecht (2008), S. 134, Rn. 14; dazu auch sogleich
unter Kapitel 2, III.

b. Die objektive Werteordnung

Nichts anderes ergibt sich aus der durch das Grundgesetz vorgegebenen und in ständiger Rechtsprechung des Bundesverfassungsgerichts anerkannten objektiven Werteordnung.[147] Die Grundrechte statuieren auch als objektive Normen eine Werteordnung, „die als verfassungsrechtliche Grundentscheidung für alle Bereiche des Rechts Geltung beanspruch[t]"[148]. Erste Ansätze ließen sich in der Rechtsprechung des Bundesverfassungsgerichts bereits im Jahr 1956 im Rahmen des sog. KPD-Verbotsurteils erkennen.[149] Im Jahr 1958 stellte das Bundesverfassungsgericht dann im Rahmen der sog. Lüth-Entscheidung[150] fest:

> „Ebenso richtig ist aber, dass das Grundgesetz, das keine wertneutrale Ordnung sein will[,] [...] in seinem Grundrechtsabschnitt auch eine objektive Wertordnung aufgerichtet hat und dass gerade hierin eine prinzipielle Verstärkung der Geltungskraft der Grundrechte zum Ausdruck kommt [...]. Dieses Wertsystem, das seinen Mittelpunkt in der innerhalb der sozialen Gemeinschaft sich frei entfaltenden menschlichen Persönlichkeit und ihrer Würde findet, muss als verfassungsrechtliche Grundentscheidung für alle Bereiche des Rechts gelten; Gesetzgebung, Verwaltung und Rechtsprechung empfangen von ihm Richtlinien und Impulse."[151]

Die Grundrechte sind folglich nicht nur subjektiv-öffentliche Abwehrrechte des Bürgers gegenüber dem Staat, sondern konstituieren auch eine objektive Werteordnung, die als verfassungsrechtliche Grundentscheidung für alle Rechtsgebiete und alle Bereiche staatlichen Handelns gilt.[152] Adressat dieser Werteordnung ist somit vornehmlich der Gesetzgeber. Nach dieser Werteordnung ist es „Auftrag des Grundgesetzes, für einen Ausgleich der sozialen Gegensätze und damit für eine gerechte Sozialordnung zu sorgen"[153]. „Durch das Gebot, daß jeder staatliche Eingriff in die von den Grundrechten gewährleistete Freiheit einer Rechtfertigung bedarf, schützen die für das Wirtschaftsleben relevanten Grundrechte mittelbar eine freie Wettbewerbswirtschaft."[154] Verfassungsmäßig ist demnach nur eine „Wirtschaftsgesetzgebung, die der Gewährleistung eines menschenwürdigen Daseins für alle dient."[155]

---

[147] Statt vieler Lüth-Urteil des BVerfG v. 15.1.1958 – 1 BvR 400/57, 1 BVerfGE 7, S. 198 ff. sowie Apothekenurteil des BVerfG, Urt. v. 11.6.1958 – 1 BvR 596/56, BVerfGE 7, S. 377 ff.

[148] *Stober, Rolf,* Grundrechtsschutz der Wirtschaftstätigkeit (1989), S. 9.

[149] BVerfGE 5, S. 85 (138 f.)

[150] BVerfGE 7, S. 198 (205).

[151] *Ebenda.*

[152] BVerfGE 7, S. 198, Leitsatz Nr. 1.

[153] So urteilte auch das BVerwG zum Anspruch des Trägers einer genehmigten Ersatzschule auf staatliche Hilfe (Subvention) mit Verweis auf Art. 20 GG, siehe BVerwG, Urt. v 22.9.1967, VII C 71.66 in NJW 1968, S. 623 (614).

[154] *Storr,* Stefan, Der Staat als Unternehmer, S. 93 mit Verweis auf weiterführende Literatur.

[155] *Stober, Rolf,* Grundrechtsschutz der Wirtschaftstätigkeit (1989), S. 9; dazu bereits auch oben unter Kapitel 2 Exkurs vor 4. Die Absicherung des Existenzminimums.

Im Ergebnis sind bei allen wohnungspolitischen Maßnahmen zwar die unter Kapitel 2 I dargestellten Grundrechte und insbesondere auch das Sozialstaatsprinzip und die objektive Werteordnung zu beachten, die den Staat zur Verwirklichung des Sozialstaates[156] und somit auch zu wohnungspolitischem Handeln verpflichten.

Das im Grundgesetz verankerte Sozialstaatsprinzip ist nicht mit der sozialen Marktwirtschaft gleichzusetzen. Insbesondere ergibt sich aus der objektiven Werteordnung keine Verpflichtung, bestimmte soziale mietrechtliche Regelungen zu normieren. Vielmehr „muß die konkrete Ausgestaltung der Sozialstaatlichkeit dem offenen Prozeß demokratischer Willensbildung überlassen bleiben."[157] Solange die Legislative auch den Extrem- und Einzelfall berücksichtigt, steht es ihr frei, zu entscheiden, ob der Mietwohnungsmarkt grundsätzlich sich selbst überlassen wird oder – wie zuletzt geschehen – stärker reguliert werden soll. So hat die soziale Marktwirtschaft in Deutschland zwar Tradition, ist aber letztlich nicht alternativlos.

III. Sozialstaatliche Verpflichtung und Eigentumsschutz

Es gibt eine Vielzahl möglicher Ansatzpunkte für staatliche Regulierungsmaßnahmen und noch mehr individuelle Werkzeuge, derer sich der Staat bedienen kann. Die konkrete Auswahl der Maßnahmen und Werkzeuge sowie deren Umsetzung stellt den Staat daher stets vor besondere Herausforderungen. Bei der Auswahl sind die vielfältigen divergierenden Interessen gegeneinander abzuwägen und in einen Ausgleich zu bringen.

Das „Ob" und das „Wie" staatlicher Regulierungsmaßnahmen wird im Wesentlichen durch die drei folgenden Maximen bestimmt, die jeweils auf- und gegeneinander wirken:

– Marktwirtschaft und (Leistungs-)Verwaltung
– (Eigentums-) Freiheit und Sozialstaat[158]
– Vertragsfreiheit und Sozialbindung

Diese kontradiktorischen Maximen bestimmten das Spannungsfeld zwischen Sozial- und Wirtschaftspolitik. Die Spannungen sind bereits im Grundgesetz angelegt, das – wie soeben unter Kapitel 2 II 2 a. dargelegt – mit dem Bekenntnis

---

[156] *Zippelius, Reinhold*, Deutsches Staatsrecht (2008), S. 134, Rn. 13.

[157] *Ebenda*, Rn. 16 mwN.

[158] So im Ergebnis auch *Blankenagel, Alexander/Schröder, Rainer/Spoerr, Wolfgang*, Verfassungsmäßigkeit des Instituts und der Ausgestaltung der sog. Mietpreisbremse auf Grundlage des MietNovGE (2014), S. 19.

zum Sozialstaat den Staat nicht nur zur Sozialstaatlichkeit, sondern auch zur Wohlfahrts- und Wachstumsvorsorge verpflichtet.[159]

Die bisherige Darstellung behandelte den grundgesetzlich gewährleisteten Mindeststandard im wohnungspolitischen Leistungsprofil des Staates. Im Folgenden sind die Grenzen der Staatstätigkeit in diesem Bereich, vor allem bei Regulierungen im Bereich des privaten Mietrechts, näher zu untersuchen. Denn, so *Zippelius* wörtlich, der Rechtsstaat darf „weder als Schutzburg der beati possidentes missbraucht werden, noch in einem jede private Initiative erdrosselndem System enden."[160]

Die Grundrechte binden den Staat im Hinblick auf seine „Eingriffsbefugnisse an bestimmte formelle und materielle Voraussetzungen".[161] Ein staatlicher Eingriff ist nicht generell zulässig. Er bedarf einer Rechtfertigung und unterliegt dem Übermaß verbot.[162] „Jede Inhalts- und Schrankenbestimmung muss den Grundsatz der Verhältnismäßigkeit beachten: Sie muss ein legitimes Ziel haben, geeignet und erforderlich sein, dieses legitime Ziel zu erreichen, sowie die gegenläufigen Interessen zu einem angemessenen Ausgleich bringen (Verhältnismäßigkeit im engeren Sinne)."[163] Neben der ebenfalls regelmäßig eingeschränkten Vertragsfreiheit nimmt das Eigentumsgrundrecht in diesem Zusammenspiel eine besondere Stellung ein.[164]

1. Verfassungsmäßigkeit des Vergleichsmietensystems

In seinem Beschluss vom 23.4.1964 hat sich das Bundesverfassungsgericht erstmals mit der Verfassungsmäßigkeit des sog. Vergleichsmietensystems befasst. Das Vergleichsmietensystem ist durch das Gesetz über den Kündigungsschutz für Mietverhältnisse über Wohnraum" (Erstes Wohnraumkündigungsschutzgesetz – 1. WKSchG) eingeführt worden.

Das Vergleichsmietensystem bildet seitdem die Grenze für ein Mieterhöhungsverlangen des Vermieters. Kernelement ist die mit dem Ersten Wohnraumkündigungsschutzgesetz eingeführte sogenannte ortsübliche Vergleichsmiete. Gemäß

---

[159] Siehe dazu auch Art. 109 Abs. 2 GG und weiterführen zum Bekenntnis zum Sozialstaat und dem Spannungsverhältnis zur Wachstumsvorsorge, *Brocker, Manfred*, Arbeit und Eigentum (1992), *Euchner, Walter,* John Locke 1989, S. 7 ff.

[160] *Zippelius, Reinhold*, Deutsches Staatsrecht (2008), S. 134, Rn. 14.

[161] *Storr, Stefan*, Der Staat als Unternehmer (2001), S. 94.

[162] *Ebenda*, S. 95.

[163] Statt vieler *Blankenagel, Alexander/Schröder, Rainer/Spoerr, Wolfgang*, Verfassungsmäßigkeit des Instituts und der Ausgestaltung der sog. Mietpreisbremse auf Grundlage des MietNovGE (2014), S. 16 mit weiteren Hinweisen.

[164] Allgemein zu Art. 14 und dem Bestandsschutz: *Callies, Christian*, Eigentumsrechtlicher Bestandsschutz und staatliche Genehmigung (2013), S. 37 ff.

§ 558 Abs. 2 BGB ergibt sich diese aus den üblichen Entgelten, die in der Gemeinde oder einer vergleichbaren Gemeinde für Wohnraum vergleichbarer Art, Größe, Ausstattung, Beschaffenheit und Lage in den letzten vier Jahren vereinbart oder, von Erhöhungen nach § 560 BGB abgesehen, geändert worden sind. Nach diesen gesetzlichen Vorgaben ist ein objektiver Maßstab anzulegen, der einen repräsentativen Querschnitt der üblichen Entgelte darstellen soll.[165]

Anfang der 1970er Jahre waren vor allem die Vermieter über die Rechtsentwicklungen verärgert. Nach dem 1. WKSchG wurde die zu zahlende Miete bei Bestandsverträgen auf die für vergleichbare Wohnungen ortsübliche Miete begrenzt. Indem der Gesetzgeber mit § 4 WKSchG die sogenannte Änderungskündigung ausschloss und die ortsübliche Vergleichsmiete für vergleichbare Wohnungen als eine „besondere Form der gesetzlich begrenzten Miete"[166] einführte, „[beseitigte er] die privatautonome Preisgestaltung für bestehende Mietverhältnisse"[167]. Der Vermieter hatte gegen den Mieter nach § 3 WKSchG allenfalls einen Anspruch auf Zustimmung zu einer Mieterhöhung bis zur Höhe der ortsüblichen Vergleichsmiete. Diesen Anspruch musste der Vermieter gegebenenfalls gerichtlich durchsetzen, wenn der Mieter die Zustimmung rechtswidrig verweigerte.

Dies war dann der Fall, wenn der Mieter die Zustimmung verweigerte, obwohl die formellen und materiellen Voraussetzungen für eine Mieterhöhung vorlagen. Um den Anspruch zu begründen, musste der Vermieter materiell-rechtlich gemäß § 3 WKSchG insbesondere die als Maßstab für die Mieterhöhung herangezogene ortsübliche Vergleichsmiete darlegen und nachweisen. Dabei sollte es nach der gesetzlichen Regelung auf die Art, Größe, Ausstattung, Beschaffenheit und Lage der Wohnungen ankommen.[168]

Anfang der 1970er Jahre wiesen die Gerichte mehrere auf Zustimmung zur Mieterhöhung gerichtete Klagen von Vermietern schon deshalb ab, weil diese ihr Mieterhöhungsverlangen nicht in der gesetzlich geforderten Art und Weise begründet hatten. Die Gerichte waren der Ansicht, dass die Aufforderungsschreiben der Vermieter an ihre Mieter zur Erteilung der Zustimmung zur Mieterhöhung nicht den nach § 3 Abs. 2 WKSchG erforderlichen Anforderungen genügt hätten. Die Vermieter hätten hierfür jeweils einen konkreten Vergleichswert der ortsüblichen Miete unter Berücksichtigung von Art, Größe, Ausstattung, Beschaffenheit und Lage der Wohnung ermitteln und darlegen müssen. Andernfalls habe der

---

[165] BGH, Urt. v. 3.7.2013 – VIII ZR 362/12 in BeckRS 2013, 13175, Rn. 20 (abgerufen auf beck-online).

[166] BVerfG, Beschl. v. 10.10.1978 – 1 BvR 180/77 –, BVerfGE 49, S. 244 (251), Rn. 15a (juris).

[167] *Ebenda.*

[168] *Ebenda*, Rn. 15 f.

Mieter keine sachliche Prüfung des Zustimmungsverlangens vornehmen können.[169] Da eine formell und materiell ordnungsgemäße Begründung des Mieterhöhungsverlangens Voraussetzung für eine schlüssige Zustimmungsklage war, wiesen die Gerichte die Klagen der Vermieter aufgrund formaler Mängel ohne weitere Sachprüfung ab.[170] Nach Auffassung der Gerichte konnte eine solche fehlerhafte Begründung auch nicht etwa im laufenden Prozess durch ein Nachschieben von Gründen geheilt werden.

Diese Entwicklung verstärkte die Sorge vieler Vermieter, dass sie mit der Einführung des Vergleichsmietensystems nicht mehr in der Lage sein würden, Mieterhöhungen durchzusetzen. Einige betroffenen Vermieter legten gegen die klageabweisenden Entscheidungen der Gerichte daher Verfassungsbeschwerde beim Bundesverfassungsgericht ein. Im diesem Rahmen wandten sie sich vor allem gegen die Auslegung und Anwendung des § 3 Abs. 2 WKSchG und der darin enthaltenen formellen Voraussetzungen für die Geltendmachung einer Mieterhöhung.[171] Zur Begründung führten sie an, dass die Auslegung des § 3 Abs. 2 WKSchG durch die Gerichte die durch Art. 14 GG geschützte Freiheit des Eigentums verletze. Die Forderung, der Vermieter müsse für ein wirksames Mieterhöhungsverlangen „Einzelheiten über Vergleichsobjekte, nämlich Größe, Ausstattung, Beschaffenheit und den für sie zu zahlenden Mietzins" ermitteln und dem Mieter mitteilen, sei rechtswidrig, da kein Vermieter einen Auskunftsanspruch gegenüber anderen Vermietern habe und es daher vom Zufall abhängen würde, ob und wann ein Vermieter eine materiell rechtmäßige Mieterhöhung durchsetzen könne. Richtigerweise müsse ein Vermieter den Nachweis über die Höhe der ortsüblichen Vergleichsmiete auch auf andere Art und Weise führen können.[172]

Prüfungsmaßstab des Bundesverfassungsgerichts waren neben der Verfassungsmäßigkeit der durch das WKSchG vorgegebenen formellen Anforderungen an ein Mieterhöhungsverlangen auch die Verfassungsmäßigkeit der Beschränkung der Mieterhöhung auf die ortsübliche Vergleichsmiete selbst sowie der nach § 1 Abs. 4 WKSchG vorgesehene Ausschluss der Änderungskündigung.

Das Bundesverfassungsgericht musste sich bei der Bestimmung von Inhalt und Schranken von Art. 14 GG mit den Rechten von Vermieter und Mieter auseinandersetzen. Dieses resultiert aus der Verpflichtung des Staates, „das Sozialmodell zu verwirklichen, dessen normative Elemente sich einerseits aus der grundgesetzlichen Anerkennung des Privateigentums durch Art. 14 Abs. 1 Satz 1

---

[169] BVerfG, Beschl. v. 23.4.1974 – 1 BvR 6/74, 1 BvR 2270/73, BVerfGE 37, S. 132, Rn. 13 (juris).
[170] BVerfG, Beschl. v. 23.4.1974 – 1 BvR 6/74, 1 BvR 2270/73, BVerfGE 37, S. 132, Rn. 33 (juris).
[171] *Ebenda*, Rn. 20.
[172] *Ebenda*, Rn. 9 ff.

GG und andererseits aus der verbindlichen Richtschnur des Art. 14 Abs. 2 GG ergeben"[173]. Das Besitzrecht des Mieters hatte das Bundesverfassungsgericht noch nicht als vermögenswertes Recht im Sinne von Art. 14 Abs. 1 GG anerkannt. „Das Privateigentum im Sinne der Verfassung zeichnet sich in seinem rechtlichen Gehalt durch Privatnützigkeit und grundsätzliche Verfügungsbefugnis über den Eigentumsbestand aus [...], sein Gebrauch soll aber zugleich dem Wohle der Allgemeinheit dienen"[174]. Hierbei muss der Gesetzgeber „den beiden Elementen des im Grundgesetz angelegten dialektischen Verhältnisses von verfassungsrechtlich garantierter Freiheit [...] und dem Gebot einer sozialgerechten Eigentumsordnung in gleicher Weise Rechnung tragen und die schutzwürdigen Interessen aller Beteiligten in einen gerechten Ausgleich und ein ausgewogenes Verhältnis bringen [...]. Ebenso wenig wie die Eigentumsgarantie eine die soziale Funktion eines Eigentumsobjektes mißachtende Nutzung schützt, kann Art. 14 Abs. 2 GG eine übermäßige, durch die soziale Funktion nicht gebotene Begrenzung privatrechtlicher Befugnisse rechtfertigen."[175]

Das Bundesverfassungsgericht fasst die sich aus dem Spannungsverhältnis von Vermieter und Mieter für die Gesetzgebung ergebenden Konsequenzen wie folgt zusammen:

> „Für die Ausgestaltung zwingender mietrechtlicher Vorschriften bedeutet dies: Der Gesetzgeber muß bei solchen Regelungen sowohl die Belange des Mieters als auch die des Vermieters in gleicher Weise berücksichtigten. Das heißt freilich nicht, daß sie zu jeder Zeit und in jedem Zusammenhang dasselbe Gewicht haben müßten. Eine einseitige Bevorzugung oder Benachteiligung steht aber mit den verfassungsrechtlichen Vorstellungen eines sozialgebundenen Privateigentums nicht in Einklang."[176]

Unter Berücksichtigung dieser Maßstäbe entschied das Bundesverfassungsgericht, dass die Begrenzung des Mieterhöhungsverlangens auf die ortsübliche Vergleichsmiete verfassungsrechtlich unbedenklich sei, da die Wirtschaftlichkeit der Wohnung regelmäßig durch den ortsüblichen Vergleichsmietzins gesichert ist und insofern keinen Eingriff in den von Art. 14 GG geschützten Bestand des Eigentums darstelle. Darüber hinaus erklärte das Bundesverfassungsgericht auch das Verbot der Änderungskündigung für verfassungsmäßig, da die Einschränkung der Handlungsfreiheit des Vermieters aufgrund der hohen Bedeutung der Wohnung für den Einzelnen und die Familie gerechtfertigt sei.

Einen Anspruch, von einem Wohnungsmangel wirtschaftlich zu profitieren, indem man als Vermieter die Mietpreise maximal erhöhen kann, bestehe nicht, da „eine solche Nutzung des Eigentums im Hinblick auf die soziale Bedeutung

---

[173] *Ebenda*, Rn. 22.
[174] *Ebenda*.
[175] *Ebenda*.
[176] *Ebenda*.

der Wohnung für die hierauf angewiesenen Menschen keinen verfassungsrecht-
lichen Schutz"[177] genieße. Das Vergleichsmietensystem sei nach Auffassung des
Bundesverfassungsgerichtes somit grundsätzlich verfassungsgemäß. In diesem
Sinne bezeichnete *Derleder* die Begrenzung von Mietpreisen auf die ortsübliche
Vergleichsmiete grundsätzlich als eine elegante Lösung und begrüßte, „das[s]
diese Grenze selbstreflexiv auf die Marktentwicklungen [verweise] [...] und eine
Dimensionierung je nach dem erlaub[t]e, ob man die Mieten der letzten drei, vier
oder mehr Jahre" einbeziehe.[178]

Im Hinblick auf die in § 3 Abs. 2 WKschG enthaltenen Verfahrensvorschriften
führte das Bundesverfassungsgericht hingegen aus, dass die grundsätzliche Einschränkung des von Art. 14 GG geschützten Eigentums jedenfalls praktikable
Verfahrensvorschriften voraussetze. Insbesondere sei bei der Auslegung des § 3
Abs. 2 WKschG zu berücksichtigen, dass das Vergleichsmietensystem nicht nur
den Mieter schütze, sondern auch den Anspruch des Vermieters auf die ortsübliche Vergleichsmiete anerkenne. Bei der „ortsüblichen Vergleichsmiete" handele
es sich um einen ausfüllungsbedürftigen unbestimmten Rechtsbegriff. Im Ergebnis dürfe der Anspruch des Vermieters auf die gerichtliche Durchsetzung der
zulässig geforderten Miete nicht durch formalistische Anforderungen verkürzt
werden. Die von den Gerichten aufgestellten Anforderungen an die Ermittlung
und die Darlegung der Vergleichsmiete durch die Vermieter seien daher verfassungswidrig.[179]

Im Jahr 1993 bestätigte das Bundesverfassungsgericht, dass die Gerichte bei
der Überprüfung der formellen Wirksamkeit des Erhöhungsverlangen, Art. 14
Abs. 1 Satz 1 GG und den damit eng verzahnten Anspruchs auf effektiven
Rechtsschutz (Art. 19 Abs. 4 GG) zu beachten haben.[180] Dies entspricht dem
Grunde nach noch heute der ständigen Rechtsprechung zu den formellen und
inhaltlichen Anforderungen an Mieterhöhungsverlangen.[181]

Seit dem Jahr 2001 ist das Vergleichsmietensystem in § 558 BGB geregelt.
Auch hier gilt: „Die Klage auf Zustimmung zur Mieterhöhung ist unzulässig,

---

[177] *Ebenda*, Rn. 25.

[178] *Derleder, Peter*, Zur Geschichte und zu den Perspektiven des sozialen Mietrechts (2011),
S. 95

[179] BVerfG, Beschl. v. 23.4.1974 – 1 BvR 6/74, 1 BvR 2270/73, BVerfGE 37, S. 132, Rn. 14
(juris), dies bestätigend BVerfG, Beschl. v. 10.10.1978 – 1 BvR 180/77 –, BVerfGE 49, S. 244
(251) (juris), sowie BVerfG, Beschl. v. 8.9.1993 – 1 BvR 1331/92.

[180] BVerfG, Beschl. v. 8.9.1993 – 1 BvR 1331/92, Rn. 15 (juris) in Bezug auf das ab
18.12.1974 geltende Gesetz zur Regelung der Miethöhe (MHG), welches ebenfalls das Vergleichsmietensystem übernahm.

[181] BGH, Beschl. v. 8.4.2014 – VIII ZR 216/13 (juris) mit Verweis auf BVerfGE 53, S. 352
(359 ff.) sowie BVerfG, NJW-RR 1993, S. 14885 f. jeweils zu § 2 Abs. 2 MHG oder schon
vorher BVerfG, Beschl. v. 23.4.1964 – 1 BvR 6/74, 1 BvR 2270/73, BVerfGE 37, S. 132.

wenn ihr kein wirksames Mieterhöhungsverlangen vorausgegangen ist."[182] Nach wie vor dürfen nicht allzu hohe Anforderungen an das Begründungserfordernis gestellt werden, solange der Vermieter konkrete Angaben zur Miethöhe macht und Tatsachen nennt, die es dem Mieter ermöglichen, „der Berechtigung des Erhöhungsverlangens nach[zu]gehen und diese zumindest ansatzweise [zu] überprüfen"[183].

Im Rahmen der Entscheidung zum Ersten Wohnraumkündigungsschutzgesetz äußerte sich das Bundesverfassungsgericht im Übrigen explizit nicht zu der Verfassungsmäßigkeit einer Preisgrenze bei der Neuvermietung: „Ob der Gesetzgeber auch für die Neuvermietung eine Preisgrenze hätte anordnen können, bedarf keiner Entscheidung."[184] Das Bundesverfassungsgericht stellte nur fest, dass es im Hinblick auf das schutzwürdige Interesse des Mieters am Fortbestand des Mietverhältnisses keine sachwidrige Differenzierung sei, nur die Mieten von bestehenden Mietverhältnissen zu begrenzen. Ausgenommen hat das Bundesverfassungsgericht somit die Frage, ob der Gesetzgeber eine Preisgrenze auch für Neuvermietungen hätte anordnen können.[185] Im Zusammenhang mit der so genannten Mietpreisbremse wird die Thematik nun wieder diskutiert.[186]

---

[182] BGH, Urt. v. 13.11.2013 – VIII ZR 413/12, Leitsatz (juris).

[183] *Ebenda*, Rn. 10.

[184] BVerfG, Beschl. v. 23.4.1974 – 1 BvR 6/74, 1 BvR 2270/73, BVerfGE 37, S. 132 (juris).

[185] *Ebenda*, Rn. 29; weiterführend zur Entwicklung der Rechtsprechung des BVerfG bis 1992 auch Sonnenschein, Jürgen, Die Rechtsprechung des Bundesverfassungsgerichts zum Mietrecht, NJW 1993, S. 161 ff.: Unter anderem im Zusammenhang mit der Verfassungsmäßigkeit des Mietspiegels urteilte das Bundesverfassungsgericht mit Bezug auf die Freiheit bei der Festsetzung des Mietpreises, dass Art. 14 GG jedenfalls nicht das Recht und die Freiheit schütze, jederzeit und sofort die Marktmiete verlangen zu dürfen; vgl. BVerfG, Beschl. v. 3.4.1990 – 1 BvR 268/90 u. a., NJW 1992, S. 1377 (1378); ebenso schon BVerfG zur Verfassungsmäßigkeit der mietrechtlichen Kappungsgrenze, BVerfG, Beschl. v. 4.12.1985 – 1 BvL 23/84, NJW 1986, S. 1669 (1670). Auch danach haben Vermieter zwischenzeitliche Einbußen bei der Verwertungsmöglichkeit solange hinzunehmen, bis die Wirtschaftlichkeit der Vermietung ernstlich in Frage gestellt werden wird; vgl. BVerfG, Beschl. v. 3.4.1990 – 1 BvR 268/90 u. a., NJW 1992, S. 1377 (1378).

[186] Zur Verfassungsmäßigkeit der sog. Mietpreisbremse im Rahmen des Mietrechtsnovellisierungsgesetz *Blankenagel, Alexander/Schröder, Rainer/Spoerr, Wolfgang*, Verfassungsmäßigkeit des Instituts und der Ausgestaltung der sog. Mietpreisbremse auf Grundlage des Miet-NovGE (2014), S. 28 mit dem Ergebnis, dass die sog. Mietpreisbremse verfassungswidrig sei, da sie das Eigentumsrecht der Haus- und Wohnungseigentümer aus Art. 14 GG sowie die Vertragsfreiheit von Mietern und Vermietern aus Art. 2 GG gleichermaßen verletze; erhebliche verfassungsrechtliche Bedenken äußerte auch *Hufen* im Rahmen des Referentenentwurfes v. 18.3.2014. Hufen, Friedhelm, Das geplante „Bestellerprinzip" im Recht der Wohnungsvermittlung auf dem Prüfstand des Verfassungsrechts, NZM 2014, S. 663 ff., ebenfalls kritisch Leuschner, Lars, Die „Mietpreisbremse" – Unzweckmäßig und verfassungsrechtlich höchst bedenklich, NJW 2014, S. 1929 ff. sowie Derleder, Peter, Richterliche Kontrolle von Landes-

2. Die Eigentums- und Besitzgarantie in Art. 14 Abs. 1 GG

Art. 14 I GG
(1) Das Eigentum und das Erbrecht werden gewährleistet. Inhalt und Schranken werden durch die Gesetze bestimmt.
(2) Eigentum verpflichtet. Sein Gebrauch soll zugleich dem Wohle der Allgemeinheit dienen.

Privatnützigkeit und die freie Verfügungsbefugnis des Eigentümers charakterisieren das Privateigentum im Sinne von Art. 14 GG.[187] Die staatliche Regulierung des Mietrechts findet insbesondere dort ihre Grenze, wo der Eingriff in das durch Art. 14 GG geschützte Eigentum des Vermieters nicht mehr gerechtfertigt ist. Der grundrechtliche Schutz umfasst auch die Ansprüche des Vermieters aus einem abgeschlossenen Mietvertrag, wie insbesondere den Anspruch auf Zahlung der Miete[188] oder Einräumung und Ausübung eines Kündigungsrecht.[189]

Gleichzeitig sollen die Vermieter „ihr ‚örtliches Monopol' nicht frei ausnutzen dürfen, [da dies] [...] gravierende gesellschaftliche und volkswirtschaftliche Folgen"[190] haben würde.

Zudem war lange Zeit unklar, ob sich auch der Mieter im Hinblick auf die von ihm nur gemietete und im Eigentum des Vermieters stehende Wohnung auf den Grundrechtsschutz aus Art. 14 Abs. 1 S. 1 GG berufen kann. Das Bundesverfassungsgericht ließ die Frage, ob das aus dem Mietvertrag folgende Besitzrecht des Mieters an der gemieteten Wohnung Eigentum im Sinne des Grundgesetzes darstellt, zunächst offen.[191] Im Rahmen der Verfassungsbeschwerde eines Mieters gegen eine auf Eigenbedarf gestützte und von den Gerichten stattgegebene Räumungsklage des Vermieters bejahte das Bundesverfassungsgericht im Jahr 1993 aber schließlich die Eröffnung des Schutzbereichs des Art. 14 Abs. 1 S. 1 GG auch für den Mieter. Zur Begründung verwies das Bundesverfassungsgericht im Wesentlichen darauf, dass es sich bei der Miete um ein vermögenswertes Recht handle, das dem Mieter – ebenso wie Sacheigentum – zur privaten Nutzung und

---

verordnungen zur „Mietpreisbremse", NZM 2015, S. 413 ff. und Schultz, Michael, Irrtum Mietpreisbremse, ZRP 2014, S. 37 ff.

[187] *Blankenagel, Alexander/Schröder, Rainer/Spoerr, Wolfgang,* Verfassungsmäßigkeit des Instituts und der Ausgestaltung der sog. Mietpreisbremse auf Grundlage des MietNovGE (2014), S. 19.

[188] Zuletzt BVerfGE 71, NJW 1986, S. 1669.

[189] BVerfGE 79 S. 292 (302).

[190] *Pichlmair, Michael,* Miete. Lage. Preisdiktat – Strukturelle Effekte der Lagerregulierung im mietrechtlich geschützten Wiener Wohnungsmarkt (2012), S. 19.

[191] Vgl. BVerfGE 18, S. 121 (131), NJW 1964, S. 1848; sowie BVerfGE 83, S. 88, NJW 1991, S. 157; Das BVerfG stellte lediglich klar, dass der Mieterschutz keine eigenständige Rechtsposition sei, da es sich vielmehr um eine Verstärkung der vertraglichen Rechte des Mieters handle.

zur eigenen Verfügung ausschließlich zugeordnet sei.[192] Da der Großteil der Bevölkerung zur Deckung ihres Wohnbedarfs nicht auf Eigentum zugreifen könne, sondern gezwungen sei, Wohnraum zu mieten, komme dem Besitzrecht des Mieters letztlich eine ebenso bedeutende – und damit auch schutzwürdige – Funktion wie der des Sacheigentums des Eigentümers zu.[193] Daraus folge, dass der Hauseigentümer Beschränkungen hinnehmen müsse, „die dem Schutz des Mieters und den sozialen Erfordernissen des Wohnbedarfs dienen."[194]

Im Ergebnis hat der Gesetzgeber für die ordentliche Kündigung durch den Vermieter aber einen interessengerechten Ausgleich gefunden. Insbesondere sei es auch mit der Eigentumsgarantie des Art. 14 Abs. 1 S. 1 GG vereinbar, dass der Gesetzgeber das ordentliche Kündigungsrecht des Vermieters von Wohnraum von einem berechtigten Interesse an der Beendigung des Mietverhältnisses (Eigenbedarf) abhängig mache.[195] *Sonnenschein* beschreibt diese Entwicklung so, dass das Mietrecht zuvor immer im Spannungsfeld von Eigentum, Vertragsfreiheit und Sozialpflichtigkeit zu beurteilen gewesen und nun zusätzlich zu berücksichtigen sei, dass sich in der geschützten Rechtsposition Eigentum das Eigentum des Vermieters und das vom Bundesverfassungsgericht angenommene Eigentum des besitzenden Mieters gegenüberstehen.[196] Schon im Jahr 1995 erwartete er, dass sich die Gewichte weiter zugunsten des Mieters verschieben würden.[197]

Die beiden miteinander konkurrierenden Eigentumspositionen müsse der Gesetzgeber schließlich bei der nach Art. 14 Abs. 1 S. 2 GG erforderlichen Ausgestaltung des Schutzbereichs berücksichtigen und zu einem angemessenen Ausgleich bringen. Wie das Bundesverfassungsgericht bereits in der Entscheidung zum Vergleichsmietensystem ausführte, darf der Gesetzgeber bei der erforderlichen Abwägung auch nicht etwa eine Partei einseitig benachteiligen oder bevorzugen, da das Grundgesetz insoweit jedenfalls keine bestimmte Ausgestaltung des Mietrechts vorschreibe.[198]

---

[192] Grundlegend BVerfG, Beschl. v. 26.5.1993 – 1 BvR 208/93, NJW 1993, S. 2035 ff.; kritisch dazu *Emmerich, Volker*, in: J. von Staudinger, Kommentar zum Bürgerlichen Gesetzbuch mit Einführungsgesetz und Nebengesetzen, Buch 2, Recht der Schuldverhältnisse, §§ 535–562d; HeizkostenV; BetrKV (Mietrecht 1), Neubearbeitung 2014, Vorbem zu § 535, Rn. 20.

[193] BVerfG, Beschl. v. 26.5.1993 – 1 BvR 208/93, NJW 1993, S. 2035 ff.

[194] *Badura, Peter*, Eigentum (1994), § 10, Rn. 86.

[195] BVerfG, Beschl. v. 26.5.1993 – 1 BvR 208/93, NJW 1993, S. 2035 ff., sowie *Kofner, Stefan*, Wohnungsmarkt und Wohnungswirtschaft (2004), S. 6 mit Verweis auf BVerfGE 68, S. 361 ff.

[196] *Sonnenschein, Jürgen*, Wohnraummiete (1995), S. 4 und 3.

[197] *Ebenda*, S. 4.

[198] BVerfG, Beschl. v. 26.5.1993 – 1 BvR 208/93, NJW 1993, S. 2035 ff.

IV. Resümee Kapitel 2

Über die Sicherung des Existenzminimums hinaus gibt es keinen objektiven sozialstaatlichen Verfassungsauftrag zur Schaffung und Bereitstellung von Wohnraum oder zur Steuerung des Mietwohnungsmarktes.

Der Staat hat bei der Auswahl und Umsetzung wohnungspolitischer Interventionen den größtmöglichen Handlungsspielraum, solange er als Mindestanforderung das Existenzminimum des Einzelnen sichert und sich innerhalb der Grenzen des sozialen und demokratischen Rechtsstaats bewegt.

Innerhalb dieses weiten Gestaltungsspielraums gibt es keine allgemeingültigen Kategorien wie richtig oder falsch. Die Art und die Intensität der konkreten Regulierung hängt nicht zuletzt maßgeblich von der wirtschaftspolitischen Ausrichtung des Parlaments und der Regierung ab. Einen festgeschriebenen Aufgabenkatalog des Staates gibt es nicht.[199]

„Der Gesetzgeber muß in Erfüllung seines Auftrages aus Art. 14 Abs. 1 S. 2 GG die beiden miteinander konkurrierenden Eigentumspositionen inhaltlich ausgestalten, gegeneinander abgrenzen und die jeweiligen Befugnisse so bestimmen, daß die beiden Eigentumspositionen angemessen gewahrt werden."[200] In diesem „Spannungsfeld der widerstreitenden Interessen dürfen [weder] die Bedürfnisse der Vermieter [noch die des Mieters] unverhältnismäßig hinten angestellt werden.[201]

---

[199] *Walkenhaus, Ralf,* Entwicklungslinien moderner Staatlichkeit Konzeptualisierungsprobleme des Staatswandels (2006), S. 37.
[200] BVerfG, Beschl. v. 26.5.1993 – 1 BvR 208/93, NJW 1993, S. 2036 ff.
[201] BVerfG, Beschl. v. 3.4.1990 – 1 BvR 268/90, NJW 1992, S. 1377 ff.

Kapitel 3

Die Wirkungsweise staatlicher Interventionsmaßnahmen

Um die bestmögliche Auswahl unter den unterschiedlichen Förderinstrumenten treffen zu können, muss man deren jeweilige Funktionsweise kennen und verstehen. Insoweit ist es nicht ausreichend, allein die rechtlichen Grundlagen zu betrachten, da sich weder der Mietwohnungsmarkt selbst, noch die zur Förderung des Mietwohnungsmarktes durchgeführten Interventionen im Rahmen einer rechtswissenschaftlichen Analyse hinreichend genau bestimmen lassen.

Ohne eine kurze Betrachtung der relevanten Marktzusammenhänge und der den Mietwohnungsmarkt beeinflussenden Faktoren, wie z. B. den Besonderheiten des Gutes Wohnraum, den Einfluss der vorgelagerten Märkte oder die Bestimmung der jeweiligen Marktteilnehmer auf Angebots- und Nachfrageseite lassen sich keine Aussagen über die Zulässigkeit und Wirksamkeit von Steuerungsinstrumenten treffen. Daher sollen diese Faktoren im Anschluss an die Aufarbeitung der rechtlichen Grundlagen und Rahmenbedingungen nachfolgend von der ökonomischen Seite beleuchtet werden. Zugleich sind die theoretischen Wirkungsweisen einzelner Werkzeuge darzustellen und einzelne (typische) Probleme aufzuzeigen.

I. Der Mietwohnungsmarkt – Funktionsweise und Besonderheiten

> „Der Wohnungsmarkt ist ein Markt wie alle
> anderen – und auch wieder nicht."[1]

Der Markt ist „die Gesamtheit der ökonomischen Beziehungen zwischen Anbietern und Nachfragern eines bestimmten Gutes an einem bestimmten Ort in einem bestimmten Zeitintervall."[2] Bei den Wohnungsmärkten unterscheidet man zwischen

– dem „Markt für Wohnungsnutzungen [...], auf dem zeitlich begrenzte Nutzungsrechte an einer Wohnung angeboten und nachgefragt werden und

---

[1] Bericht der Expertenkommission Wohnungspolitik, Unterrichtung durch die Bundesregierung, BT-Drs. 13/159, S. 23.

[2] *Kofner, Stefan*, Wohnungsmarkt und Wohnungswirtschaft (2004), S. 19.

– dem Markt für Wohnimmobilien, auf dem Eigentumsrechte an Wohnimmobilien gehandelt werden."[3]

In diesem Kapitel soll der Markt für Wohnungsnutzungen, den man auch als Mietwohnungsmarkt bezeichnen kann, näher betrachtet werden. Dieser entspricht der „Gesamtheit der ökonomischen Beziehungen zwischen Vermietern und Mietern von Wohnungen in einer bestimmten Region und einem bestimmten Zeitintervall."[4] Der Mieter erwirbt nicht das Eigentum an der Wohnung, sondern ein langfristiges aber letztlich „zeitlich beschränkten Nutzungsrechts an einer Wohnung."[5] Das Gut ist nicht der Wohnraum[6] selbst, sondern dessen Nutzungsmöglichkeit.[7]

1. Wirtschaftliche Relevanz

Die Immobilienwirtschaft hat in Deutschland eine enorme gesamtwirtschaftliche Bedeutung.[8]

So stiegen die Beschäftigungsquote und die Bruttowertschöpfung in diesem Sektor seit dem Jahr 1991 um etwa 80 %.[9] Immobilien bilden rund 86 Prozent des deutschen Anlagevermögens.[10] Etwa die Hälfte[11] dieses Immobilienvermögens von rund zehn Billionen Euro entfällt auf Wohngebäude in Form von Ein- oder Mehrfamilienhäusern.[12] Angesichts einer Eigentumsquote von weniger als 50 % entfällt hiervon wiederum mehr als die Hälfte auf klassische Mietwohnungen. Der Mietwohnungsmarkt hat damit ein Volumen von gut 5 Billionen Euro.[13]

Die Größe des Marktes hat auch erhebliche Auswirkung und Bedeutung für weitere Wirtschaftsbereiche, wie insbesondere die Bau- und Immobilienbranche. Im Jahr 2012 machten die nominalen Bauinvestitionen in Immobilien insgesamt mehr als 266 Mrd. Euro aus, was etwa 10 % des Bruttoinlandsprodukts entsprach.[14] Von diesem Betrag entfiel wiederum mehr als die Hälfte auf Investitio-

---

[3] *Ebenda.*

[4] *Ebenda.*

[5] *Ebenda*, S. 19, 21.

[6] Im Folgenden synonym verwendet: Wohnraum und Wohnung.

[7] *Sotelo, Roman*, Ökonomische Grundlagen der Wohnungspolitik (2001), S. 18.

[8] BMVBS, Bericht über die Wohnungs- und Immobilienwirtschaft in Deutschland (2009), S. 10.

[9] *Ebenda.*

[10] *Ebenda.*

[11] Ca. 4,5 Billionen Euro.

[12] Jahresgutachten 2013/2014 des Sachverständigenrates zur Begutachtung der gesamtwirtschaftlichen Entwicklung, BT-Drs. 18/94, S. 443.

[13] *Ebenda*, S. 442.

[14] Mit diesem Volumen gilt das Investitionsgut Immobilie – ausweislich des Jahresgutach-

nen in Wohnbauten, die für sich genommen einen Anteil von etwa 5,8 % des Bruttoinlandsprodukts ausmachten.[15]

2. Einfluss der vorgelagerten Märkte und der relevanten Marktzusammenhänge

„Der Wohnungsmarkt ist keine Insel."[16] Einfluss auf die Entwicklungen auf dem Mietwohnungsmarkt haben demographische und makroökonomische Variablen, wie etwa die Einkommens- und Beschäftigungsentwicklung.[17] Maßgeblich sind es aber die Preise für Bauland, Kapital und die Baukosten, die den Mietwohnungsmarkt und dessen Preise beeinflussen. Die Märkte, auf denen Boden, Bauleistungen und Kapital gehandelt werden, sind dem Mietwohnungsmarkt vorgelagert.[18] Denn noch bevor die Wohnungswirtschaft Bauleistungen nachfragt oder schon als Anbieter auf dem Mietwohnungsmarkt auftritt, tritt sie als Nachfrager auf den Boden- und Kapitalmärkten in Erscheinung.[19] Zwischen diesen drei vorgelagerten Märkten und dem Mietwohnungsmarkt besteht daher eine „wechselseitige Abhängigkeit."[20]

Die Bauwirtschaft war schon in der Zeit der Industrialisierung ein wichtiger Faktor der Konjunkturentwicklung. Sie weist einige ökonomische Besonderheiten auf, die ihr eine besondere Stellung im Wirtschaftskreislauf verleihen. Sie ist sowohl Verstärkungsfaktor wirtschaftlicher Entwicklungen als auch konjunkturstabilisierendes Element. Zugleich ist sie selbst überdurchschnittlich konjunkturanfällig und arbeitsintensiv.[21] Das Angebot an (verfügbarem) Wohnraum bestimmt sich bei einer konstant steigenden Bevölkerungsentwicklung auch nach dem Umfang des Wohnungsneubaus.[22] Die Neubautätigkeit wirkt sich somit zumindest mittelbar auf die Preisbildung auf dem Mietwohnungsmarkt aus.

---

ten 2013/2014 des Sachverständigenrates zur Begutachtung der gesamtwirtschaftlichen Entwicklung noch vor den Ausrüstungsinvestitionen als das bedeutsamste Investitionsgut in Deutschland, *ebenda*, S. 443.

[15] Der gesamte Abschnitt basiert auf dem Jahresgutachten 2013/2014 des Sachverständigenrates zur Begutachtung der gesamtwirtschaftlichen Entwicklung und übernimmt teilweise wörtliche Zitate, BT-Drs. 18/94, S. 443 mit vertiefenden Informationen.

[16] *Kofner, Stefan*, Wohnungsmarkt und Wohnungswirtschaft (2004), S. 39.

[17] *Ebenda*, S. 14.

[18] *Ebenda*, S. 39.

[19] *Ebenda*.

[20] Forschungsinstitut für Wirtschaftspolitik, Staatliche Eingriffe in den Mietwohnungsmarkt – Erfolgskontrolle und Reformvorschläge (1985), S. 76.

[21] *Kofner, Stefan*, Wohnungsmarkt und Wohnungswirtschaft (2004), S. 49.

[22] *Weiß, Dominik*, Stadtumbau – Preise – Investitionen (2011), S. 78; Laut Kofner waren es Anfang der 2000 er Jahre noch zwei bis vier Prozent, *Kofner, Stefan*, Wohnungsmarkt und Wohnungswirtschaft (2004), S. 21.

Eine besondere Stellung unter den Produktionsgütern hat aber auch der Boden, da er nicht vermehrbar ist.[23] So wie die Baukosten, beeinflussen daher die Baulandpreise den Wohnungsbau und damit auch das Angebot auf dem Mietwohnungsmarkt.[24] Neben den Baukosten sind somit die Baulandpreise die maßgeblichen Parameter, die Investoren bei einem Neubau ihrer Investitionsentscheidung und Kalkulation zugrunde legen. Es liegt auf der Hand, dass der Mietzins, den der Investor als Vermieter verlangen muss, damit sich seine Investition rentiert, umso höher ist, je höher die Baukosten für eine durchschnittliche Wohneinheit sind.

Bauland ist eine wesentliche und nur begrenzt verfügbare Ressource. Daher ist die Wohnungsfrage immer auch eine Bodenfrage.[25] *Knies* erkannte und benannte diesen Umstand schon im Jahr 1859: „Die grosse Masse der neuen Häuser wird nicht gebaut, weil man sie bewohnen, sondern weil man sie verkaufen oder vermiethen will. Zunächst also entscheidet überhaupt nicht das Wohnungsbedürfnis für Neubauten, sondern der Calcül, ob und wie man das in sie zu steckende Kapital verwerthen werde."[26] Vor diesem Hintergrund kritisierten Ende der 1970er Jahre *Biedenkopf/Miegel*, dass eine Subventionspolitik, die den Bau von Wohnraum begünstigen solle, nicht das Bauland vergessen dürfe. Ansonsten würden am Ende die Eigentümer (und nicht die Mieter) von Bauland profitieren.[27] Zuvor hatte, Anfang der 1970er Jahre, die Geldentwertung die Flucht in die sog. goldenen Beton beflügelt und damals wie heute galt Bauland insbesondere in wirtschaftlich unsicheren Zeiten als sichere Anlage. Bislang hat sich diese Einschätzung bestätigt.[28] Dies wird durch die steuerliche Privilegierung von Grund und Boden noch verstärkt.[29] Zinsbelastungen erzeugen steuermindernde Effekte bei Fremdkapitalfinanzierungen, während Gewinne nur teilweise besteuert werden.[30]

Aufgrund der wichtigen Rolle des Zinses kommt schließlich auch dem Kapitalmarkt selbst eine große Bedeutung bei der Betrachtung des Mietwohnungsmarktes zu.[31] Dies gilt umso mehr angesichts der im Wohnungsbau „im Ver-

---

[23] *Jenkis, Helmut W.*, Die gemeinnützige Wohnungswirtschaft zwischen Markt und Sozialbindung Band 1 (1985), S. 238.

[24] *Lutz, Hans-Joachim*, Der Mieterschutz der Nachkriegszeit (1998), S. 24 und 127 f.

[25] *Berger-Thimme*, Dorothe, Wohnungsfrage und Sozialstaat (1976), S. 20 f.

[26] *Knies, Karl*, Ueber den Wohnungsnothstand unterer Volksschichten und die Bedingungen des Mietpreises. (1859), S. 83 (89).

[27] *Biedenkopf, Kurt H./Miegel, Meinhard*, Wohnungsbau am Wendepunkt (1979), S. 98.

[28] *Ebenda*, S. 100 f.

[29] *Ebenda*, S. 101.

[30] So im Ergebnis auch schon *ebenda*.

[31] *Kofner, Stefan*, Wohnungsmarkt und Wohnungswirtschaft (2004), S. 53.

gleich zu anderen Branchen langen Amortisationszeiten [und dem daraus regelmäßig folgenden] [...] hohe[n] Fremdkapitalanteil am gesamten Kapitaleinsatz"[32].

Diese Verbindungen führen im Übrigen auch dazu, dass Eingriffe des Staates in vorgelagerte Märkte, mittelbar auch den Mietwohnungsmarkt erheblich beeinflussen.[33]

3. Das Gut Wohnraum

Die Wohnung selbst umfasst „alle [...] Räumlichkeiten, in denen der Mensch das Recht hat, in Ruhe gelassen zu werden"[34]. Sie dient in erster Linie zur Befriedigung der Grundbedürfnisse „menschliche[r] Existenz"[35], wie dem Bedürfnis nach einer ungestörten Privatsphäre. *Siebel* unterteilt die Bedeutung in die folgenden vier Kategorien[36]:

– Funktion/funktionell (Erholung)
– Aneignung (Ware)
– Sozial (Familie, Gemeinschaft)
– Sozialpsychologisch (Intimität)

Insbesondere in den letzteren zwei Dimension zeigt sich der Sozialgutcharakter dieses Gutes.[37]

Die große Bedeutung des Wohnungsmarktes zeigt sich auch an der schlechten bis nicht vorhandenen Substituierbarkeit des Gutes Wohnraum.[38] Anders als viele andere Wirtschaftsgüter kann eine Wohnung nur durch eine andere Wohnung – wenn auch in unterschiedlichen Ausprägungen – aber nicht durch den Konsum eines anderen Gutes substituiert werden.[39] Anders als beispielsweise Kraftfahrzeuge haben Wohnungen einen geringen Standardisierungsgrad. Wenn sich nicht schon Lage, Größe, Ausstattung und Alter unterscheiden, sind regelmäßig Nachbarschaft, Infrastruktur und freizeitlicher Nutzwert von unterschied-

---

[32] *Ebenda.*

[33] *Eucker-Herresthal, Waltraud,* Staatliche Eingriffe in den Mietwohnungsmarkt – Erfolgskontrolle und Reformvorschläge (1985), S. 76 ff.

[34] *Fink, Udo,* in: Beck'scher Online_kommentar, Art. 13 GG, Rn. 1 (2013), mit Verweis auf BVerfGE 109, S. 279 ff.

[35] *Jetter, Frank,* Nachhaltige Sozialpolitik gegen Armut in Lebenslagen (2004), S. 79.

[36] *Ebenda.*

[37] Kritik an der ausschließlichen Darstellung des Gutes Wohnen als Sozialgut fasst *Busz* zusammen, wenn er auf die Perspektive des Vermieters verweist, für den das Marktgut ausschließlich ein Wirtschaftsgut ist; so *Busz, Eick,* Die Äquivalenz im freifinanzierten Wohnraummietrecht (2002), S. 80.

[38] Weiterführend *Kofner, Stefan,* Wohnungsmarkt und Wohnungswirtschaft (2004), Kapitel 3, 4, 6, 7 und 8.

[39] *Weiß, Dominik,* Stadtumbau – Preise – Investitionen (2011), S. 76.

licher Qualität.[40] So beeinflusst die Wohnungslage beispielsweise regelmäßig auch das soziale Umfeld des Einzelnen und hat Auswirkungen auf die sozialen Kontakte.[41]

Auch eine Abgrenzung nach sachlichen, räumlichen oder zeitlichen Kriterien unterstreicht die Heterogenität und Komplexität des Gutes Wohnraum. Auf sachlicher Ebene sind Wohnungen bereits aufgrund der Vielzahl unterschiedlicher Bauarten und Bauweisen sehr heterogen. Selbst bei einem identischen Grundriss kommen weitere Parameter, wie zum Beispiel die Lage im Gebäude und der Umgebung, die Art der Beheizung oder auch die Ausstattung hinzu.[42]

In der Literatur wird dennoch eine typisierte Einordnung in sachliche Teilmärkte anhand verschiedener Grobkriterien vorgenommen. *Mayer* nennt hierzu beispielhaft folgende Punkte:[43]
– Nutzungsform (Miete oder Eigentum)
– Gebäude und Wohnungstypen (Größe, Qualität, Alt, Neu, Ausstattung, Lage)
– Neubau oder Bestandswohnungen

Räumlich ist der Mietwohnungsmarkt schon aufgrund der Standortbezogenheit des Gutes in eine Vielzahl regionaler Teilmärkte unterteilen. „Die Grenzen eines regionalen Teilmarktes hängen von verschiedenen Faktoren ab, die für die einzelnen Wohnungsnachfrager von unterschiedlicher Bedeutung sind."[44] Schließlich lässt sich der Mietwohnungsmarkt auch zeitlich, insbesondere nach befristeten und unbefristeten Mietverträgen unterteilen.

Bei den folgenden Betrachtungen wird zur Vereinfachung der Darstellung das Wirtschaftsgut Wohnraum im Rahmen der folgenden Ausführungen als auf dem ganzen Markt identisch unterstellt.

4. Funktionsweise von Angebot und Nachfrage

Nachfolgend werden die Besonderheiten und Eigenarten der Funktionsweise von Angebot und Nachfrage auf dem Mietwohnungsmarkt dargestellt. Auf Veränderungen des Marktes reagieren sowohl Anbieter als auch Nachfrager langsam

---

[40] *Busz, Eick*, Die Äquivalenz im freifinanzierten Wohnraummietrecht (2002), S. 82.

[41] Deutlich wird dies beispielsweise an dem in einigen Bundesländern geltenden sogenannten „Wohnortprinzip" bei der Schulwahl, wonach der Wohnort maßgeblich über die zu besuchende Schule entscheidet.

[42] Dazu und weiterführend zu den daraus resultierenden Schwierigkeiten der empirischen Analyse des Immobilienmarktes: *Bauer, Thomas K.*, Die Verwendung von Internetdaten zur Analyse des Immobilienmarktes (2015), S. 3 (4 und 6).

[43] *Mayer, Anette*, Theorie und Politik des Wohnungsmarktes (1998), S. 43.

[44] *Kofner, Stefan*, Wohnungsmarkt und Wohnungswirtschaft (2004), S. 22.

und erschweren so die Beurteilung der Wirkungen wohnungspolitischer Maß-nahmen.[45]

a. Unelastische und verzögerte Angebotskurve

Bei zunehmendem Bevölkerungswachstum und verstärkter Zuwanderung kann es schnell zu einem regionalen Nachfrageüberhang auf dem Mietwohnungs-markt kommen. In der Theorie führt ein solcher Nachfrageüberhang zu einem Preisanstieg und dieser wiederum zu vermehrten Investitionen und einer Zunah-me der Bautätigkeit, wodurch wiederum das Angebot an Mietwohnungen ver-größert wird. Auf dem Mietwohnungsmarkt führt eine gesteigerte Nachfrage in-dessen nur sehr verzögert zu einer Steigerung des Angebots. Dies ist auf mehrere Faktoren zurückzuführen.[46]

Zum einen ist der Mietwohnungsmarkt durch die extrem lange Lebensdauer des Gutes Wohnraum geprägt. Dies macht den Markt zu einem Bestandsmarkt.[47] Rund 70 Prozent der Gebäude in Deutschland wurden vor dem Jahr 1979 ge-baut.[48] Dementsprechend stammt auch der größte Teil des Angebots an Miet-wohnungen aus dem bereits vorhandenen Wohnungsbestand.[49] Nur ein Prozent der auf dem Markt angebotenen Wohnungen werden jährlich fertiggestellt.[50] Die Nachfrage auf dem Wohnungsmarkt muss daher vorwiegend aus dem Be-stand befriedigt werden.

Ein weiterer Grund ist die lange Produktionsdauer.[51] Der Zeitraum ab dem Moment der erhöhten Nachfrage und der darauffolgenden Investitionsentschei-dung bis zur Fertigstellung ist vergleichsweise lang.[52] Die dadurch bestehende

---

[45] *Eekhoff, Johann*, Wohnungspolitik (2002), S. 7.

[46] *Ebenda*, S. 5 ff. sowie auch schon *Reich* über die Anfänge des Berliner Wohnungsmarkte zu Jahrhundertwende 19./20. Jh.: *Reich, Emmy*, Der Wohnungsmarkt in Berlin von 1840–1919 (1912), S. 10 f.

[47] *Ebenda*, S. 5; sowie *Kofner, Stefan* Wohnungsmarkt und Wohnungswirtschaft (2004), S. 23 f.

[48] Zensus 2011, http://www.spiegel.de/wirtschaft/soziales/zensus-2011-ausstattung-eigen-tum-alter-der-wohnungen-in-deutschland-a-903039.html.

[49] *Kofner, Stefan*, Wohnungsmarkt und Wohnungswirtschaft (2004), S. 20 f.; siehe auch http://www.spiegel.de/wirtschaft/soziales/zensus-2011-ausstattung-eigentum-alter-der-woh nungen-in-deutschland-a-903039.html.

[50] *Weiß, Dominik*, Stadtumbau – Preise – Investitionen (2011), S. 78; Laut Kofner waren es Anfang der 2000 er Jahre noch zwei bis vier Prozent, *Kofner, Stefan*, Wohnungsmarkt und Wohnungswirtschaft (2004), S. 21.

[51] So auch schon *Reich* über die Anfänge des Berliner Wohnungsmarkte zu Jahrhundert-wende 19./20. Jh.: *Reich, Emmy*, Der Wohnungsmarkt in Berlin von 1840–1919 (1912), S. 10 f.

[52] *Witt, Peter-Christian*, Inflation, Wohnungszwangswirtschaft und Hauszinssteuer (1979), S. 385 (390).

Unsicherheit über die Rentabilität finanzieller Investitionen hemmt die sofortige Bereitschaft zu weiteren Investitionen, so dass es auf der Angebotsseite nur verzögert zu einer Anpassung kommt.[53]

Zudem gilt die Angebotskurve aufgrund der Irreversibilität und Dauerhaftigkeit der Investitionen in das Gut Wohnraum als unelastisch. Investoren beginnen nicht immer sofort bei steigender Nachfrage und Überschreitung der Baukosten durch den voraussichtlich zu erzielenden Mietzins mit dem Bau neuer Wohnungen.[54] Dieser Effekt verstärkt sich, sobald der zu erzielende Preis (Mietzins) die Herstellungskosten (Baukosten) unterschreitet.[55] Nicht zuletzt erhöht das regelmäßig gemessen am Kapitaleinsatz verhältnismäßig geringe Nutzungsentgelt das Risiko und verlangsamt somit zusätzlich etwaige Marktreaktionen.[56]

In all diesen Faktoren äußert sich die fehlende Flexibilität des Angebots des Gutes Wohnraum, das sich nicht kurzfristig auf eine stark steigende (oder sinkende) Wohnungsnachfrage einstellen und anpassen kann.[57]

b. Unflexible und verzögerte Nachfrage

Auch die Nachfrageseite auf dem Mietwohnungsmarkt ist unflexibel. Dies zeigt sich beispielsweise dann, wenn sich die individuellen Umstände des Mieters ändern (zum Beispiel durch eine Absenkung oder Steigerung des verfügbaren Einkommens aufgrund einer beruflichen Veränderung oder durch eine Vergrößerung der Familie durch Nachwuchs), als auch bei einer Anpassung der Miete eines bestehenden Mietvertrages. Mieter verändern ihre Lebenssituation trotz Veränderungen der persönlichen Verhältnisse nur, wenn die vermeintlich besser geeignete Wohnung auch verfügbar ist. Da vielfältige und ganz individuelle Umstände die Wahl des Wohnraums maßgeblich beeinflussen (z. B. Lage und Umgebung, Größe und Ausstattung) ist es für den Einzelnen regelmäßig nahezu unmöglich, vorhandenen Wohnraum eins-zu-eins zu substituieren oder gar die individuelle Wohnsituation zu verbessern, ohne an anderer Stelle Nachteile in Kauf nehmen zu müssen.[58]

Die fehlende oder nur eingeschränkte Substituierbarkeit des Gutes Wohnraum ist ein Grund, warum Mieter auf Preissteigerungen durch den Vermieter regelmäßig nicht unmittelbar mit einem Wegzug reagieren bzw. sich die Nachfrage nicht zwangsläufig verringert. In bestehenden Mietverhältnissen mit so genannten Be-

---

[53] *Weiß, Dominik*, Stadtumbau – Preise – Investitionen (2011), S. 80.
[54] *Ebenda.*
[55] *Ebenda*, S. 78.
[56] *Mayer Anette*, Theorie und Politik des Wohnungsmarktes (1998), S. 39.
[57] *Weiß, Dominik*, Stadtumbau – Preise – Investitionen (2011), S. 78.
[58] *Kofner, Stefan*, Wohnungsmarkt und Wohnungswirtschaft (2004), S. 33 f.

standsmietverträgen führen Mietsteigerungen daher zunächst dazu, dass sich die betroffenen Haushalte in anderen Bereichen der Lebensführung einschränken.[59] Dies liegt nicht zuletzt an den erforderlichen Aufwendungen im Zusammenhang mit einem Umzug, wie Umzugs- oder Renovierungskosten, Abstandszahlungen oder bis Juni 2015 noch die regelmäßig den Mieter treffende Verpflichtung zur Übernahme einer Maklercourtage (als ein wesentlicher Bestandteil der so genannten Transaktionskosten). Sofern keine anderweitigen Zwänge bestehen, wird ein Mieter im Rahmen einer Umzugsüberlegung diese Kosten daher stets berücksichtigen. Dies gilt für Geringverdiener-Haushalte und besserverdienende Bevölkerungsteile gleichermaßen.

Aufgrund der Transaktionskosten reagiert die Nachfrage nur verzögert, da es nur in Ausnahmefällen für den einzelnen Mieter vorher ökonomisch sinnvoll ist. Der Mieter akzeptiert einen höheren Preis als er eigentlich zu zahlen bereit wäre, da eine kleinere Einheit mit einem günstigeren Mietzins aufgrund der zu berücksichtigenden Transaktionskosten absolut gesehen nicht günstiger wäre. Denn solange eine Mieterhöhung geringer ist als die (periodisierten) Transaktionskosten, ist ein Umzug für den Mieter ökonomisch nicht sinnvoll. Während also ohne Transaktionskosten, die Nachfrage stetig mit jeder Preiserhöhung sinken würde, ist die Nachfrage auf dem Mietwohnungsmarkt solange unelastisch, wie die ökonomische Belastung durch die Mieterhöhung geringer ausfällt als die Trankaktionskosten, die ein neues Mietverhältnis verursacht.[60]

II. Marktversagen

Gemäß den volkswirtschaftlichen Grundregeln pendelt sich ein Markt jedenfalls theoretisch bei seinem Optimum auf den Gleichgewichtspreis ein. Nur nach sehr „liberaler Anschauung garantiert […] das Zusammenspiel von Angebot und Nachfrage [auch in der Praxis] eine optimale, sozial gerechte Verteilung der Ressourcen".[61] Tatsächlich ist es vielmehr keine Ausnahme, dass eine „sich selbst überlassene Marktwirtschaft nicht immer für ein optimales Ergebnis"[62] sorgen kann. „Es können Fälle von Marktversagen auftreten, in denen staatliche Eingriffe geboten erscheinen, um die Unvollkommenheit des Marktes zu korrigieren."[63]

---

[59] *Ebenda*, S. 33.
[60] *Pichlmair, Michael*, Miete. Lage. Preisdiktat – Strukturelle Effekte der Lagerregulierung im mietrechtlich geschützten Wiener Wohnungsmarkt (2012), S. 21 f.
[61] *Feldbauer, Peter*, Wohnungsproduktion am Beispiel Wiens 1848 – 1934 (1979), S. 317.
[62] *Kofner, Stefan*, Wohnungsmarkt und Wohnungswirtschaft (2004), S. 4.
[63] *Ebenda*.

Aufgrund der soeben unter Kapitel 3 I. dargestellten Besonderheiten, neigt der Mietwohnungsmarkt zum Marktversagen.[64] Dazu tragen die Transaktionskosten sowie die unvollkommene Zuordnung des Mietwohnungsmarktes bei.[65] Diese Umstände sowie die zuvor dargestellten Besonderheiten des Gutes Wohnraum kommen als mögliche Grundlagen für staatliche Eingriffe in Betracht.[66]

Hinzu kommt, dass im Fall des Mietwohnungsmarktes selbst der vollkommene Markt zu erheblichen Ungerechtigkeiten führen kann. Pendelt sich der Markt beim Gleichgewichtspreis ein, wird derjenige, der unter dem Gleichgewichtspreis nachfragt, nicht bedient. Danach würde gelten: Kann ein potentieller Mieter die Marktmiete nicht aufbringen, könnte er keine Wohnung anmieten. Insofern ist der Markt „also ‚blind' gegenüber sozialer Not"[67]. Auch wenn der Markt laut *Kofner* „auf lange Sicht zu einem spontanen Gleichgewichtszustand"[68] tendiert, hilft dies nicht über die sog. soziale Blindheit hinweg.

Im Widerspruch zueinander stehen schließlich auch das sozialpolitisch motivierte Ziel, allen Menschen eine sozialgerechte Unterkunft zur Verfügung zu stellen und das ökonomische Ziel der Angebotsseite, langfristig wachsende und stabile Kapitalrenditen zu erzielen.[69] Auch deshalb ist „[d]er Wohnungsmarkt […] ein typischer Interventionsmarkt, der von umfangreichen staatlichen Eingriffen und Subventionen [wie beispielsweise Preisbildungsvorschriften, Abschreibungsvergünstigungen oder Wohngeld] geprägt ist"[70].

III. (Theoretische) Wirkungsweise und (praktische) Probleme einzelner Interventionsmaßnahmen

Die Geschichte zeigt, dass die Handlungsfelder staatlicher Intervention vielfältig sind. „Sie reichen von der Förderung von Wohnungsbauinvestitionen und Erleichterung des Marktzugangs bis zur Stabilisierung der Wohnungsbautätigkeit."[71] In Kapitel 1 dieser Arbeit wurde bereits von zahlreichen verschiedenen Interventionen berichtet, die im Laufe der Zeitgeschichte eingesetzt wurden.

---

[64] *Weiß, Dominik*, Stadtumbau – Preise – Investitionen (2011), S. 1.

[65] *Kofner, Stefan*, Wohnungsmarkt und Wohnungswirtschaft (2004), S. 113 f. und 115 f.

[66] *Haerendel, Ulrike*, Kommunale Wohnungspolitik im Dritten Reich (1999), S. 4 f. und 108.

[67] *Jetter, Frank*, Nachhaltige Sozialpolitik gegen Armut in Lebenslagen (2004), S. 83.

[68] *Kofner, Stefan*, Wohnungsmarkt und Wohnungswirtschaft (2004), S. 34.

[69] *Haerendel, Ulrike*, Kommunale Wohnungspolitik im Dritten Reich (1999), S. 9.

[70] *Ebenda*, S. 4 f.

[71] *Kofner, Stefan* Wohnungsmarkt und Wohnungswirtschaft (2004), S. 108 ff.

1. Kategorisierung (Systematik)

Die Interventionsmaßnahmen können nach unterschiedlichen Ansätzen kategorisiert werden.[72] Es gibt Regelungen im Bereich des Bau- und Planungsrechtes, im Bereich des Mietrechtes sowie steuerliche Regelungen (insb. Vergünstigungen) oder Leistungstransfers.[73] Systematisch lassen sich Interventionsmaßnahmen aber auch nach Ihrem Rechtfertigungsansatz (Marktversagen) und nach ihrem Regelungsansatz (Objekt- oder Subjektförderung) kategorisieren.

a. Unterschiedliche Arten des Marktversagens

Entsprechend der zwei möglichen Arten des Marktversagens kann grundsätzlich zwischen zwei Ansatzpunkten unterschieden werden.[74]

1. Die Absicherung von sozialen Härten[75]
2. Die allgemeine Regulierung des Marktes

Im ersten Fall konzentrieren sich die staatlichen Interventionen darauf, die nicht hinnehmbaren Folgen des Marktes (Marktversagen) aufzufangen. Zum einen sollen gesetzliche Regelungen[76] wirken, wenn aufgrund von Zwangssituationen, die Vertragsfreiheit ausgehebelt werden könnte.[77] Regelmäßig handelt es sich dabei aber auch um krisenbezogene Maßnahmen als Reaktion auf beispielsweise regionale Angebotsengpässe. Der Staat nimmt die Ergebnisse des freien Marktes, die Verhaltensweise der Gesellschaft hin und versucht reaktiv, die „Folgen […] durch Hilfestellung gegenüber den vom Entscheidungsmechanismus der Gesellschaft benachteiligten Gruppen auszugleichen[…]."[78] Bei den so genann-

---

[72] Auf die Förderung von Wohnungseigentum, die nicht Gegenstand der vorliegenden Bearbeitung ist, wird auch in diesem Rahmen nicht eingegangen. Nicht besprochen wird ferner auf die Unterscheidung zwischen indirekten (Steuerentlastungen oder auch Beeinflussung von Rahmendaten) und direkten (subjektive oder objektive) Förderungen.

[73] *Weiß, Dominik*, Stadtumbau – Preise – Investitionen (2011), S. 1.

[74] Differenzierung grundsätzlich hervorgehoben bei *Herzog, Roman*, Allgemeine Staatslehre (1971).

[75] Als Beispiel für diese Art Politik nennt *Herzog* Folgendes: „Gerade die moderne Sozialpolitik bedient sich dieser Methode in bedeutendem Maße. Man denke etwa an die Gewährung von Wohnungsgeld, mit denen in der Bundesrepublik die übelsten Folgen des kapitalistisch betriebenen Wohnungsmarktes gemildert werden.", *Herzog, Roman*, Allgemeine Staatslehre (1971), S. 132.

[76] So auch *Busz, Eick*, Die Äquivalenz im freifinanzierten Wohnraummietrecht (2002), S. 18 mit Verweis auf: § 138 I und II BGB, § 291 StGB, §§ 4, 5 WiStG, § 4a WoVermittG (andere Branche § 3 BRAGO) – mit zivilrechtlicher Wirkung über § 134 BGB.

[77] *Hornung, Katrin*, Die öffentlich-rechtliche Durchdringung des Wohnraummietrechts (2011), S. 246 ff.

[78] *Herzog, Roman*, Allgemeine Staatslehre (1971), S. 132.

ten allgemeinen Regulierungen handelt es sich um staatliche Präventionsmaßnahmen, die versuchen Fehlentwicklungen zu antizipieren und ihnen vorzubeugen. Das kann so weit gehen, dass das gesamte Marktgeschehen unter einer bestimmten Prämisse gelenkt werden soll, so dass es sich nicht mehr um einen freien, sondern vielmehr einen regulierten Markt handelt.

b. Objekt- und subjektbezogene Förderungen

Ferner lassen sich die eingesetzten Instrumente in objekt- und subjektbezogene unterscheiden. „Gleichlaufend mit dieser Unterscheidung ist meistens die Differenzierung anhand des Leistungsempfängers, je nachdem, ob die Förderung auf Angebots- oder Nachfrageseite erfolgt.

„Objektbezogene Instrumente [...] senken die Kapitalnutzungs- und Bewirtschaftungskosten und dadurch indirekt auch die Mietbelastung."[79] „Bei der Objektförderung werden den Wohnungsanbietern vom Staat Unterstützungsleistungen gewährt, um die Anlage- oder Nutzungskosten und damit auch die Mieten eines bestimmten Wohnobjekts zu senken bzw. dessen Finanzierung sicherzustellen."[80] Damit setzt die Objektförderung auf der Angebotsseite an. Um sicher zu stellen, dass die Vorteile bei den Wohnungsnutzern auf der Nachfrageseite ankommen, sind diese objektgebundenen Förderungen mit bestimmten Auflagen verbunden.[81] So soll die Mietbelastung für den einzelnen Mieter gesenkt werden.

Bei einer Subjektförderung hingegen stimmt der tatsächlich Begünstigte mit dem gewollten Förderungsempfänger überein. Auf „die individuellen Verhältnisse abgestimmte finanzielle Hilfen [werden] direkt an die Mieter bzw. Bewohner von Eigentumswohnungen oder Eigenheimen gegeben, um eine angemessene Wohnungsversorgung zu „tragbaren" Mieten oder Lasten zu ermöglichen."[82] „Subjektbezogene Instrumente setzen auf der Nachfrageseite bzw. beim Subventionsempfänger an, stärken dessen Wohnkaufkraft und senken dadurch ebenfalls die Mietbelastung."[83]

---

[79] *Michels, Winfried/Mester, Klaus-Hendrik/Beermann, Frank*, Wohnungsmarkt – Wohneigentum – Kostengünstiges Bauen (2006). S. 77.

[80] *Eucker-Herresthal, Waltraud*, Staatliche Eingriffe in den Mietwohnungsmarkt – Erfolgskontrolle und Reformvorschläge (1985), S. 29.

[81] *Ebenda.*

[82] *Ebenda.*

[83] *Michels, Winfried/Mester, Klaus-Hendrik/Beermann, Frank*, Wohnungsmarkt – Wohneigentum – Kostengünstiges Bauen (2006). S. 77.

2. Wirkungsweise einzelner Interventionsmaßnahmen

Da das Angebot von Wohnraum nur verzögert auf eine gesteigerte Nachfrage reagiert, kommt es bei einem Nachfrageüberhang zu „Warteschlangen und spürbare[n] Preiserhöhungen."[84] Dies ist regelmäßig Ansatzpunkt der Wohnungspolitik,[85] auch wenn dies nicht antizipativ erfolgt. Um die genannten Marktfolgen zu vermeiden, fördert die Politik den Wohnungsbau oder versucht die Folgen durch restriktives Mietpreisrecht abzufedern.[86] Nachfolgend werden drei konkrete Interventionsmaßnahmen der Wohnungspolitik genauer beleuchtet. Der soziale Wohnungsbau hat eine große historische Bedeutung und steht exemplarisch für eine Form der Objektförderung. Als klassische Subjektförderung wird das staatliche Wohngeld beleuchtet. Schließlich soll das soziale Mietrecht, das sich wiederum in zahlreiche Unterkategorien aufteilen lässt, besprochen werden.

a. Wirkungsweise des sozialen Wohnungsbaus im engeren Sinne

Der soziale Wohnungsbau ist eine Form der sog. Objektförderung. Der Staat gewährt dem Vermieter als „Hersteller" von Wohnraum Zuschüsse, Darlehen oder Hypotheken, um diesen zu Investitionen auf dem Mietwohnungsmarkt zu bewegen und so auf die gesteigerte Nachfrage zu reagieren.[87]

Durch die Objektförderung entsteht ein neuer Teilmarkt, der im Gegensatz zum frei finanzierten Wohnungsbau Preisbindungen und Zugangsbeschränkungen unterliegt.[88] Das Wohnraumförderungsgesetz[89] sieht hierfür insbesondere Belegungsrechte[90] des Fördermittelgebers und Mietpreisbindungen[91] vor. Belegungsrechte kommen hierbei als allgemeine Belegungsrechte, als bloße Benennungsrechte bis hin zu echten Besetzungsrechten zugunsten des Fördermittelgebers[92] vor.

Dies führt zu unterschiedlichen Angebots- und Nachfragereaktionen innerhalb dieser beiden Teilmärkte mit wechselseitigen, auch unerwünschten Auswirkun-

---

[84] *Kofner, Stefan*, Wohnungsmarkt und Wohnungswirtschaft (2004), S. 24.

[85] *Ebenda.*

[86] *Ebenda.*

[87] § 2 Wohnraumfördergesetz Bund sowie weiterführend *Siebert, Horst*, Einführung in die Volkswirtschaftslehre (2000), S. 131 f.

[88] *Keil, Kerstin*, Sozialer Mietwohnungsbau in der Krise (1996), S. 11 f.

[89] Wohnraumförderungsgesetz v. 13.9.2001 (BGBl. I S. 2376) in der Fassung v. 20.11.2019 (BGBl. I S. 1626) (WoFG).

[90] § 26 WoFG.

[91] § 28 WoFG.

[92] § 26 Abs. 2 WoFG.

gen.[93] Beispielsweise führt die Mietpreisbindung auf dem sozialen Wohnungs-markt zu einer Versorgungslücke auf dem frei finanzierten Wohnungsmarkt.[94] Durch die Subventionierung des Preises wird auf dem Markt zu einem bestimm-ten Preis mehr Wohnraum angeboten als ohne die Subvention angeboten worden wäre. Wobei der Staat die Preisdifferenz trägt, da durch die Subvention die Lücke zum Produzentenpreis geschlossen wird.[95]

Neben der Mietpreisverzerrung ist die Fehlbelegung eine ungewünschte Folge des sozialen Wohnungsbaus im engeren Sinne.[96] Viele subventionierte Sozial-wohnungen sind fehlbelegt.[97] Von einer Fehlbelegung spricht man, wenn Mieter auch noch nach Überschreiten der zulässigen Einkommensgrenzen dennoch in den preisgebundenen und kostengünstigen, geförderten Wohnungen wohnen bleiben. Als Folge stehen diese Wohnungen den tatsächlich Bedürftigen nicht (mehr) zur Verfügung.[98]

Als Konsequenz wurde daher ursprünglich die sog. Fehlbelegungsabgabe ein-geführt. Die Fehlbelegungsabgabe zahlt der Mieter einer geförderten Wohnung, wenn sein Einkommen zu einem Zeitpunkt nach dem Einzug zu einem bestimm-ten Prozentsatz über der im WoFG festgelegten Einkommensgrenze für Sozial-wohnungen liegt. Nachdem die Fehlbelegungsabgabe zwischenzeitlich weitest-gehend abgeschafft war, hat das Bundesland Hessen sie zuletzt wieder einge-führt.[99] Die Fehlbelegungsabgabe ist indessen kein geeignetes Mittel um eine gerechtere Allokation des sozial geförderten Wohnraums herbeizuführen, da ihre Erhebung teuer und der praktische Effekt begrenzt ist.[100]

Bei dieser Art der Förderung entfällt ein hoher Subventionsaufwand auf die einzelne Wohnung und insbesondere in den 1990er Jahren gab es durch die Ver-knüpfung der Förderung mit den Baukosten keine Anreize zu kostengünstigem und -effizientem Bauen.[101]

---

[93] *Keil, Kerstin*, Sozialer Mietwohnungsbau in der Krise (1996), S. 11 f.

[94] *Ebenda.*

[95] *Siebert, Horst*, Einführung in die Volkswirtschaftslehre (2000), S. 133.

[96] *GEWOS*, Wohnungspolitik nach dem Zweiten Weltkrieg (1990), S. IX.

[97] *Neumann, Lothar/Schaper, Klaus,* Die Sozialordnung der Bundesrepublik Deutschland (2010), S. 309.

[98] *Busz, Eick*, Die Äquivalenz im freifinanzierten Wohnraummietrecht (2002), S. 57.

[99] Pressemitteilung des Landes Hessen v. 26.11.2015 abzurufen unter https://www.hessen.de/presse/pressemitteilung/fehlbelegungsabgabe-hessen-wieder-eingefuehrt.

[100] *GEWOS*, Wohnungspolitik nach dem Zweiten Weltkrieg (1990) S. X.

[101] *Neumann, Lothar/Schaper, Klaus,* Die Sozialordnung der Bundesrepublik Deutschland (2010), S. 309.

b. Wirkungsweise der Subjektförderung am Beispiel des Wohngeldes[102]

Wenn sich ein Bürger am Wohnungsmarkt nicht erfolgreich mit Wohnraum versorgen kann, liegt dies regelmäßig an einem zu geringen Einkommen (Verteilungsproblem) oder persönlichen Merkmalen aufgrund derer er diskriminiert wird (Zugangsproblem).[103]

Das Verteilungsproblem versucht der Staat durch die Subjektförderung, beispielsweise durch die Zahlung von Wohngeld, abzumildern. „Wohngeld ist ein von Bund und Ländern getragener Zuschuss zu den Wohnkosten."[104] Es handelt sich um eine Subjektförderung in Form einer „zweckgebundene[n] Transferleistung des Staates. [...] Mit dem Wohngeld soll die Kaufkraft der zur Zielgruppe zählenden Haushalte am Wohnungsmarkt gezielt verstärkt werden."[105] Wohngeld hilft im Fall von Verteilungsproblemen, ggf. gekoppelt mit Belegungsrechten,[106] die sozial nicht gewünschten Folgen abzufedern und ist Bestandteil des Systems der sozialen Sicherung[107]. Es begrenzt die Mietbelastung und ermöglicht damit die Weiteranmietung der derzeitigen Wohnung, insbesondere in Fällen von (vorübergehenden) Einkommensverlusten.[108]

Insbesondere in den 1990er Jahren war das Wohngeld ein zentrales Instrument der Wohnungspolitik. Die Subjektförderung durch Wohngeld führt kaum zu Fehlförderungen, da dieses Förderinstrument sehr gut individualisierbar ist. Allerdings führt die Subjektförderung in der Regel nicht zu neuen Investitionen in Wohnraum. Kritiker heben zudem hervor, dass in Mangellagen durch die Subjektförderung nicht nur kein neuer Wohnraum geschaffen wird, „sondern faktisch hohe Mieten stabilisiert werden"[109]. Das Wohngeld begünstige immer auch die Anbieter von Wohnungen.[110] Aufgrund dieser „Dysfunktionalität des Wohngeldes"[111] schafft es „gerade nicht den dringend benötigten preiswerten Wohn-

---

[102] Dazu allgemein *Schellhaaß, Horst-Manfred,* Das Wohngeld als Instrument zur sozialen Sicherung des Wohnens (1998), S. 12–17.

[103] *Michels, Winfried/Mester, Klaus-Hendrik/Beermann, Frank,* Wohnungsmarkt – Wohneigentum – Kostengünstiges Bauen (2006), S. 76.

[104] Statistisches Jahrbuch 2012, S. 157.

[105] *Kofner, Stefan,* Wohnungsmarkt und Wohnungswirtschaft (2004), S. 131.

[106] *Michels, Winfried/Mester, Klaus-Hendrik/Beermann, Frank,* Wohnungsmarkt – Wohneigentum – Kostengünstiges Bauen (2006), S. 77.

[107] *Häring, Dieter,* Zur Geschichte und Wirkung staatlicher Interventionen im Wohnungssektor (1974), S. 34 mwN.

[108] *Lüers, Hartwig,* Perspektiven der Wohnungspolitik des Bundes (2001), S. 2.

[109] *Jetter, Frank,* Nachhaltige Sozialpolitik gegen Armut in Lebenslagen (2004), S. 91.

[110] *Steinmeier, Frank-Walter,* Bürger ohne Obdach – Zwischen Pflicht zur Unterkunft und Recht auf Wohnraum: Tradition und Perspektiven staatlicher Intervention zur Verhinderung und Beseitigung von Obdachlosigkeit (1992), S. 43, mwN.

[111] *Ebenda.*

raum, sondern bewahrt die festgestellten Disparitäten zwischen einem mengen-
mäßig überversorgten Wohnungsmarkt für mittlere und höhere Einkommen und
Unterversorgung in Marktsegmenten für marktschwächere Nachfrager."[112]

Letztlich hat das Wohngeld aber einen relativ geringen Einfluss auf die marktwirtschaftliche Zusammenspiel von Angebot und Nachfrage.[113] Insofern ist es
nicht überraschend, wenn *Michels/Mester/Beermann* feststellen, dass in der
(wirtschafts-)wissenschaftlichen Literatur weitgehend Einigkeit darüber besteht,
dass die soziale Absicherung des Wohnens zentral durch Subjektförderung erfolgen sollte, auch wenn dies insgesamt geringere Angebotseffekte bewirkt als der
soziale Wohnungsbau.[114]

c. Das soziale Mietrecht – Eingriffe in den Preismechanismus

Im Bereich des sozialen Mietrechts wirken staatliche Eingriffe regelmäßig auf
„Rechtsbeziehungen zweier privater Rechtssubjekte und damit auf den Mietvertrag als elementare[n] Bestandteil des Privatrechts".[115] Das BGB enthält eine
Vielzahl von Regelungen, mit denen in den Mietvertrag eingegriffen wird: beispielsweise durch Kappungsgrenzen, Kündigungsschutz, Mietpreisbegrenzun-
gen durch das Vergleichsmietensystem oder Modernisierungsumlagen.[116]

Wenn der Staat den Mietpreis regelt, ist dies ein Eingriff in den Preisbildungs-
prozess des Marktes und eine Abkehr von der Vertragsfreiheit.[117] Solche Eingriffen sind aufgrund des Zusammenhangs zwischen der Wirtschaftlichkeit einer
Investition in ein Mietshaus und der zu erzielenden Wohnraummiete besonders
relevant.[118] Dabei steht immer auch „der Interessenausgleich zwischen Mieter
und Vermieter im Vordergrund"[119]. Allerdings wird die Kritik an der Entwicklung hin zu mehr Mieterschutz und die damit verbundenen Eingriffe in die Frei-

---

[112] *Ebenda*, mwN.

[113] *GEWOS*, Wohnungspolitik nach dem Zweiten Weltkrieg (1990), S. XI f.

[114] *Michels, Winfried/Mester, Klaus-Hendrik/Beermann, Frank*, Wohnungsmarkt – Wohneigentum – Kostengünstiges Bauen (2006), S. 77.

[115] *Hügemann, Ewald*, Die Geschichte des öffentlichen und privaten Mietpreisrechts vom
Ersten Weltkrieg bis zum Gesetz zur Regelung der Miethöhe von 1974 (1996), S. 3.

[116] Siehe weiterführend mit Fokus auf den nordamerikanischen Markt in dem vor allem
bzw. fast ausschließlich eine Regulierung des Mietwohnungsmarktes in New York City Tradition hat: *Arnott, Richard*, Time for Revisionism on Rent Control?, Journal of Economic Perspectives 1995, S. 99–120.

[117] *Fischer, Robert*, Vertragsfreiheit und Sozialbindung, DRiZ 74, S. 209 (211).

[118] *Fichtel, Lorenz*, Wohnungspolitik in der sozialen Marktwirtschaft (1980), S. 220 f.

[119] *Lüers, Hartwig*, Perspektiven der Wohnungspolitik des Bundes (2001), S. 4; siehe dazu
Ausführungen unter Kapitel 2, III. Das Spannungsverhältnis zwischen sozialstaatlicher Verpflichtung und Eigentumsschutz – Art. 14 GG.

heiten des Vermieters stärker.[120] *Emmerich* spricht sogar von einem zunehmenden Trend zur Verdinglichung der Wohnraummiete[121]: „Der ständig ausgebaute Kündigungsschutz, der dem Vermieter in vielen Fällen eine Kündigung praktisch unmöglich macht [...], verbunden mit dem Druck auf die Mieten, führe[...] dazu, daß sich Wohnraummietverhältnisse in zunehmendem Maße dinglichen Lasten auf einem Grundstück annähern."[122] Tatsächlich ist immobilienrechtliches Eigentum stärker als alle andere Eigentumsrechte gesetzlich beschränkt. Dies gilt jedenfalls ab dem Moment, in welchem einem Dritten das Nutzungsrecht daran eingeräumt wird.

Bislang bezog sich die Mietpreisregulierung in Deutschland auf den bestehenden Vertrag.[123] Insoweit enthalten die §§ 557 ff. BGB konkrete Vorgaben unter denen ein Vermieter bei einem bestehenden Vertrag eine Mieterhöhung verlangen kann. Bei einer Neuvermietung war der Vermieter bislang – bis zur Grenze des Mietwuchers – grundsätzlich frei, die vom Mieter zu zahlende Miete festzulegen. Seit der Einführung der so genannten Mietpreisbremse in den §§ 556d ff. BGB betrifft die Mietpreisregulierung durch konkrete Vorgaben zur zulässigen Miethöhe bei Mietbeginn in Gebieten mit angespannten Wohnungsmärkten nunmehr auch das vorgelagerte Stadium des Vertragsabschlusses.

Die Wirkung bei der Regulierung des Preises durch die sogenannte Mietpreisbremse ist mit der Wirkung der Objektförderung vergleichbar. Aufgrund der gesetzlichen Regelungen ist es dem Vermieter in den regulierten Fällen nicht möglich bei einer Neuvermietung zu dem Marktpreis anzubieten. Vermieter müssen unter dem Marktpreis anbieten. Auch in diesem Fall verschiebt sich die Angebotskurve zugunsten der Menge. Anders als im Fall der Objektförderung trägt nicht der Staat die finanzielle Last der Regulierung, die in diesem Fall bei den Vermietern liegt.

---

[120] Die gleiche Feststellung machte 1980 *Fichtel, Lorenz*, Wohnungspolitik in der sozialen Marktwirtschaft (1980), bei der marktwirtschaftlichen Überprüfung des Mietrechts mit dem Konzept der Sozialen Marktwirtschaft insb. in Bezug auf das Vergleichsmietenprinzip in der damals geltenden Form.

[121] Tatsächlich aber war und ist das „Preußische Allgemeine Landrecht [...] die erste kontinentaleuropäische Rechtsordnung, die die [...] [dingliche] Konzeption [des Mietrechts] übernahm und [...] normierte." – vgl. *Quaisser, Friederike*, Mietrecht im 19. Jahrhundert – Ein Vergleich der mietrechtlichen Konzeption im Allgemeinen Landrecht für die Preußischen Staaten von 1974 und dem gemeinen Recht (2005), S. 121 mwN.

[122] *Emmerich, Volker*, in: J. von Staudinger, Kommentar zum Bürgerlichen Gesetzbuch mit Einführungsgesetz und Nebengesetzen, Buch 2, Recht der Schuldverhältnisse, §§ 535–562d; HeizkostenV; BetrKV (Mietrecht 1), Neubearbeitung 2014, Vorbem zu § 535, Rn. 20.

[123] Anders in Österreich – dort ist auch die Miethöhe bei einer Neuvermietung bis ins Detail vorgegeben, so *Pichlmair, Michael*, Miete. Lage. Preisdiktat Strukturelle Effekte der Lagerregulierung im mietrechtlich geschützten Wiener Wohnungsmarkt (2012), S. 14.

Insoweit ist zu beachten, dass staatliche Preisregulierungen die Wirkungen der geringen Elastizität der Nachfragekurve auf dem Mietwohnungsmarkt weiter verstärken. Dabei steht die Preisbindung in besonders enger Wechselbeziehung zum Bestandschutz.[124] Denn sobald eine vom Vermieter angenommene Vergleichsmiete über die Laufzeit des Mietvertrages – die für den Vermieter aufgrund der zu Gunsten der Mieter bestehenden umfangreichen Kündigungsschutzregelungen letztlich unkalkulierbar ist – hinter der erzielbaren Marktmiete zurückbleibt, werden Vermieter automatisch versuchen, höhere Anfangsmieten durchzusetzen. In der Folge liegen dann die Preise von Bestandsmieten in besonders nachgefragten Gebieten deutlich unter den Preisen für Neuvermietungen, so dass sich das Delta zwischen dem Bestandsmarkt und dem Markt für Neuvermietungen vergrößert. Dies führt wiederum dazu, dass der Bestandsmieter noch unflexibler wird und auch bei Veränderung seiner persönlichen Umstände die angemietete Wohnung nicht wechselt. So bleiben zum Beispiel durch Auszug von Familienmitgliedern (Scheidung, Studium) verkleinerte Familien in für sie an sich zu großen Wohnungen, wenn eine kleinere Wohnung den gleichen oder sogar einen höheren Preis hätte als die nun zu groß gewordene Mietwohnung. Dies wiederum führt dazu, dass insbesondere junge Familien mit einem Bedarf an größerem Wohnraum adäquate Wohnungen nur zu höheren Preisen mieten können.[125] Damit zahlen die mobilen oder neugegründeten Haushalte den Preis für den Schutz der Bestandsmieter, die besonders von dem Vergleichsmietensystem und dem Kündigungsschutz profitieren.[126]

Im Extremfall können diese Eingriffe in die Privatautonomie dazu führen, dass Wohnraum als Folge von Interventionsmaßnahmen „noch ineffizienter verteilt wird als durch eine völlige Liberalisierung des Marktes."[127] *Pichlmaier* beschreibt es als ein Ventil des Marktes, wenn er darauf verweist, dass Vermieter bis an die Grenze der Legalität (und auch darüber hinaus) Umgehungsmechanismen entwickeln und beispielsweise ihre Mieter nach Problemvermeidungsstrategien selektieren, andere Zuschläge (z. B. für Einbauten) verrechnen oder sogar aus dem Markt flüchten.[128]

---

[124] So schon *Bettermann, Karl August*, Grundfragen des Preisrechts für Mieten und Pachten (1952), S. 3 f.; der diesen Effekt bei dem Zusammenspiel von Preisbindung und Bestandschutz erläutert indem er darauf verweist, dass Preissteigerungsverbote dem Vermieter den Anreiz zu einer Kündigung zwecks Mieterhöhung nehmen, und Kündigungsverbote Preissteigerung durch Neuvermietung verhindern.

[125] Dies kritisiert zu Recht *Busz, Eick*, Die Äquivalenz im freifinanzierten Wohnraummietrecht (2002), S. 57.

[126] Expertenkommission Wohnungspolitik, S. 119.

[127] *Pichlmair, Michael*, Miete. Lage. Preisdiktat Strukturelle Effekte der Lagerregulierung im mietrechtlich geschützten Wiener Wohnungsmarkt (2012), S. 14.

[128] *Ebenda*, S. 15.

Dadurch, dass das Vergleichsmietensystem mit seiner Bindung an Vergangenheitswerte eine kurzfristige Anpassung der Mietpreise für Bestandswohnungen an die jeweils aktuelle Marktmiete verhindert, verliert der Mietzins außerdem seine marktwirtschaftliche Aufgabe als Knappheitsindikator. Obwohl erforderlich und wirtschaftlich sinnvoll, bleiben in der Folge erforderliche Investitionen im Wohnungsmarkt zunächst aus.[129]

Das Außerachtlassen dieser Aspekte bei Eingriffen in den Preismechanismus im Mietwohnungsmarkt kann letztlich bis hin zu Substanzverlusten und einem Neubaustopp führen.[130] In diesem Sinne mahnte *Röhl* schon 1987, dass das soziale Mietrecht etwa, das die Miethöhe begrenzt und Kündigungsmöglichkeiten beschränkt, dem Bau neuer Wohnungen entgegenwirken kann, so dass am Ende die Wohnungsversorgung schlechter ist als sie ohne solche Gesetze gewesen wäre.[131]

Allerdings besteht Einigkeit, dass es auf dem Mietwohnungsmarkt auch ohne staatliche Interventionen in die Privatautonomie zu ungewünschten Ergebnissen käme. Im privaten Mietrecht würde sich die Vertragsfreiheit bei starkem Nachfrageüberhang letztlich selbst aushebeln, wenn die Vermieter eine solche Marktmacht hätten, dass sich Mieter nicht mehr auf Ihre Rechte berufen würden.[132] Dem durch staatliche Regulierungen ausgelösten Wohlfahrtsverlust kann und muss somit in Maßen entgegengesteuert werden, indem im Gegenzug zur Niedrighaltung des Mietpreises, gleichzeitig das Angebot auf dem Mietwohnungsmarkt durch Investitionen, Subventionen oder vergleichbare Maßnahmen erhöht wird.[133]

d. Fehlallokationen und Wohlfahrtsverlust

„Der Verstoß gegen marktwirtschaftliche Grundsätze ist [...] in aller Regel mit erheblichen Kosten verbunden, vielfach sogar mit Nachteilen für die Gruppen, zu deren Gunsten in den Marktprozess eingegriffen wird. Die Wohnungswirtschaft ist ein Musterbeispiel für „Marktkorrekturen" durch die Politik, und sie ist für politische Eingriffe besonders anfällig, weil die negativen Folgen häufig erst

---

[129] *Busz, Eick*, Die Äquivalenz im freifinanzierten Wohnraummietrecht (2002), S. 85 f.

[130] *Kofner, Stefan*, Wohnungsmarkt und Wohnungswirtschaft (2004), S. 2.

[131] Fast wörtlich *Röhl, Klaus*, Rechtssoziologie (1987), S. 95.

[132] So im Ergebnis auch *Hügemann, Ewald*, Die Geschichte des öffentlichen und privaten Mietpreisrechts vom Ersten Weltkrieg bis zum Gesetz zur Regelung der Miethöhe von 1974 (1996), S. 1 ff.

[133] *Blankenagel, Alexander/Schröder, Rainer/Spoerr, Wolfgang*, Verfassungsmäßigkeit des Instituts und der Ausgestaltung der sog. Mietpreisbremse auf Grundlage des MietNovGE (2014), S. 11.

nach vielen Jahren sichtbar werden und der jeweiligen Intervention kaum noch zurechenbar sind."[134]

Die konkreten „Makrofolgen [lassen] sich nicht einfach durch eine Verallgemeinerung von Einzelfällen erschließen [...], weil auf Systemebene ganz andere, oft geradezu gegenläufige (paradoxe) Effekte eintreten können.[135]

Röhl führt zur Illustrierung dessen in seinem Grundlagenwerk zur Rechtssoziologie als Beispiel nicht intendierter Folgen intentionalen Handelns das illustrative und heute wieder besonders aktuelle Beispiel der Milchbauern an, wenn er beschreibt, dass ein fleißiger Bauer, der viel Milch erzeugt, sein Einkommen steigern wird. Dies aber nur so lange, bis nicht alle anderen Bauern auch sehr fleißig sind und auch mehr Milch produzieren und das Einkommen von jedem einzelnen Bauern sinkt. Grund hierfür ist die unelastische Nachfrage von Milch. Schon 1987 formulierte *Röhl,* dass sich die Gesetzgebung unter so hoher Komplexität vollziehe, dass sozialwissenschaftlich abgesicherte Entscheidungen kaum möglich seien. Weder der Gesetzgeber sei in der Lage, alle notwendigen Fragen zu formulieren, noch könne die Sozialwissenschaft sie alle beantworten.[136]

Bei der Betrachtung der Wirkungsweise der Einwirkungen auf Angebot und Nachfrage des Mietwohnungsmarktes ist unbestritten, dass letztlich immer Wohlfahrtsverluste entstehen.[137] Die Wohlfahrtsverluste resultieren u. a. daraus, dass mit der Vermietung von Wohnraum weniger Umsatz erzielt wird, als es aufgrund der hohen Nachfrage theoretisch auf einem vollkommenen Markt möglich wäre.[138] In der freien Marktwirtschaft erhöht sich der Preis, wenn ein Gut knapp ist. Dies stellt für die Produzenten einen wesentlichen Anreiz dar, das Gut möglichst vermehrt zu produzieren.[139] Greift der Staat regulierend in diesen Mechanismus ein, kann dies falsche Anreizstrukturen setzen. Falsche Anreizstrukturen wiederum führen zu Fehlallokationen, Flexibilitätsverlust oder verbotenen Ablösezahlungen.[140] Insofern leuchtet es ein, wenn *Eekhoff* darauf hinweist, dass auch ein zeitlich begrenzter Eingriff in den Mietpreis nicht das Marktgleichgewicht fördert. Das Gleichgewicht stellt sich vielmehr erst recht nicht ein, da die

---

[134] *Eekhoff, Johann*, Wohnungspolitik (2002), S. 1.

[135] *Röhl, Klaus*, Rechtssoziologie (1987), S. 95.

[136] *Ebenda.*

[137] *Kofner, Stefan*, Wohnungsmarkt und Wohnungswirtschaft (2004), S. 115.

[138] *Blankenagel, Alexander/Schröder, Rainer/Spoerr, Wolfgang*, Verfassungsmäßigkeit des Instituts und der Ausgestaltung der sog. Mietpreisbremse auf Grundlage des MietNovGE (2014), S. 11.

[139] *Kofner, Stefan*, Wohnungsmarkt und Wohnungswirtschaft (2004), S. 2.

[140] *Pichlmair, Michael*, Miete. Lage. Preisdiktat Strukturelle Effekte der Lagerregulierung im mietrechtlich geschützten Wiener Wohnungsmarkt (2012), S. 14.

Knappheit des Gutes Wohnraum durch künstlich abgesenkte Mieten verschärft wird und noch mehr Nachfrage auf noch weniger Angebot trifft.[141]

IV. Resümee Kapitel 3

Die traditionell intensive staatliche Einflussnahme auf den Mietwohnungsmarkt in Deutschland ist auf die Besonderheiten des Wirtschaftsgutes Wohnraum und die besonderen Wirkungsweisen der hier wirkenden Marktkräfte zurückzuführen. Der Mietwohnungsmarkt weist eine Vielzahl ökonomischer Besonderheiten auf, die ohne Regulierungen sicher zu einem Marktversagen führen.

Im Hinblick auf die Komplexität der Auswirkungen einzelner Interventionsmaßnahmen scheint es allerdings schier unmöglich, die wirtschaftspolitischen Effekte vorherzusagen. Dies gilt insbesondere dann, wenn mehrere verschiedenen Interventionsmaßnahmen gleichzeitig eingesetzt werden. Letztlich fehlen schon für die einzelnen Interventionsmaßnahmen klare Belege, dass sie den Markt mittel- und langfristig stabilisieren und näher zu seinem Optimum bringen können.

---

[141] *Eekhoff, Johann*, Wohnungspolitik (2002), S. 41.

Fazit

I. Kritik und Beispiele

Die Darstellung der staatlichen Interventionsmaßnahmen in den Mietwohnungs-markt im Spiegel der Zeitgeschichte in Kapitel 1 dieser Arbeit zeigt, dass Staat und Politik mit der „Wohnungsfrage" in den letzten Jahrzehnten stets überfordert waren und nach wie vor sind.

Die Herausforderung, die Bevölkerung mit ausreichendem und angemesse-nem Wohnraum zu versorgen, ist groß. Alle bisherigen Lösungskonzepte und -ansätze zeigten allenfalls kurzfristige Wirkungen oder erschöpften sich in poli-tischem Aktionismus. Jedenfalls sind sie zu keinem Zeitpunkt Teil eines ganz-heitlichen Konzepts gewesen, in dem die einzelnen Interventionsmaßnahmen und deren Wirkungen aufeinander abgestimmt waren. Beschlossene Maßnah-men(pakete) entpuppten sich häufig nur als Wahlgeschenke zugunsten einer be-stimmten Gruppe. *Emmerich* beschrieb diese Entwicklung im Rahmen der Miet-rechtsreform im Jahr 2000 als eine Konsequenz des sich seit den 1970er Jahren fortsetzenden Trends: „offenbar [wolle sich] jeder Gesetzgeber, gleich welcher Couleur, vor dem vorigen durch neue Wohltaten für die Wähler, sprich Mieter hervortuen",[1] so dass sich die Eingriffe in den Mietwohnungsmarkt in „erschre-ckender Weise"[2] häufen.

Dabei spielt sicher auch eine Rolle, dass es sich insbesondere bei Interventio-nen im Bereich des sozialen Mietrechts regelmäßig um eine besondere Art der Umverteilung handelt, die immer jedenfalls auch von sozialpolitischen Erwä-gungen getragen ist. Insofern ist es im Übrigen wenig überraschend, dass das Thema Anfang des 20. Jahrhunderts gemeinsam mit der sozialen Frage diskutiert wurde und die Wohnungsgesetzgebung bis zum Zweiten Weltkrieg noch in die Zuständigkeit des Reichsarbeitsminister als sog. Sozialminister fiel.[3]

---

[1] *Emmerich, Volker,* Forum – Mietrechtsreform 2000 (2000), S. 1051 ff. (1051).

[2] *Ebenda.*

[3] *Bettermann, Karl August/Haarmann, Wennemar*, Das öffentliche Wohnungsrecht (1949), S. 75; *Bettermann/Haarmann* aber kritisch, da die Wohnungspolitik im Nationalsozialismus mehr Macht bzw. Wehrpolitik gewesen sei.

Es mag hierbei eine Rolle spielen, dass es dem Staat deutlich leichter fällt, Vermögen durch ein Vergleichsmietensystem oder durch Mietpreisregulierungen indirekt umzuverteilen, als direkte Transferleistungen in gleicher Höhe bei der Haushaltsplanung zu berücksichtigen. Denn letztlich ist eine „miethöhebegrenzende Regulierung eine kostengünstige Umsetzung verteilungspolitischer Ziele, da keine Haushaltsmittel erforderlich werden."[4]

Sowohl staatlich finanzierter und subventionierter Wohnraum als auch Vorschriften zur Regulierung der Mietpreishöhe verschieben die Angebotskurve. Dadurch entstehen Wohlfahrtsverluste. Abhängig von der Wahl der Regulierung geht dieser Wohlfahrtsverlust zu Lasten des Staates und damit der Allgemeinheit oder zu Lasten der Vermieter von Wohnraum. Der Staat trägt den Verlust, wenn er beispielsweise die Differenz zur Marktmiete mit staatlichen Geldern ausgleicht. Bei Regelungen der Mietpreishöhe wie der sogenannten Mietpreisbremse sind hingegen keine staatlichen Mittel erforderlich. In diesem Fall entstehen die Wohlfahrtverluste unmittelbar bei den Vermietern, da diese den Mietwohnraum nicht zu Marktpreisen, sondern zu einem geringeren Preis anbieten müssen. Der Fiskus ist daran nicht beteiligt. Wenn sich jedoch Investitionen in einem bestimmten Bereich – wie zum Beispiel dem Wohnungsbau – nicht mehr lohnen, hat dies wiederum mittel- bzw. langfristig zur Folge, dass das Angebot quantitativ und qualitativ abnimmt. Kritisch zu der staatlichen Interventionspolitik äußert sich Anfang dieses Jahrhunderts schon *Eekhoff*, indem er den politisch kaum auflösbaren Widerspruch betonte, dass der Staat einerseits gegen die Marktkräfte interveniert während andererseits ohne diese Marktkräfte kein ausreichendes Angebot auf effiziente Weise bereitgestellt werden kann.[5]

Für das staatliche Scheitern der Wohnungspolitik lassen sich viele Beispiele aufführen; einige sind in dieser Arbeit bereits benannt worden. Die Mietpreisbremse ist ein weitere Beispiel. *Blankenagel/Schröder/Spoerr* kritisieren sie insbesondere dafür, dass sie das Potential birgt, eine ungewollte Interventionsspirale auszulösen, die laufend weitere staatliche Interventionsmaßnahmen nach sich zieht. Sie prognostizierten bereits im Jahr 2014, dass die durch die Mietpreisbremse eingeführte Begrenzung der Miete bei Neuvermietungen die eigentliche Problemlage letztlich noch erheblich verstärken und die Interventionsmaßnahme „Mietpreisbremse" nicht rasch wieder abgeschafft werden, sondern wiederum weitere Eingriffe in den Markt auslösen würde.[6] Diese Annahmen haben sich größtenteils bereits im Jahr 2016 als zutreffend erwiesen, da beispielsweise die

---

[4] *Busz, Eick*, Die Äquivalenz im freifinanzierten Wohnraummietrecht (2002), S. 77.

[5] *Eekhoff, Johann*, Wohnungspolitik (2002), Vorwort.

[6] So fast wörtlich *Blankenagel, Alexander/Schröder, Rainer/Spoerr, Wolfgang*, Verfassungsmäßigkeit des Instituts und der Ausgestaltung der sog. Mietpreisbremse auf Grundlage des MietNovGE (2014), S. 11.

Mieten in Berlin trotz Einführung der Mietpreisbremse weiter deutlich gestiegen sind. Entsprechend stellt die Bundesregierung auch Ende des Jahres 2019 fest, dass sie von einer hohe Quote an Überschreitungen der nach dem Grundtatbestand der Mietpreisbremse zulässigen Miete ausgeht.[7]

Diese Interventionsspirale hat *Sonnenschein* wie folgt beschrieben, als er 1995 feststellte, dass die Vorschriften für Laien und Fachleute undurchschaubar werden. „Dies liegt häufig an dem Mangel systematischer Abstimmung, weil die einzelnen gesetzlichen Eingriffe nicht in einem Guß, sondern nach und nach als punktuelle Maßnahmen erfolgt sind. Die gesetzlichen Maßnahmen verlaufen häufig nach dem gleichen Schema. Eine zunächst befristete Intervention wird verlängert und schließlich zur Dauerregelung. Bei einer derart interventionistisch betriebenen Gesetzgebung zieht im Grund jede Maßnahme neben den beabsichtigten Folgen unerwünschte weitere Folgen nach sich, denen mit einer erneuten Intervention begegnet werden muß. Die Häufigkeit und Hektik derartiger Eingriffe nimmt zu und führt zur Sprunghaftigkeit des Gesetzgebers."[8]

Ein weiteres Beispiel ist der im Jahr 2016 vorgelegte Gesetzentwurf zur steuerlichen Förderung des Mietwohnungsneubaus,[9] der bereits im Gesetzgebungsprozess scheiterte. Der Entwurf wurde im Ergebnis zu Recht insbesondere dafür kritisiert, dass für die steuerlich geförderten Wohnungen keinerlei Mietpreis- oder Sozialbindung vorgesehen war. Vielmehr hätten die geförderten Wohnungen nach Fertigstellung sofort zu den üblichen Mietpreisen am Markt angeboten werden können.[10] Die hiergegen geäußerten Bedenken des Bundesrats hat die Bundesregierung mit der wenig überzeugenden Begründung abgelehnt, dass es im Sinne der Rechtssicherheit und des Rechtsfriedens verhindert werden müsse, dass weit zurückliegende Sachverhalte nachträglich aufgeklärt werden müssen und die zulässige Miethöhe gegebenenfalls auch nach Beendigung des Vertrags zum Streitpunkt wird.[11]

Schließlich kann auch die bis zur Föderalismusreform im Jahr 2006 vom Bund gesteuerte soziale Wohnraumförderung als ein Negativbeispiel herangezogen werden. Die Länder konnten die verwaltungstechnischen und organisatorischen Voraussetzungen für eine nahtlose Fortführung der Wohnraumförderung nicht

---

[7] Entwurf eines Gesetzes zur Verlängerung und Verbesserung der Regelungen über die zulässige Miethöhe bei Mietbeginn, BT Drs. 19/15824.

[8] *Sonnenschein, Jürgen*, Wohnraummiete (1995), S. 117.

[9] Entwurf eines Gesetzes zur steuerlichen Förderung des Mietwohnungsneubaus, BT-Drs. 18/7736.

[10] So auch *Paus, Lisa*, Für einen sozialen Wohnungsbauboom, tagesspiegel.de v. 29.2.2016, abrufbar unter: https://www.tagesspiegel.de/meinung/wohnen-in-berlin-fuer-einen-sozialen-wohnungsbauboom/13032556.html (zuletzt aufgerufen am 4.12.2020).

[11] BT-Drs. 18/3250, S. 2.

schaffen. Entsprechend kritisch ist die Effektivität der angehobenen Kompensationsbeiträge aus dem Bundeshaushalt zu betrachten, die der Bund zur Förderung des Wohnungsbaus an die Länder zahlt. Nachdem der Bund diese im Jahr 2015 zunächst auf jährlich bis zum Jahr 2019 über eine Milliarde Euro verdoppelt hatte,[12] sollten im Zeitraum von 2018 bis 2021 mindestens weitere 5 Milliarden Euro zur Verfügung gestellt und auch die Kompensationszahlungen für das Jahr 2019 um weitere 500 Millionen Euro auf insgesamt 1,5 Milliarden Euro aufgestockt werden.[13]

II. Herausforderungen

Bei all der Kritik dürfen aber natürlich auch nicht die besonderen Herausforderungen und Schwierigkeiten im Mietwohnungsmarkt ausgeblendet werden.

Schon im Kapitel 3 I. 4. wurde auf die verzögerten Anpassungsreaktionen der Marktteilnehmer hingewiesen, die es schließlich kaum denkbar erscheinen lassen, dass auf dem Mietwohnungsmarkt überhaupt jemals ein Marktgleichgewicht erreicht wird. Dies gilt unabhängig davon, ob es zu staatlichen Interventionen kommt oder nicht.

Darüber hinaus wird das Recht und seine Umsetzung im Rahmen von Interventionsmaßnahmen immer wieder durch die normative Kraft des Faktischen begrenzt.[14] Selbst wenn eine staatliche Intervention langfristig zu einem Marktgleichgewicht führen würde, dürften „[s]chon auf dem Weg zu einem neuen Gleichgewicht […] regelmäßig Ereignisse eintreten, die eine erneute Verschiebung der Nachfragekurve mit sich bringen.“[15]

Schließlich zeigt die Geschichte auch, wie sehr der Mietwohnungsmarkt durch vorgelagerte Märkte und andere Entwicklungen beeinflusst wird. Der Mietwohnungsmarkt ist nicht autark und unabhängig genug, aus sich selbst heraus darauf zu reagieren, womöglich gegenzusteuern. Bevölkerungsentwicklung, Zuwanderung, Demographischer Wandel (sinkende Geburtenraten auf der einen Seite und höhere Lebenserwartungen auf der anderen), Scheidungsraten, der Individualisierungstrend oder die so genannte Versingelung der Gesellschaft (die Haushalte werden kleiner) sind jeweils zu berücksichtigen.

---

[12] Gesetz über die Feststellung eines Zweiten Nachtrags zum Bundeshaushaltsplan für das Haushaltsjahr 2015 (Zweites Nachtragshaushaltsgesetz 2015), BT-Drs. 18/6588.

[13] Siehe dazu unter Kapitel 1 XI 3. Neueste Entwicklungen.

[14] *Hügemann, Ewald*, Die Geschichte des öffentlichen und privaten Mietpreisrechts vom Ersten Weltkrieg bis zum Gesetz zur Regelung der Miethöhe von 1974 (1996), S. 329.

[15] *Kofner, Stefan*, Wohnungsmarkt und Wohnungswirtschaft (2004), S. 34.

III. Lösungen

Auf politischer Ebene ist zu fordern, die Wohnungspolitik neu zu formulieren.[16] Obwohl auch heute wieder das Thema seit mehreren Jahren auf der politischen Agenda steht, fehlt ein überzeugendes Gesamtkonzept. Seit den 1950er Jahren kommt es wiederholt zu Veränderungen im Markt für Wohnraum und stets werden dieselben Mittel bemüht, ohne das Gesamtkonzept zu überprüfen. Was ist das mittel- bis langfristige Ziel der Wohnungspolitik? Hier fehlen klare Positionierungen und Formulierungen. Regierung und Parlament erscheinen weiterhin vielfach zwar voller Tatendrang, aber letztlich plan- und konzeptlos. Eine umfassende Gesamtschau, einschließlich einer Wirkungsanalyse der angedachten Maßnahmen scheint es aktuell (immer noch) nicht zu geben. Es war absehbar, dass die in der Vergangenheit beschlossenen regelmäßig nur punktuellen Interventionen, nicht die gewünschte Wirkung haben konnten. „Ein zunächst lediglich punktueller Eingriff in den Marktmechanismus bildet [offensichtlich] oft nur den Ausgangspunkt für zahlreiche Folgeinterventionen zur Erreichung des ursprünglichen Interventionszieles."[17] Eine kurzfristige Betrachtung der Marktentwicklungen und aktionistisches Handeln führen vielmehr fast immer zu einer Interventionsspirale. Hieraus folgt, dass der Staat bei jeder neuen Interventionsmaßnahme in den Mietwohnungsmarkt eine ganzheitliche Betrachtung anstellen muss. Anderenfalls ist es nahezu ausgeschlossen, dass die gewählte Interventionsmaßnahme zum Erfolg führen kann, ohne dass wiederum weitere Interventionsmaßnahmen folgen müssten.[18] Nicht zuletzt, weil staatliche Interventionsmaßnahmen schon nur verzögert wirken, müssen Exekutive und Legislative beginnen, vorausschauend und gestalterisch zu agieren. Anstatt auf Fehlentwicklungen im Mietwohnungsmarkt zu reagieren, muss die Politik Instrumente zur Verbesserung der Funktionsfähigkeit des Wohnungsmarktes einsetzen.[19] Der

---

[16] *Clemens, Barbara,* Die Wohnungswirtschaft als Partner der Wohnungspolitik (2001), S. 51 f.

[17] *Kofner, Stefan,* Wohnungsmarkt und Wohnungswirtschaft (2004), S. 4.

[18] Dazu *Emmerich, Volker,* Forum – Mietrechtsreform 2000 (2000), S. 1051 (1053); *Emmerich* kritisiert im Zuge des Mietrechtsreformgesetzes 2001 die Selbstgefälligkeit und Schlichtheit der Wirtschaftspolitik. Wenn die Absenkung der Kappungsgrenze von 30 % auf 20 % im Referentenentwurf so oberflächlich besprochen wird, das es heißt: „negative Auswirkungen seien davon nicht zu befürchten" rügt er dies als an Schlichtheit nicht mehr zu überbieten de „Argumentation". So könne man jeden Eingriff „begründen". Die (längst überholten) Interventionen zum unantastbaren sozialen Besitzstand würden hochstilisiert und im Hinblick auf die nächsten Wahlen weiter verschärft.

[19] So fast wörtlich auch schon *Kofner, Stefan,* Wohnungsmarkt und Wohnungswirtschaft (2004), S. 109.

Fokus sollte dabei auf „der Stabilisierung der zyklischen Schwankungen der Marktentwicklung an den Wohnungsmärkten [liegen]"[20].

Bei der Entwicklung ganzheitlicher Lösungsmodelle kommt schließlich den Baulandpreisen eine Schlüsselfunktion zu. Nur wenn der Staat darauf bedacht ist, den Wert des Bodens im Kontext des Mietwohnungsmarktes hoch zu schätzen, wird er langfristig in der Lage sein, auch die Steuerungsfähigkeit über den Mietwohnungsmarkt zu behalten. In den letzten Jahrzehnten haben es hingegen sowohl der Bund als auch die Länder vorgezogen, auf diese Möglichkeit zu Gunsten von kurzfristigen finanziellen Erlösen durch die Veräußerung von Grund und Boden zu verzichten.

Die Betonung des Bodens und die Forderung nach einer stärkeren Berücksichtigung dieses Gutes für den Mietwohnungsmarkt soll und darf keinesfalls als ein Plädoyer für eine diesbezügliche Verstaatlichung verstanden werden. Der Marktmechanismus muss aufrechterhalten werden. Es ist unbestritten, dass „[d]ie Institution des Privateigentums [...] von großer Bedeutung für die individuellen Leistungsanreize [ist]. In der Marktwirtschaft ist die Höhe des Gewinns ein Indikator für den Grad der Befriedigung der Konsumentenbedürfnisse. Damit sich daraus entsprechende Leistungsanreize ergeben können, muß die Gesellschaft [selbstverständlich] die dauerhafte Aneignung eines wesentlichen Teils der Unternehmensgewinne durch die Eigentümer zulassen." Dessen ungeachtet müsste aber eine langfristig ausgerichtete ganzheitliche Wohnungspolitik zuallererst den Mietpreis der Spekulation mit Bodenwerten jedenfalls in Teilbereichen entziehen. Außerordentliche Gewinne lassen sich vorrangig und kurzfristiger mit den Grundstückspreisen und nicht durch die Vermietung erzielen. Will der Staat den Mietpreis also langfristig „beruhigen", müssen Grundstücke ihren Charakter als Spekulationsobjekte verlieren.

Dafür wäre es an der Zeit über neue (alte) Finanzierungsmodelle von Wohnungsneubauten, beispielsweise mit (finanzieller) Beteiligung der Mieter oder Bürger nachzudenken. Solche Modelle könnten beispielsweise nach der Grundidee eines genossenschaftlichen Modells oder auch ähnlich den geschlossenen Immobilienfonds aufgesetzt werden. Ein privater Investor, dem Bauland und finanzielle Mittel in Höhe von einer Milliarde Euro zur Verfügung stünden, wäre sicher in der Lage ein finanziell tragbares Konzept zu entwickeln mit dem der Bau von jährlich bis zu hunderttausend Wohnungen sichergestellt wäre. Dies sollte man auch vom Staat erwarten können.

---

[20] *Ebenda*: *Kofner* klagt dies insbesondere vor dem Hintergrund der „mit solchen Schwankungen verbundenen sozialen und städtebaulichen Verwerfungen" an.

Literaturverzeichnis

Abelshauser, Werner, Deutsche Wirtschaftsgeschichte – Von 1945 bis zur Gegenwart, 2. Aufl., München 2011

Alisch, Monika/Dangschat, Jens S., Armut und soziale Integration – Strategien sozialer Stadtentwicklung und lokaler Nachhaltigkeit, Opladen 1998

Anschütz, Gerhard, Die Verfassung des Deutschen Reiches vom 11. August 1919, Nachdruck der 14. Aufl., Berlin 1960

Arnott, Richard, Time for Revisionism on Rent Control?, Journal of Economic Perspectives 1995, S. 99–120

Artz, Markus/Börstinghaus, Ulf (Hrsg.), 10 Jahre Mietrechtsreformgesetz – Eine Bilanz, München 2011

Baade, Rudolf, Kapital und Wohnungsbau in Berlin 1924 bis 1940 – Die öffentliche Förderung in der Weimarer Republik und im NS-Staat, Berlin 2004

Bach, Anja, Der Wegfall der Anschlussförderung im sozialen Wohnungsbau in Berlin und die Konsequenzen – Sanierung durch gesteuerte Insolvenz, Hamburg 2010

Bachof, Otto, Begriff und Wesen des sozialen Rechtsstaates, VVDStRL 12 (1954), S. 37–79

Baer, Susanne, Das Soziale und die Grundrechte, NZS 2014, S. 1–5

Bähr, Johannes/Banken, Ralf, Wirtschaftssteuerung durch Recht im ‚Dritten Reich‘. Einleitung und Forschungsstand, in: Dies. (Hrsg.), Wirtschaftssteuerung durch Recht im Nationalsozialismus – Studien zur Entwicklung des Wirtschaftsrechts im Interventionsstaat des ‚Dritten Reichs‘, Frankfurt am Main 2006, S. 3–32

Battis, Ulrich/Krautzberger, Michael/Löhr, Rolf-Peter, Kommentar zum Baugesetzbuch, 12. Aufl., München 2014

Bauer, Thomas K., Die Verwendung von Internetdaten zur Analyse des Immobilienmarktes, in: Gans, Paul/Westerheide, Peter (Hrsg.), Miet- und Immobilienpreise in Deutschland, Mannheimer Schriften zu Wohnungswesen, Kreditwirtschaft und Raumplanung, Band 13, Mannheim 2015, S. 3–13

Beckstein, Günther, Reformbedarf und Reformfähigkeit im sozialen Wohnungsbau – Erhöhte Effizienz und mehr soziale Ausrichtung, WuM 1998, S. 3–5

Behring, Karin/Kirchner, Joachim/Ulbrich, Rudi, Förderpraxis des sozialen Wohnungsbaus – Untersuchung der praktizierten Förderung und Analyse ihrer Effizienz, Berlin 1998

Berger-Thimme, Dorothea, Wohnungsfrage und Sozialstaat: Untersuchungen zu den Anfängen staatlicher Wohnungspolitik in Deutschland (1873–1918), Frankfurt am Main u. a. 1976

Bettermann, Karl August, Das Wohnungsrecht als selbständiges Rechtsgebiet, Recht und Staat in Geschichte und Gegenwart, Eine Sammlung von Vorträgen und Schriften aus dem Gebiet der gesamten Staatswissenschaften, Tübingen 1949

Ders., Kommentar zum Mieterschutzgesetz und seinen Nebengesetzen, Band 2, Tübingen 1950

Ders., Grundfragen des Preisrechts für Mieten und Pachten, Tübingen 1952

Ders./Haarmann, Wennemar, Das öffentliche Wohnungsrecht – Systematischer Grundriß der Wohnungswirtschaft, 4. Lieferung, Köln 1949

Biedenkopf, Kurt H./Miegel, Meinhard, Wohnungsbau am Wendepunkt – Wohnungspolitik in der sozialen Marktwirtschaft, 2. Aufl., Stuttgart 1979

Blank, Hubert, Das Vierte Mietrechtsänderungsgesetz, WuM 1993, S. 503–514

Blankenagel, Alexander/Schröder, Rainer/Spoerr, Wolfgang, Verfassungsmäßigkeit des Instituts und der Ausgestaltung der sog. Mietpreisbremse auf Grundlage des MietNovGE, NZM 2014, S. 2–28

Blüggel, Jens, Verfassungsgemäße Regelbedarfe zur Sicherung des Lebensunterhaltes, jurisPR-SozR 22/2014 Anm. 1

Blumenroth, Ulrich, Deutsche Wohnungspolitik seit der Reichsgründung – Darstellung und kritische Würdigung, Münster 1975

Böhme, Werner, Darstellung und Entwicklung des Subventionsverfahrens in der Wohnungswirtschaft – Kritik und Möglichkeiten der Umwandlung in ein einheitliches Subventionssystem –, Münster 1960

Börstinghaus, Ulf, Die Entwicklung des Mietpreisrechts in Deutschland, in: Derleder, Peter/Gauweiler, Peter/Merle, Werner/Schumann, Ekkehard, Festschrift für Wolf-Rüdiger Bub zum 60. Geburtstag – Wohnen, Bauen, Markt und Recht, Berlin 2007, S. 283–304

Brander, Sylvia, Wohnungspolitik als Sozialpolitik – Theoretische Konzepte und praktische Ansätze in Deutschland bis zum ersten Weltkrieg, Berlin 1984

Braun, Reiner/Baba, Ludger, Wohnungsmarktprognose 2016–20, Regionalisierte Prognose inkl. Flüchtlinge, empirica paper Nr. 231 (2016), http://www.empirica-insti-tut.de/fileadmin/Redaktion/Publikationen_Referenzen/PDFs/empi231rblb.pdf (zuletzt aufgerufen am 28.7.2016)

Brocker, Manfred, Arbeit und Eigentum – Der Paradigmenwechsel in der neuzeitlichen Eigentumstheorie, Darmstadt 1992

Bucher-Gorys, Ulrike, Modernisierung oder Abriß – Alternativen für die zukünftige Wohnungsbestandspolitik: Eine Untersuchung für die Länder der Bundesrepublik Deutschland bis 1985, Münster 1978

Buck, Hannsjörg F., Mit hohem Anspruch gescheitert – Die Wohnungspolitik der DDR, Münster 2004

Bundesministerium für Verkehr, Bau und Stadtentwicklung (Hrsg.), Bericht über die Wohnungs- und Immobilienwirtschaft in Deutschland, Berlin 2009

Busz, Eick G., Die Äquivalenz im freifinanzierten Wohnraummietrecht – Eine Untersuchung zum „gerechten Preis" und den Grenzen normativer Steuerung, Baden-Baden 2002

Callies, Christian, Eigentumsrechtlicher Bestandsschutz und staatliche Genehmigung, in: Breuer, Marten/Epiney, Astrid/Haratsch, Andreas/Schmahl, Stefanie/Weiß, Norman (Hrsg.), Der Staat im Recht, Festschrift für Eckart Klein zum 70. Geburtstag, Berlin 2013, S. 37–48

Clemens, Barbara, Die Wohnungswirtschaft als Partner der Wohnungspolitik, in: Michels, Winfried/Suntum, Ulrich van (Hrsg.), Neue Rollenverteilung in der Wohnungspolitik, Münster 2001, S. 47–54

Cremer, Norbert, Die Finanzierung künftiger Sanierungsmaßnahmen im Städtebau, in: Seraphim, Hans-Jürgen (Hrsg.), Studien zu Wohnungswirtschaft und Städtebau, Gedächtnisschrift für Dr. Dr. Otto Kämper, Köln 1962, S. 127–225

Derleder, Peter, Zur Geschichte und zu den Perspektiven des sozialen Mietrechts, in: Artz, Markus/Börstinghaus, Ulf (Hrsg.), 10 Jahre Mietrechtsreformgesetz – Eine Bilanz, München 2011, S. 93–97

Ders., Richterliche Kontrolle von Landesverordnungen zur „Mietpreisbremse", NZM 2015, S. 413–416

Eberstadt, Rudolph, Handbuch des Wohnungswesens und der Wohnungsfrage, 3. Aufl., Jena 1917

Eekhoff, Johann, Wohnungspolitik, 2. Aufl., Tübingen 2002

Ders., Wohnungs- und Bodenmarkt, Tübingen 2006

Ehmer, Josef, Wohnen ohne eigene Wohnung – Zur sozialen Stellung von Untermietern und Bettgehern, in: Niethammer, Lutz (Hrsg.), Wohnen im Wandel – Beiträge zur Geschichte des Alltags in der bürgerlichen Gesellschaft, Wuppertal 1979, S. 132–143

Emmerich, Volker, Auf dem Weg in den Sozialismus, in: Immenga, Ulrich/Möschel, Wernhard/ Reuter, Dieter (Hrsg.), Festschrift für Ernst-Joachim Mestmäcker zum 70. Geburtstag, Baden-Baden 1996, S. 989–1004

Ders., Forum – Mietrechtsreform 2000, JuS 2000, S. 1051–1054

Ders./Sonnenschein, Jürgen, Miete – Handkommentar, §§ 535–580a BGB, 10. Aufl., Berlin 2011

Enskat, Alfred, Die wohnungswirtschaftliche Gesetzgebung im Jahre 1940, in: Jahrbuch des deutschen gemeinnützigen Wohnungswesens: ein Leistungsbericht /Reichsverband des Deutschen Gemeinnützigen Wohnungswesens, Band 3/1941, Berlin 1942

Epping, Volker/Hillgruber, Christian (Hrsg.), Beck'scher Online_kommentar, Stand 1.1.2013, Edition 17 sowie Stand 1.6.2016, Edition 29

Erler, Fritz, Erstes Wohnungsbaugesetz der deutschen Bundesrepublik – Text mit Einführung und Erläuterung von Landrat a.D. Fritz Erler M.d.B., Schwenningen a.N. 1950

Euchner, Walter, John Locke (1632–1704), in: Maier, Hans (Hrsg.), Klassiker des politischen Denkens, Band 2: Von Locke bis Max Weber, 5. Aufl., München 1989, S. 7–14

Eucker-Herresthal, Waltraud, Forschungsinstitut für Wirtschaftspolitik an der Universität Mainz, Staatliche Eingriffe in den Mietwohnungsmarkt – Erfolgskontrolle und Reformvorschläge, Mainz 1985

Feldbauer, Peter, Wohnungsproduktion am Beispiel Wiens 1848–1934, in: Niethammer, Lutz (Hrsg.), Wohnen im Wandel, Beiträge zur Geschichte des Alltags in der bürgerlichen Gesellschaft, Wuppertal 1979, S. 317–343

Fichtel, Lorenz, Wohnungspolitik in der sozialen Marktwirtschaft – Dartsellung und Analyse des Systems der Wohnungspolitik in der Bundesrepublik Deutschland, Augsburg 1980

Fischer, Robert, Vertragsfreiheit und Sozialbindung, DRiZ 74, S. 209–213

Fischer-Dieskau, Joachim/Pergande, Hans-Günther, Das Erste Wohnungsbaugesetz des Bundes – Kommentar, Oldenburg 1950

Forsthoff, Ernst, Die Verwaltung als Leistungsträger, Stuttgart 1938

Ders., Rechtsfragen der leistenden Verwaltung, Stuttgart 1959

Führer, Karl Christian, Mieter, Hausbesitzer, Staat und Wohnungsmarkt. Wohnungsmangel und Wohnungszwangswirtschaft in Deutschland 1914–1960, Stuttgart 1995

Füllenkemper, Horst, Wirkungsanalyse der Wohnungspolitik in der Bundesrepublik Deutschland, Münster 1982

Fuhrmann, Bernd/Meteling, Wencke/Rajky, Barbara/Weipter, Matthias, Geschichte des Wohnens – Vom Mittelalter bis heute, Darmstadt 2008

Geddert-Steinacher, Tatjana, Menschenwürde als Verfassungsbegriff – Aspekte der Rechtsprechung des Bundesverfassungsgerichts zu Art. 1 Abs. 1 Grundgesetz Berlin 1990

GEWOS Institut für Stadt-, Regional- Wohnforschung GmbH (Bearb.), Wohnungspolitik nach dem 2. Weltkrieg, Braunschweig 1990 (Im Auftrag des Bundesministers für Raumordnung,

Bauwesen und Städtebau bearbeitet von GEWOS Institut für Stadt-, Regional- und Wohnforschung GmbH)

Geyer, Rolf, Der Gedanke des Verbraucherschutzes im Reichsrecht des Kaiserreichs und der Weimarer Republik (1871–1933) – Eine Studie zur Geschichte des Verbraucherrechts in Deutschland, Frankfurt am Main u.a. 2001

Gleichmann, Peter R., Wandlungen im Verwalten von Wohnhäusern, in: Niethammer, Lutz (Hrsg.), Wohnen im Wandel – Beiträge zur Geschichte des Alltags in der bürgerlichen Gesellschaft, Wuppertal 1979, S. 65–88

Grundmann, Birgit, Mietrechtsreformgesetz – Einführung, neues Recht, Materialien; Gesetzesdokumentation mit Gesetzestext, Gesetzgebungsmaterialien, Sachverzeichnis und einer systematischen Einführung, München 2001

Günther, Matthias/Hübl, Lothar, Wohnungsmangel in Deutschland? Regionalisierter Wohnungsbedarf bis zum Jahr 2025, Hannover 2009

Güntner, Simon, Soziale Stadtpolitik: Institutionen, Netzwerke und Diskurse in der Politikgestaltung, Bielefeld 2007

Gütter, Reinholf, Das Zweckentfremdungsverbot unter den Bedingungen des dualen Wohnungsmarktes, WuM 1985, S. 207–212

Häberle, Peter, Grundrechte im Leistungsstaat, VVDStRL 30 (1972), S. 43–131

Haerendel, Ulrike, Kommunale Wohnungspolitik im Dritten Reich – Siedlungsideologie, Kleinhausbau und „Wohnraumisierung" am Beispiel Münchens, München 1999

Häring, Dieter, Zur Geschichte und Wirkung staatlicher Interventionen im Wohnungssektor, Hamburg 1974

Häußermann, Hartmut/Siebel, Walter, Soziologie des Wohnens – Eine Einführung in Wandel und Ausdifferenzierung des Wohnens, Weinheim 1996

Harlander, Tilman/Fehl, Gerhard, Hitlers Sozialer Wohnungsbau 1940–1945. Wohnungspolitik, Baugestaltung und Siedlungsplanung, Hamburg 1986

Harlander, Tilman/Hater, Katrin/Meiers, Franz, Siedeln in der Not – Umbruch von Wohnungspolitik und Siedlungsbau am Ende der Weimarer Republik, Aachen 1988

Hart, Annette/Scheller, Gitta, Das Wohnerlebnis in Deutschland – Eine Wiederholungsstudie nach 20 Jahren, Wiesbaden 2012

Hecht, Michael, Subventionsformen in der Wohnungswirtschaft, München 1978

Hedemann, Justus Wilhelm, Recht und Wirtschaft, in: Deutsches Institut für Bankwissenschaften und Bankwesen (Hrsg.), Probleme des deutschen Wirtschaftslebens. Erlebtes und Erreichtes – Eine Sammlung von Abhandlungen, Berlin/Leipzig 1937, S. 795–822

Heller, Hermann, Rechtsstaat oder Diktatur, Tübingen 1930

Henger, Ralph/Schier, Michael/Voigtländer, Michael, Wohnungsleerstand – Eine wirtschaftspolitische Herausforderung, Köln 2014

Henkel, Michael, Sozialpolitik in Deutschland und Europa, Erfurt 2002

*Herrlein, J*ürgen, 100 Jahre „Mietpreisbremse" – Entwicklungslinien in Politik und Recht 1916 bis 2016, NZM 2016, S. 1–9

Herzog, Roman, Allgemeine Staatslehre, Frankfurt am Main 1971

Ders., Soziale Marktwirtschaft – Verfassungsgebot oder politische Beliebigkeit?, in: Franz, Otmar (Hrsg.), Die Zukunft der Bundesrepublik Deutschland, Stuttgart 1975, S. 109 ff.

Heuer, Jürgen, Wohnungspolitik in Städtebau und Raumordnung, in: Ohm, Hans (Hrsg.), Methoden und Probleme der Wirtschaftspolitik – Gedächtnisschrift für Hans-Jürgen Seraphim, Berlin 1964, S. 337–357

Hofacker, Thomas M., Preisvorschriften für sogenannten preisfreien Wohnraum, Frankfurt am Main u.a. 2000

Hornung, Katrin, Die öffentlich-rechtliche Durchdringung des Wohnraummietrechts – Entwicklung des sozialen Mietrechts am Ende des Kaiserreichs und in der Weimarer Republik, Hamburg 2011

Horst, Hans Reinold, MietNovG I: Praxisfragen zur „Mietpreisbremse" im freifinanzierten Wohnungsbau, NZM 2015, S. 393–413

Huber, Ernst Rudolf, Wirtschaftsverwaltungsrecht Band 1, 2. Aufl., Tübingen 1953

Ders., Wirtschaftsverwaltungsrecht Band 2, 2. Aufl., Tübingen 1954

Ders., Rechtsstaat und Sozialstaat, in: Forsthoff, Ernst (Hrsg.), Rechtsstaatlichkeit und Sozialstaatlichkeit, Darmstadt 1968, S. 589–618

Hügemann, Ewald, Die Geschichte des öffentlichen und privaten Mietpreisrechts vom Ersten Weltkrieg bis zum Gesetz zur Regelung der Miethöhe von 1974, Frankfurt am Main u. a. 1998

Hüther, Michael/Voigtländer, Michael/Haas, Heide/Deschermeier, Philipp, Die Bedeutung der Langfristfinanzierung durch Banken – Vorteile und zukünftige Herausforderungen, Köln 2015

Jaschinski, Heinrich, Abbau oder Umbau der Subventionierung im Wohnungsbau, in: Seraphim, Hans-Jürgen (Hrsg.), Studien zu Wohnungswirtschaft und Städtebau, Gedächtnisschrift für Dr. Dr. Otto Kämper, Köln 1962, S. 29–48

Jellinek, Georg, System der subjektiven öffentlichen Rechte, 2. Aufl., Tübingen 1905

Jenkis, Helmut W., Die gemeinnützige Wohnungswirtschaft zwischen Markt und Sozialbindung (Band 1 und 2), Berlin 1985

Ders., Die Wohnungspolitik auf dem Prüfstand?, WuM, 49 JG., Heft 9, 1996, S. 515–525

Ders., Die gemeinnützige Wohnungswirtschaft im Widerstreit der Interessen und Meinungen, Baden-Baden 2000

Ders., Kompendium der Wohnungswirtschaft, 4. Aufl., München u. a. 2001

Jetter, Frank, Nachhaltige Sozialpolitik gegen Armut in Lebenslagen, Münster 2004

Karpen, Ulrich, Die verfassungsrechtliche Grundordnung des Staates – Grundzüge der Verfassungstheorie und Politischen Philosophie, JuristenZeitung 1987, S. 431–442

Kastorff-Viehmann, Renate, Kleinhaus und Mietskaserne, in: Niethammer, Lutz (Hrsg.), Wohnen im Wandel – Beiträge zur Geschichte des Alltags in der bürgerlichen Gesellschaft, Wuppertal 1979, S. 271–291

Keil, Kerstin, Sozialer Mietwohnungsbau in der Krise, Bonn 1996

Kerner, Frank, Wohnraumzwangswirtschaft in Deutschland: Anfänge, Entwicklung und Wirkung vom Ersten bis zum Zweiten Weltkrieg, Frankfurt am Main u. a. 1996

Kirchner, Joachim, Wohnungsversorgung für unterstützungsbedürftige Haushalte – Deutsche Wohnungspolitik im europäischen Vergleich, Wiesbaden 2006

Kloepfer, Michael, Rechtsprobleme der Versagung der Anschlussförderung im Berliner Sozialen Wohnungsbau, Rechtsgutachten, 2005

Ders., Staatsrecht kompakt – Staatsorganisationsrecht, Grundrechte, Bezüge zum Völker- und Europarecht, Baden-Baden 2012

Kluge, Friedrich, Etymologisches Wörterbuch der deutschen Sprache, 25. Aufl., Berlin u. a. 2011

Klus, Sebastian, Die europäische Stadt unter Privatisierungsdruck – Konflikte um den Verkauf kommunaler Wohnungsbestände in Freiburg, Wiesbaden 2013

Knies, Karl, Ueber den Wohnungsnothstand unterer Volksschichten und die Bedingungen des Mietpreises, Zeitschrift für die gesamte Staatswissenschaft 15 (1859), S. 83–107

Koch, Franz/Reis, Claus (Hrsg.), Wohnungspolitik in sozialpolitischer Perspektive, Frankfurt am Main 1992

Koch, Uwe, Mietpreispolitik in Deutschland – Eine empirische Studie unter besonderer Berücksichtigung des qualifizierten Mietspiegels, Augsburg 2005

Kofner, Stefan, Wohnungsmarkt und Wohnungswirtschaft, Oldenbourg 2004

Krischausky, Dietmar/Mackscheidt, Klaus, Wohnungsgemeinnützigkeit – Zwischen bedarfswirtschaftlicher Tradition und wohnungspolitischer Neuorientierung, Köln u. a. 1984

Kröger, Klaus, Die Entstehung des Grundgesetzes, NJW 1989, S. 1318–1324

Krumme, Markus, Die Wohnung im Recht – Unter besonderer Berücksichtigung des Wohnungsbegriffs in § 244 Abs. 1 Nr. 3 StGB, Berlin 2004

Kuczynski, Jürgen, Bürgerliche und halbfeudale Literatur aus den Jahren 1840 bis 1847 zur Lage der Arbeiter – Eine Chrestomathie, Berlin 1960

Kühne-Büning, Lidwina/Heuer, Jürgen H.B. (Hrsg.), Grundlagen der Wohnungs- und Immobilienwirtschaft, 3. Aufl., Frankfurt am Main 1994

Kulosa, Egmont, Verfassungsrechtliche Grenzen steuerlicher Lenkung am Beispiel der Wohnungsgenossenschaften, Münster 2000

Leuschner, Lars, Die „Mietpreisbremse" – Unzweckmäßig und verfassungsrechtlich höchst bedenklich, NJW 2014, S. 1929–1933

Lüers, Hartwig, Perspektiven der Wohnungspolitik des Bundes, in: Michels, Winfried/Suntum, Ulrich van (Hrsg.), Neue Rollenverteilung in der Wohnungspolitik, Münster 2001, S. 1–14

Lutz, Hans-Joachim, Der Mieterschutz der Nachkriegszeit – Einfluß der Mietrechts auf den Wohnungsbau, Frankfurt am Main 1998

Maetzel, Wolf Bogumil, Mietpreisrecht in systematischer Übersicht, Hamburg u. a. 1959

Mairose, Ralf/Orgaß, Gerhard, Wohnungs- und Bodenpolitik in der Bundesrepublik Deutschland – Kostenmiete, Städtebaurecht, Wohnungseigentum durch Mietkauf, Opladen 1973

Maunz, Theodor/Zippelius, Reinhold, Deutsches Staatsrecht, 28. Aufl., München 1991 und 1998

Maunz, Theodor/Dürig, Günter, Kommentar zum Grundgesetz, 66. Ergänzungslieferung, München 2012

Dies., Kommentar zum Grundgesetz, 67. Ergänzungslieferung München 2013

Mayer, Anette, Theorie und Politik des Wohnungsmarktes – Eine Analyse der Wohnungspolitik in Deutschland unter besonderer Berücksichtigung der ökonomischen Theorie der Politik, Berlin 1998

Menger, Christian-Friedrich, Der Begriff des sozialen Rechtsstaates im Bonner Grundgesetz, Tübingen 1953

Michels, Winfried/Mester, Klaus-Hendrik/Beermann, Frank, Wohnungsmarkt – Wohneigentum – Kostengünstiges Bauen, Informationen zum Stand der Forschung, Münster 2006

Möschel, Wernhard, Regulierung und Deregulierung. Versuch einer theoretischen Grundlegung, in Wirtschafts- und Privatrecht im Spannungsfeld von Privatautonomie, Wettbewerb und Regulierung: Festschrift für Ulrich Immenga zum 70. Geburtstag, Fuchs, Andreas (Hrsg.), München 2004, S. 277–290

Ders., Wirtschaftsrecht im Wandel, Baden-Baden 2011

Neumann, Lothar F./Schaper, Klaus, Die Sozialordnung der Bundesrepublik Deutschland, Bonn 2010

Neumann, Volker, Menschenwürde und Existenzminimum, NVwZ 1995, S. 426–432

Niethammer, Lutz, Ein langer Marsch durch die Institutionen – Zur Vorgeschichte des preußischen Wohnungsgesetzes von 1918, in: Ders. (Hrsg.), Wohnen im Wandel – Beiträge zur Geschichte des Alltags in der bürgerlichen Gesellschaft, Wuppertal 1979, S. 363–384

Oettle, Karl, Wohnungswirtschaft – in den deutschen Wirtschafts- und Sozialwissenschaften vernachlässigt, in: Jenkis, Helmut W. (Hrsg.), Kompendium der Wohnungswirtschaft, München u. a. 1991, S. 3–22

Opaschowski, Horst W., Deutschland 2030 – Wie wir in Zukunft leben, Gütersloh 2013

Papier, Hans-Jürgen, Die Würde des Menschen ist unantastbar in Grote, Rainer/Härtel, Ines/ Hain, Karl-E. et al. (Hrsg.), Die Ordnung der Freiheit, Festschrift für Christian Starck zum siebzigsten Geburtstag, Tübingen 2007, S. 371–382

Paul, Theodor, Kurswechsel in der Wohnungspolitik – Beendigung der öffentlichen Wohnungs-bauförderung, in: Eekhoff, Johann (Hrsg.), Rückzug des Staates aus der Wohnungspolitik, Münster 1985, S. 15–26

Pergande, Hans-Günther, Was muß ich vom Ersten Wohnungsbaugesetz wissen?, Wiesbaden 1950

Pichlmair, Michael, Miete, Lage, Preisdiktat – Strukturelle Effekte der Lagerregulierung im mietrechtlich geschützten Wiener Wohnungsmarkt, Frankfurt am Main 2012

Puchta, Dieter/Kropp, Volker (Hrsg.), Wohnungsbau und Wirtschaftsförderung Deutsche Ge-schichte am Beispiel der Investitionsbank Berlin, Berlin-Brandenburg 2008

Quaisser, Friederike, Mietrecht im 19. Jahrhundert – Ein Vergleich der mietrechtlichen Kon-zeption im Allgemeinen Landrecht für die Preußischen Staaten von 1794 und dem gemeinen Recht, Berlin 2005

Recker, Marie-Luise, Wohnen und Bombardierung im Zweiten Weltkrieg, in: Niethammer, Lutz (Hrsg.), Wohnen im Wandel – Beiträge zur Geschichte des Alltags in der bürgerlichen Gesellschaft, Wuppertal 1979, S. 408–430

Reich, Emmy, Der Wohnungsmarkt in Berlin von 1840–1919, München/Leipzig 1912

Ritter, Gerhard A., Thesen zur Sozialpolitik der DDR, in: Hoffmann, Dierk/Schwartz, Michael (Hrsg.), Sozialstaatlichkeit in der DDR – Sozialpolitische Entwicklungen im Spannungsfeld von Diktatur und Gesellschaft 1945/49–1989, München 2005, S. 11–29

Röhl, Klaus F., Rechtssoziologie, Köln 1987

Roellecke, Gerd, Das Mietrecht des BVerfG – Kritik einer Argumentationsfigur in NJW 1992, S. 1649–1654

Ruder, Karl-Heinz, Die polizei- und ordnungsrechtliche Unterbringung von Ob-dachlosen, NVwZ 2012, S. 1283–1288.

Saldern, Adelheid von, Kommunalpolitik und Arbeiterwohnungsbau im Deutschen Kaiser-reich, in: Niethammer, Lutz (Hrsg.), Wohnen im Wandel, Beiträge zur Geschichte des All-tags in der bürgerlichen Gesellschaft, Wuppertal 1979, S. 344–362

Schäfers, Bernhard, Sozialstruktur und sozialer Wandel in Deutschland, 7. Aufl., Stuttgart 2002

Schellhaaß, Horst-Manfred, Das Wohngeld als Instrument zur sozialen Sicherung des Woh-nens, in: Wirtschaftswissenschaftliches Studium, 1/1998, S. 12–17

Schmidt, Manfred G., Sozialpolitik der DDR, Wiesbaden 2004

Ders., Der deutsche Sozialstaat – Geschichte und Gegenwart, München 2012

Schmidt, Reiner, Öffentliches Wirtschaftsrecht, Allgemeiner Teil, Berlin 1990

Schmidthuyse, Fritz, Die Entwicklung der Wohnungsbauabgabe und des Geldentwertungsaus-gleichs bei bebauten Grundstücken (Hauszinssteuer) in Deutschland, FinanzArchiv/Public Finance Analysis 1928, S. 162–255

Schmidt-Futterer, Wolfgang, Mietrecht – Großkommentar des Wohn- und Gewerberaummiet-rechtes, 11. Aufl., München 2013

Schmoeckel, Mathias/Rückert, Joachim/Zimmermann, Reinhard, Historisch-kritischer Kom-mentar zum BGB, Band III: Schuldrecht. Besonderer Teil. 1. Teilband: vor § 433–§ 656, Tübingen 2013

Schmoeckel, Mathias/Maetschke, Matthias, Rechtsgeschichte der Wirtschaft, 2. Aufl., Tübin-gen 2016

Schröder, Rainer, Rechtsgeschichte der Nachkriegszeit, in: JuS 1993, 617–627

Ders., Modernisierung im Zweiten Kaiserreich und technischer Wandel, in: Kloepfer, Michael (Hrsg.), Technikentwicklung und Technikrechtentwicklung – Unter besonderer Berücksichtigung des Kommunikationsrecht, Berlin 2000, S. 27–43

Ders., Geschichte des DDR-Rechts, Jura 2004, S. 404–412

Schröer, Thomas/Kullick, Christian, Milieuschutz – auch für Besserverdienende?, NZBau 2011, S. 404–405

Schulte, Karl-Werner, Immobilienökonomie, 5. Aufl., München 2016 (online Ausgabe)

Schultz, Michael, Irrtum Mietpreisbremse, ZRP 2014, S. 37–41

Schwarz, Winfred, Der Mietwohnungsbau seit 1945, in: Brech, Joachim (Hrsg.), Wohnen zur Miete – Wohnungsversorgung und Wohnungspolitik in der Bundesrepublik, Weinheim/ Basel 1981, S. 44–66

Schwender, Heinz Werner/Wormit, Heinz, Abbaugesetz und Recht der Miet- und Lastenbeihilfen, Köln u. a. 1962

Siebert, Horst, Einführung in die Volkswirtschaftslehre, 13. Aufl., Stuttgart u. a. 2000

Söfker, Wilhelm, Zum Gesetz über die Reform des Wohnungsbaurechts, WuM 2002, S. 291–295

Sonnenschein, Jürgen, Die Rechtsprechung des Bundesverfassungsgerichts zum Mietrecht, NJW 1993, S. 161–173

Sotelo, Roman, Ökonomische Grundlagen der Wohnungspolitik, Köln 2001

Spoerr, Kathrin, Recht und Revolution, Frankfurt am Main 2011

Staudinger, Julius (Begr.), J. von Staudingers Kommentar zu Bürgerlichen Gesetzbuch mit Einführungsgesetz und Nebengesetzen, Recht der Schuldverhältnisse §§ 535–555f (Mietrecht 1), Neubearbeitung 2014, Berlin 2014

Steiner, Helga, Das neue Mietrecht, Stuttgart 2002

Steinmeier, Frank-Walter, Bürger ohne Obdach – Zwischen Pflicht zur Unterkunft und Recht auf Wohnraum, Tradition und Perspektiven staatlicher Intervention zur Verhinderung und Beseitigung von Obdachlosigkeit, Bielefeld 1992

Ders., Grundrecht auf Wohnraum – Leerformel oder verfassungspolitische Perspektive?, in: Claus, Ralf-Dieter (Hrsg.), Wohnungslos in Deutschland – Bürger- und Menschenrechte sind unteilbar, Bielefeld 1992, S. 36–60

Ders., Wohnungslose im Recht – Tradition und Perspektiven staatlicher Konzepte gegen Wohnungslosigkeit, http://www.kj.nomos.de/fileadmin/kj/doc/1989/19893Steinmeier_Bruehl_ S_275.pdf, Rz. 277, Fn. 16 (zuletzt aufgerufen am 14.8.2016)

Stober, Rolf, Grundrechtsschutz der Wirtschaftstätigkeit, Köln 1989

Stolleis, Michael, Quellen zur Geschichte des Sozialrechts, Göttingen u. a. 1976

Ders., Die Entstehung des Interventionsstaates und das öffentliche Recht, Zeitschrift für Neuere Rechtsgeschichte 1989, Heft 3–4.

Ders., Geschichte des Sozialrechts in Deutschland ein Grundriß, Stuttgart 2003

Storr, Stefan, Der Staat als Unternehmer – Öffentliche Unternehmen in der Freiheits- und Gleichheitsdogmatik des nationalen Rechts und des Gemeinschaftsrechts, Tübingen 2001

Suntum, Ulrich van, Optimierung der staatlichen Aufgabenteilung, in: Michels, Winfried/ Suntum, Ulrich van (Hrsg.), Neue Rollenverteilung in der Wohnungspolitik, Münster 2001, S. 15–26

Tesch, Joachim, Der Wohnungsbau in der DDR 1971–1990 – Ergebnisse und Defizite eines Programms in kontroversen Sichten, Berlin 2001

Unruh, Peter, Kant – Menschenwürde – Sozialstaat, in: Grote, Rainer/Härtel, Ines/Hain, Karl-E. et al. (Hrsg.), Die Ordnung der Freiheit, Festschrift für Christian Starck zum siebzigsten Geburtstag, Tübingen 2007, S. 133–150

Suntum, Ulrich van, Optimierung der staatlichen Aufgabenteilung, in: Michels, Winfried/ Suntum, Ulrich van (Hrsg.), Neue Rollenverteilung in der Wohnungspolitik, Münster 2001, S. 15–26

Vesper, Dieter, Staatliche Einflussnahme auf die Baunachfrage, Berlin 1981

Voigt, Rüdiger, Der kooperative Staat – Auf der Suche nach einem neuen Steuerungsmodus, in: Ders. (Hrsg.), Der kooperative Staat. Krisenbewältigung durch Verhandlung?, Baden-Baden 1995, S. 33–77

Voigtländer, Michael, Der öffentliche Wohnungsmarkt in Deutschland – Eine Untersuchung aus ordnungspolitischer Sicht, Köln 2007

Wagner, Georg, Sozialstaat gegen Wohnungsnot – Wohnraumbewirtschaftung und Sozialer Wohnungsbau im Bund und in Nordrhein-Westfalen 1950–1970, Paderborn 1995

Walkenhaus, Ralf, Entwicklungslinien moderner Staatlichkeit. Konzeptualisierungsprobleme des Staatswandels, in: Ders. (Hrsg.), Staat im Wandel – Festschrift für Rüdiger Voigt zum 65. Geburtstag, Stuttgart 2006, S. 17–61

Weitemeyer, Birgit, Das Mieterhöhungsverfahren nach künftigem Recht, NZM 2001, S. 563–572

Dies., Die Reform des sozialen Mietrechts und die Finanzkrise, in: Artz, Markus/Börstinghaus, Ulf (Hrsg.), 10 Jahre Mietrechtsreformgesetz – Eine Bilanz, München 2011, S. 660–667

Witt, Peter-Christian, Inflation, Wohnungszwangswirtschaft und Hauszinssteuer – Zur Regelung von Wohnungsbau und Wohnungsmarkt in der Weimarer Republik, in: Niethammer, Lutz (Hrsg.), Wohnen im Wandel – Beiträge zur Geschichte des Alltags in der bürgerlichen Gesellschaft, Wuppertal 1979, S. 385–407

Weiß, Dominik, Stadtumbau – Preise – Investitionen – Empirische Untersuchungen zum Wohnungsmarkt auf Grundlage der Realoptionstheorie, Hamburg 2011

Willoweit, Dietmar, Deutsche Verfassungsgeschichte – Vom Frankenreich bis zu Wiedervereinigung Deutschland, 7. Aufl., München 2013

Wolter, Udo, Mietrechtlicher Bestandsschutz – Historische Entwicklung seit 1800 und geltendes Wohnraum-Kündigungsschutzrecht, Frankfurt am Main 1984

Zeller, Theodor, Der Hausbesitzer, Das gesamte Mietrecht mit dem Mieterschutz bis zur Räumung – Das Mietpreisrecht – Die Wohnraumbewirtschaftung – Reparaturaufträge u.a.m., Dritte Auflage, Stuttgart 1958

Ders./Spӓth, Günther, Der Hausbesitzer – Ein Rechtshandbuch für Vermieter mit vielen Beispielen und Mustern, Stuttgart 1965

Zündorf, Irmgard, Der Preis der Marktwirtschaft – Staatliche Preispolitik und Lebensstandard in Westdeutschland 1948 bis 1963, München 2006

Sachregister

Anschlussförderung 68 f.
Arbeiterwanderung 93
Arbeitslosigkeit 34, 88

Baukosten 20, 23 f., 32 ff., 40, 68 f., 113 ff.
Bauland 37, 63 f., 114, 138
Bauwirtschaft 23, 34 113
Bodenpolitik 3, 15, 22, 53, 113 f., 138

Daseinsvorsorge 14, 93 f.

Erstes Wohnungsbaugesetz 31 ff., 36
Existenzminimum 85 ff., 90 ff., 109

Fehlallokation 40, 72, 76, 120, 124, 129 f.
Fehlbelegung 51, 124
Föderalismusreform 61 f.

Grundeigentum 22, 47, 83, 100 ff., 116, 138
Grundgesetz 79 f., 92 ff., 100 ff.
Grundrechte 78 ff., 82 ff.

Hauszinssteuer 25
Hypothek/en 24, 29, 123

Inflation 23 ff., 45

Kapitalmarkt 34, 38, 114
Kleinsiedlungen 20, 29 f.
Kriegsnotrecht 17 f., 21, 26, 36
Kündigungsschutz 21, 28, 101, 106
Leistungsfähigkeit 82, 98
Lücke-Plan 43 ff.

Marktgleichgewicht 33, 76, 120, 130
Mieteinigungsamt/-ämter 18 f., 28
Mieterhöhung 18, 44 ff., 58, 70, 102 ff., 105
Mieterschutz 16 ff., 28, 48, 126

Mietpreisbremse 2, 71 ff., 106, 127
Mietzinshöhe 16, 18, 21, 28, 71 f. 127
Milieuschutz 65 f.
Modernisierungsmaßnahmen 50, 70

Neubau 4, 17, 22 ff., 34 ff., 55, 113, 117

Obdachlosigkeit 84 f., 90,
Objektförderung 56, 60, 122 ff.

Preisbindung 16 f., 32, 36, 39, 70 f., 104,
    106, 126 ff.
Privatautonomie 8, 18, 19, 21, 128 f.
Privatsphäre 77, 82, 115

Reichsheimstätte 22
Richtsatzmiete 39 ff.

Sozialer Wohnungsbau 34, 38 f., 50, 123 ff.
Sozialpolitik 14, 54, 60 f., 78, 121
Sozialstaatsprinzip 82 f., 93 ff., 100
Subjektförderung 56, 125 f.

Vergleichsmiete 46 ff., 58 f., 101 ff., 108, 129

Weimarer Reichsverfassung 20, 79 f.
Wirtschaftsordnung 94, 96
Wohngeld 44, 50, 60 f., 74, 125 f.
Wohnraumbewirtschaftung 17, 19, 30
Wohnungsbau (siehe Neubau)
Wohnungsbaufinanzierung 22 ff., 33, 134,
    138
Wohnungsbauförderung 22, 28, 61
Wohnungseigentum 53, 59, 112
Wohnungsmangel 20 ff., 27 ff., 56, 68, 104
Wohnungsnot 15 f., 31 f., 74
Wohnungszwangswirtschaft (siehe
    Zwangswirtschaft)

Zuschüsse 23, 38

Zwangswirtschaft, auch Wohnungszwangswirtschaft 21, 32, 43

Zweckentfremdungsverbot 30, 46, 66 f.,

Zweites Wohnungsbaugesetz 41 ff.